CHAMBRE FROIDE

DU MÊME AUTEUR
CHEZ POCKET

CHAMBRE FROIDE
CUISINE SANGLANTE
LA MUSELIÈRE
LUMIÈRE NOIRE
RÉSONANCES…
LAME DE FOND
NI CHAUD NI FROID
UN SERPENT DANS L'OMBRE
INTIME PULSION
LA DISPARUE DE COLLITON PARK
LES DÉMONS DE BARTON HOUSE
L'OMBRE DU CAMÉLÉON

Minette Walters

Anglaise, Minette Walters a été élevée à Salisbury. Au terme de ses études de français à l'université de Durham, elle travaille pour un magazine féminin dont elle devient rédactrice en chef, puis écrit dans divers journaux. Après avoir interrompu pendant sept ans son activité professionnelle pour se consacrer à l'éducation de ses deux fils, elle se lance dans l'écriture et choisit d'inscrire son premier livre dans la plus pure tradition du roman noir britannique : *Chambre froide* (1993) est immédiatement salué par la critique. *Cuisine sanglante* (1994), lauréat du Edgar Allan Poe Award aux États-Unis, et *La muselière* (1995), qui obtient le Gold Dagger Award, connaissent un très large succès. Dans son œuvre, qui se poursuit notamment avec *Le sang du renard* (2004), *La disparue de Colliton Park* (2005), *Les démons de Barton House* (2006) et *L'ombre du caméléon* (2008), Minette Walters fait reposer l'énigme sur un réseau enchevêtré de relations humaines, tout en levant le rideau sur les multiples facettes de la société anglaise. Projetant ainsi une lumière contrastée et insolite sur ses contemporains, elle apporte une contribution magistrale au genre du roman policier.

Retrouver toute l'actualité de l'auteur sur
www.minettewalters.co.uk

MINETTE WALTERS

CHAMBRE FROIDE

Traduit de l'anglais
par Philippe Bonnet

POCKET

Titre original :
THE ICE HOUSE
Macmillan London Limited

Le papier de cet ouvrage est composé de fibres naturelles, renouvelables, recyclables et fabriquées à partir de bois provenant de forêts plantées et cultivées durablement pour la fabrication du papier.

ISBN : 978-2-266-21885-6

A Alec.

« La vengeance est une sorte de justice sauvage, et plus les hommes la pratiquent, plus la loi devrait la proscrire. »

Francis BACON.

LA POLICE S'INQUIÈTE

La police, qui continue d'interroger sans relâche le personnel des aéroports et des gares maritimes pour retrouver la trace de l'homme d'affaires disparu, David Maybury, ne cache pas son inquiétude. « Cela fait maintenant dix jours qu'il n'a pas reparu à son domicile, déclare le commissaire Walsh, chargé de l'enquête, et nous ne pouvons écarter l'hypothèse du meurtre. » La police concentre à présent ses efforts sur le domaine de Streech Grange et ses environs.

Tout au long de la semaine, de nombreux témoignages ont signalé la présence de l'homme d'affaires sans qu'aucune piste sérieuse puisse être retenue. David Maybury, âgé de 44 ans, portait la nuit de sa disparition un costume rayé anthracite. De corpulence moyenne, cheveux châtains, yeux bruns, il mesure 1,78 mètre.

Southern Evening Herald, 23 mars.

ENTERRÉ AU MANOIR

La très rousse et très belle Mrs. Phoebe Maybury, l'épouse de David Maybury, l'homme d'affaires disparu, n'a pas caché sa fureur en voyant la police défoncer son jardin au cours des recherches entreprises pour retrouver son mari. Passionnée d'horticulture, Mrs. Maybury s'indigne : « Cette maison appartient depuis des années à ma famille et ce jardin est l'œuvre de plusieurs générations. La police n'a aucun droit de le détruire. »

On sait de source bien informée que, peu avant sa disparition, David Maybury se trouvait dans une situation financière difficile. Son négoce en vins, financé par sa femme et établi dans les caves du manoir, était pratiquement en faillite. Les amis du couple parlent de scènes de ménage incessantes. La police s'oriente vers la thèse du meurtre.

Sun, 15 avril.

LA POLICE EN ÉCHEC

La police a reconnu hier soir son échec dans l'affaire de la disparition de David Maybury. En dépit d'une longue et minutieuse enquête, aucune trace de l'homme d'affaires n'a été découverte et l'équipe chargée de l'enquête a été dissoute. Le dossier n'est cependant pas clos, tient-on de source policière autorisée, encore que les chances de résoudre le mystère soient infimes. « La population nous a beaucoup aidés, a déclaré un porte-parole de la police. Nous avons pu reconstituer de manière précise ses faits et gestes le soir de sa disparition, mais jusqu'à ce que nous retrouvions le corps, nous ne pourrons guère avancer. »

Daily Telegraph, 9 août.

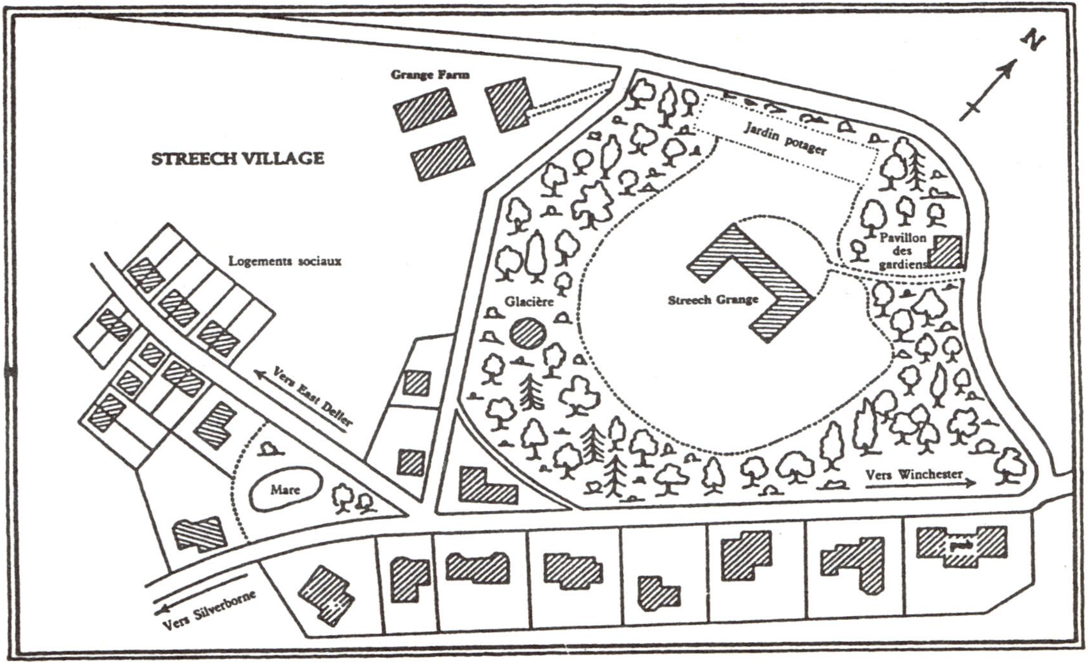
N
STREECH VILLAGE
Grange Farm
Jardin potager
Pavillon des gardiens
Logements sociaux
Glacière
Streech Grange
Vers East Deller
Mare
Vers Winchester
Vers Silverborne
pub

1

– Tiens, Fred s'est mis à la course à pied!

La remarque d'Anne Cattrell retentit dans le silence de cet après-midi d'août comme un pet en pleine réunion paroissiale.

Surprises, ses deux compagnes levèrent la tête, Diana abandonnant son bloc à dessin, Phoebe son livre de jardinage, avec un clignement d'yeux pour atténuer le passage brutal de la page imprimée à l'éclat éblouissant du soleil. Cela faisait une heure qu'elles profitaient du calme, assises sur la terrasse de la maison, autour d'une table en fer forgé où les restes d'un thé pris paresseusement le disputaient aux divers accessoires de leur vie professionnelle : sécateur, boîte de couleurs ouverte, pages de manuscrit, dont une s'ornait d'une belle tache ronde là où Anne avait par mégarde posé sa tasse.

Juchée sur sa chaise, ses chevilles croisées, ses jambes repliées sous elle, ses cheveux roux bouclés tombant en cascade de feu sur ses épaules, Phoebe n'avait guère bougé depuis une demi-heure, préférant, son thé fini, se plonger non sans une pointe de remords dans son livre plutôt que de regagner la serre pour préparer une commande de cinq cents boutures de pélargoniums. Diana, tartinée sans vergogne d'une copieuse couche d'ambre solaire, était étendue sur une chaise longue, les plis de sa robe en coton imprimé balayant les dalles. D'une main gracieuse, elle caressait le ventre d'un labrador allongé à côté d'elle, tandis que de l'autre elle griffonnait dans les marges de son bloc à dessin, qui aurait dû être rempli – mais ne l'était pas – de plans de décoration pour l'intérieur d'une villa à Fowey. Anne, qui luttait contre le sommeil pour accoucher d'un millier de mots sur « L'orgasme vaginal, mythe ou réalité », destinés à un obscur magazine, s'appuyait contre la table, le menton dans les mains, ses prunelles sombres fixées sur la vaste perspective du jardin d'ornement qui s'étendait devant elle.

Phoebe lui jeta un bref coup d'œil, puis suivit son regard et scruta la pelouse par-dessus ses lunettes.

– Mon Dieu ! s'exclama-t-elle.

Son jardinier, un homme de forte corpulence, accourait en piétinant le gazon, nu jusqu'à la taille, son ventre énorme ballottant comme une vague monstrueuse par-dessus son pantalon. Cette semi-nudité avait de quoi surprendre, Fred se faisant une haute idée de son service à Streech Grange. C'est ainsi que Phoebe devait siffler pour signaler son arrivée dans le jardin et permettre à Fred, même au plus fort de l'été, de revêtir une tenue décente afin d'avoir avec elle ce qu'il appelait un « parley-vous ».

– Il a peut-être gagné au tiercé, suggéra Diana, sans grande conviction, tandis que les trois femmes le regardaient approcher à une allure de moins en moins rapide.

– Ça m'étonnerait, rétorqua Anne en repoussant sa chaise. Il en faudrait plus que le vulgaire profit pour inciter Fred à déployer une telle activité.

Elles l'observèrent en silence effectuer le reste du trajet. Il n'avait pas atteint la terrasse qu'il allait au pas. Il s'arrêta un instant pour reprendre son souffle, une main lourdement appuyée sur le muret entourant le dallage. Ses joues hâlées avaient légèrement viré au gris et sa gorge émettait des sons rauques. Inquiète, Phoebe fit signe à Diana d'avancer un siège, se leva et prit par le bras Fred pour l'aider à s'asseoir.

– Mais que se passe-t-il ? demanda-t-elle, anxieuse.

– Ah, Madame, une chose horrible !

Il était en nage et n'arrivait pas à parler. La sueur coulait en rigoles sur sa poitrine brune, ronde et molle comme celle d'une femme, et l'odeur de transpiration recouvrait jusqu'au parfum capiteux des roses dont les tiges se balançaient dans les massifs au bord de la terrasse. Conscient de cette exhalaison et de sa nudité, il se tordit les mains d'un air gêné.

– Je m'excuse, Madame.

Diana ôta ses pieds du transat, saisit une couverture posée sur le dossier et lui en couvrit les épaules.

– Faites attention de ne pas attraper froid, Fred, après une pareille cavalcade.

Il serra la couverture contre lui avec un signe de tête reconnaissant.

– Mais que se passe-t-il ? répéta Phoebe.

– J'sais pas trop. Comment dire...

Elle crut lire de la compassion dans ses yeux.

– ... et pourtant il faut bien.

– Alors allez-y, insista-t-elle gentiment. Ce n'est pas si grave, j'en suis sûre !

Elle jeta un coup d'œil à Benson, le labrador au poil doré, toujours paisiblement allongé près de la chaise longue de Diana.

– Hedges s'est fait écraser ?

Fred sortit d'entre les plis de la couverture une main rêche, maculée de boue, et, avec une familiarité qui ne lui ressemblait guère, la posa sur la main de Phoebe qu'il pressa doucement. Le geste fut aussi bref qu'inattendu.

– Il y a un cadavre dans l'ancienne glacière.

Un instant de silence, puis Phoebe reprit en écho :

– Un cadavre ? Un cadavre de quoi ?

Sa voix, ferme, ne trahissait aucune émotion.

Anne lui jeta un regard à la dérobée. Parfois, le sang-froid de son amie l'effrayait.

– A vrai dire, Madame, j'y ai pas mis le nez de trop près. Ça m'a fait un tel choc de buter dedans comme ça...

Il considéra ses pieds d'un air malheureux.

– J'ai marché dessus, ou presque. Après, j'ai senti une odeur.

Elles examinèrent, fascinées, ses bottes de jardinage, tandis que, regrettant cette déclaration irréfléchie, il tentait gauchement de dissimuler ses jambes sous la couverture.

– Ne craignez rien, Madame, je les ai essuyées sur l'herbe dès que j'ai pu.

Dans la main de Phoebe, tasse et soucoupe tintèrent. Elle les posa délicatement sur la table à côté du sécateur.

– Naturellement, Fred. C'est bien aimable à vous. Voulez-vous du thé ? Ou peut-être un biscuit ?

– Non merci, Madame.

Diana se tourna pour réprimer une affreuse envie de rire. De toutes les femmes qu'elle connaissait, il n'y avait que Phoebe pour offrir des biscuits dans de telles circonstances. Ce qui était d'autant plus admirable qu'elle aurait dû être la première affectée par les révélations de Fred.

Anne farfouilla dans son manuscrit à la recherche de ses cigarettes. D'un geste brusque elle ouvrit le paquet et le tendit à Fred qui regarda Phoebe, quêtant une approbation dont il n'avait nul besoin mais qu'elle lui accorda en hochant la tête d'un air grave.

– Merci beaucoup, Miss Cattrell. Ça m'a rudement secoué.

Anne dut lui tenir fermement la main pour lui donner du feu.

– Soyons plus précis, Fred, dit-elle, son regard sombre cherchant le sien. Il s'agit bien d'un cadavre... humain ? C'est ça ?

– Oui, Miss Cattrell.

– Qui est-ce, vous le savez ?

– Ma foi, non, répondit-il, avant de poursuivre à contrecœur : C'est plutôt difficile à dire.

Il tira une longue bouffée de sa cigarette, avec une envie de vomir qui lui fit venir la sueur au front.

– Franchement, il n'en reste pas lourd, pour le peu que j'ai vu. Ça doit faire un bout de temps qu'il est là.

Les trois femmes le regardèrent, consternées.

– Il porte tout de même des vêtements ? demanda Diana d'une voix nerveuse. Vous devez bien savoir si c'est un homme ou une femme.

– J'ai pas vu de vêtements, Mrs. Goode.
– Il vaut mieux que j'y aille.
Phoebe se leva, résolue, et Fred l'imita non sans difficulté.
– Je crois pas, Madame. C'est pas un spectacle pour vous. Je veux pas vous emmener là-bas.
– Alors j'irai seule.
Soudain elle esquissa un sourire et posa une main sur son bras.
– Désolée, mais il le faut. Vous comprenez, Fred, n'est-ce pas ?
Il écrasa sa cigarette et rajusta la couverture sur ses épaules.
– Si vous y tenez, je vais vous accompagner. Il faut pas que vous voyez ça seule.
– Merci.
Elle se tourna vers Diana.
– Tu veux bien te charger d'appeler la police ?
– Oui, bien sûr.
Anne repoussa sa chaise.
– Je viens avec vous.
Et avant d'emboîter le pas à Phoebe et au jardinier qui traversaient la pelouse, elle lança à Diana :
– Sors le cognac, j'en aurai sûrement besoin, même si je suis seule à en prendre.

Ils se tenaient, nerveux, au coude à coude devant l'entrée de la glacière. C'était une étrange construction, en forme de tertre, datant du XVIIIe siècle. Avec l'apparition du réfrigérateur, on avait cessé de s'en servir, et la nature avait repris ses droits. Des milliers d'orties, en rangs serrés, la cernaient, effaçant toute distinction entre l'œuvre de l'homme et celle de la terre. L'unique accès, une large porte basse, s'ouvrait au bout d'une allée envahie par la végétation. La porte elle-même avait depuis longtemps disparu sous un fouillis de ronces qui, partant du haut et du bas, tissaient un rideau d'épines. On ne la voyait à présent que parce que Fred avait taillé dans les touffes pour se frayer un passage.

Une lampe-torche allumée gisait à leurs pieds. Phoebe la ramassa.

– Qu'est-ce qui vous a poussé à venir ici, Fred ? Cela fait des années qu'on n'utilise plus cet endroit.

Il fit la grimace.

– Croyez-moi, Madame, si j'avais pu prévoir ! On a bien raison de dire que ce qu'on ne voit pas n'existe pas. J'avais commencé à réparer le mur de la cuisine, côté jardin, là où il s'est effondré la semaine dernière. La moitié des briques étaient fichues. Pas étonnant que ça se soit effondré ; j'ai tout de suite compris. Certaines partaient même en poussière. Enfin, bref, j'ai pensé aux briques qu'on avait entreposées là il y a quelques années, quand on a démoli la remise. Vous m'aviez dit : « Gardez les bonnes, Fred, on ne sait jamais, on en aura peut-être besoin pour des travaux. »

– Oui, je m'en souviens.

– Alors j'ai voulu les prendre pour réparer le mur.

– Naturellement. Et vous avez dû tailler dans les broussailles.

Il hocha la tête.

– On voyait pas la porte, tellement c'était bouché.

Il désigna une faux abandonnée dans un coin.

– Je me suis servi de ça et de mes bottes.

– Allons, intervint Anne, finissons-en. Cela ne sert à rien d'épiloguer.

– Oui, répondit Phoebe d'une voix calme. Est-ce que la porte peut s'ouvrir davantage, Fred ?

– Pour sûr, Madame. Je l'ai tirée en grand, avant de buter sur cette chose, à l'intérieur. Et je l'ai refermée du mieux que j'ai pu en repartant, au cas où il viendrait quelqu'un.

Il fit la moue.

– On dirait qu'elle est plus ouverte que tout à l'heure.

Il s'avança à regret puis donna un coup de pied brutal dans la porte qui pivota sur ses gonds en grinçant. Phoebe s'accroupit et promena sa torche, éclairant d'une chaude lumière dorée le spectacle à l'intérieur. Ce qui lui donna la nausée, ce ne fut pas tant la vue du cadavre noirci et privé d'yeux, que celui de Hedges se vautrant gaiement dans des restes d'entrailles pourries. Il sortit la queue basse, se coucha, la tête entre ses pattes, et regarda sa maîtresse vomir son thé dans l'herbe.

2

Le commissariat de Silverborne, triomphe de la modernité avec ses armatures de chrome et ses vitres fixes teintées, rôtissait sous un soleil de plomb au milieu d'un quartier des plus conventionnels. A l'intérieur, la climatisation était retombée en panne, et, au fil des heures, la chaleur croissante échauffait les esprits. Les policiers, le corps moite, se chamaillaient comme des écoliers. Ceux qui le pouvaient quittaient les lieux; les autres veillaient jalousement sur leur ventilateur et ne songeaient qu'à finir leur service le plus tôt possible. Pour le commissaire Walsh, assis dans son bureau et suant à grosses gouttes sur des paperasses, l'ordre de se rendre avec une équipe à Streech Grange arriva comme une miraculeuse bouffée d'air frais par des fenêtres désespérément closes. Il soupira d'aise en se frayant un chemin vers la salle de coordination. Mais pour le sergent McLoughlin, son adjoint, qui ne songeait qu'à aller déguster une bonne bière glacée avant la fermeture des pubs, ce fut le coup de grâce.

Diana fut la première à entendre le bruit des voitures. Elle vida son cognac et posa le verre sur le buffet.

– Faites gaffe, les filles! Les voilà!

Phoebe alla se placer près de la cheminée, sa chevelure flamboyante contrastant avec la pâleur inhabituelle de son visage. Elle était grande et passait en général ses journées vêtue d'un vieux jean et d'une chemise à carreaux. Mais à son retour de la chambre froide, elle s'était résignée à enfiler une robe de soie à manches longues et col droit. Elle se fondait parfaitement dans ce décor élégant, tons pastels et tentures de velours, même si, pour Anne du moins, on aurait dit une étrangère.

Elle adressa un vague sourire à ses deux amies.

– Je suis vraiment désolée.

Anne, à son habitude, allumait cigarette sur cigarette. Assise sur le canapé, la tête appuyée contre le dossier, elle expédia une bouffée de fumée grise vers le plafond.

– Ne sois pas idiote, dit-elle d'un ton abrupt. Ce n'est pas parce qu'un crétin a choisi d'aller rendre l'âme sur ta propriété qu'on va te tenir pour responsable. Il y a sûrement une explication simple : un vagabond s'est réfugié là et a succcombé à une crise cardiaque.

– C'est exactement mon avis, déclara Diana en s'approchant du canapé. Sois gentille, file-moi une cigarette. J'ai les nerfs tendus comme des cordes de piano avant un concerto de Rachmaninov.

Anne lui passa le paquet en riant.

– Tu en veux une, Pheeb ?

Phoebe secoua la tête et se mit à essuyer ses lunettes avec le bas de sa robe, qu'elle remonta distraitement jusqu'à la taille, révélant ainsi qu'elle n'avait rien en dessous. Anne trouva cette distraction rassurante.

– Si tu continues, il ne te restera plus que la monture, fit-elle remarquer d'une voix douce.

Phoebe soupira, lâcha sa robe et remit ses lunettes.

– Un vagabond qui s'introduit dans une propriété ne meurt pas à poil d'un infarctus.

La sonnette de la porte d'entrée retentit. Elles entendirent Molly Phillips, la femme de Fred, traverser le couloir et, sans un mot, sans même y penser, elles se postèrent de chaque côté de la cheminée, de part et d'autre de Phoebe. Comme la porte s'ouvrait, Diana se demanda si c'était bien la bonne tactique. Pour les policiers, elles auraient moins l'air de soutenir leur amie – ce qui était leur intention – que de la protéger.

Molly entra, suivie de deux hommes.

– Le commissaire Walsh et le sergent McLoughlin, Madame. Il en reste toute une flopée dehors. Est-ce que je préviens Fred pour qu'il les ait à l'œil ?

– Non, Molly, ça ira. Je suis sûre qu'ils sauront se tenir.

– Si vous le dites, Madame. Mais j'en jurerais pas. Ils ont déjà commencé à traîner leurs grosses galoches sur le gravier, là où Fred a ratissé ce matin.

Elle fusilla les deux hommes d'un regard accusateur.

– Merci, Molly. Vous pourriez faire du thé pour tout le monde. Ce serait une excellente idée.

– Bien, madame.

La gouvernante sortit en refermant la porte et repartit d'un pas lourd vers la cuisine.

George Walsh attendit un peu, puis il s'avança la main tendue. C'était un homme mince, un peu voûté, et qui dodelinait bizarrement de la tête comme s'il souffrait de la maladie de Parkinson. Cela lui donnait une trompeuse apparence de fragilité.

– Bonjour, Mrs. Maybury. Nous nous sommes déjà rencontrés, vous vous souvenez ?

Il la revoyait avec une parfaite netteté, debout à la même place, telle qu'elle lui était apparue la première fois. Dix ans déjà, songea-t-il, et elle avait à peine changé. C'était toujours la dame du manoir, froide, distante, bardée d'une assurance à la mesure de sa position sociale. A croire que les drames de ces années-là n'avaient jamais existé. Rien n'en paraissait sur le visage calme et sans rides qui lui souriait à présent. Cette sérénité avait quelque chose d'anormal. Au village, les gens la traitaient de sorcière. Il comprenait pourquoi.

Phoebe lui serra la main.

– Oui, je m'en souviens. C'était votre première grosse affaire.

Elle avait une belle voix grave.

– Vous veniez d'être nommé inspecteur en chef, si je ne m'abuse. Je ne crois pas que vous connaissiez mes amies : Miss Cattrell et Mrs. Goode.

Elle lui désigna Anne et Diana. Ils échangèrent une cérémonieuse poignée de main.

– Maintenant elles habitent ici.

Walsh regarda les deux femmes avec intérêt.

– En permanence ?

– La plupart du temps, répondit Diana. Lorsque nos activités ne nous obligent pas à des déplacements. Nous travaillons à notre compte. Je suis décoratrice et Anne journaliste.

Walsh hocha la tête, et Anne devina que Diana n'avait rien dit qu'il ne sût déjà.

– Je vous envie.

C'était vrai. Il avait envié le domaine de Streech Grange dès sa première visite.

Phoebe tendit la main à l'autre policier.

– Bonjour, sergent. Permettez-moi de vous présenter Mrs. Goode et Miss Cattrell.

L'air sombre, le regard glacial, McLoughlin avait dans les trente-cinq ans, comme les trois femmes. Du poste de police, ses lèvres crispées avaient gardé des traces d'exaspération, à une dose concentrée, quasi vénéneuse. Il considéra Phoebe et ses amies avec un dédain las et leur effleura les doigts à toute vitesse, pour la forme. Cette hostilité gratuite les atteignit comme une gifle.

A la consternation de ses amies qui la sentaient vibrer de colère, Anne se lança hardiment à l'attaque.

– Tiens, tiens, sergent, vous aurait-on parlé de nous par hasard ?

Elle leva un sourcil ironique et s'essuya délibérément les mains sur son jean.

– Comme vous avez encore du lait qui vous sort du nez, j'en déduis que vous n'étiez pas dans le coin la dernière fois que Streech Grange a mis la police sur les dents. Voyons, laissez-moi réfléchir. Notre réputation, continua-t-elle en se désignant ainsi que les deux femmes, nous a précédées. Je me demande laquelle de nos activités fameuses et variées vous inquiète le plus. Tortures d'enfants, sorcellerie ou lesbianisme ?

Elle le dévisagea avec mépris.

– Oui, c'est ça, lesbianisme. Pour vous, le pire ne peut être que vrai, n'est-ce pas ?

McLoughlin, déjà énervé par cette journée de canicule, faillit exploser. Il respira profondément.

– Je n'ai rien contre les gouines, Miss Cattrell, répliqua-t-il d'un ton égal. Même il n'y en pas une dans laquelle je voudrais fourrer le doigt.

Diana écrasa sa cigarette avec plus de vigueur qu'il n'en fallait.

– Anne, arrête de taquiner ce pauvre garçon, dit-elle sèchement. Il aura bien besoin de toutes ses facultés pour éclaircir cette histoire.

Phoebe, très raide, s'installa sur le siège le plus proche, tout en invitant les autres à en faire autant. Walsh s'assit en face d'elle, Anne et Diana conservant le canapé, tandis que McLoughlin devait se contenter d'un frêle tabouret en tapisserie. Il s'efforça de replier ses longues jambes sous lui avec un embarras évident.

– Attention de ne rien casser, lui lança Walsh. Vous avez entendu ce qu'a dit la gouvernante. Bien, à présent, Mrs. Maybury, peut-être pourriez-vous m'exposer la raison de votre appel.

– Je croyais que Mrs. Goode vous l'avait déjà expliqué au téléphone.

Il tira un bout de papier de sa poche.

– « Cadavre dans glacière à Streech Grange. Découvert à 16 h 45. » Un peu court en fait d'explication, non ? Racontez-moi ce qui s'est passé.

– Rien de plus, en vérité : c'est mon jardinier, Fred Phillips, qui a découvert le corps, à peu près à cette heure-là, et il est venu nous prévenir. Diana vous a téléphoné pendant que Fred nous emmenait, Anne et moi, sur les lieux.

– Vous l'avez donc vu ?

– Oui.

– Qui est-ce ? Vous le savez ?

– Le corps est méconnaissable.

D'un geste brusque, Anne alluma une nouvelle cigarette.

– Totalement décomposé, commissaire, noirâtre, puant. Même sa mère ne le reconnaîtrait pas !

Sous sa voix grave hachant les mots perçait l'agacement.

Walsh acquiesça.

– Je comprends. C'est votre jardinier qui vous a conseillé d'aller voir le corps ?

Phoebe secoua la tête.

– Non, il m'a conseillé le contraire. Mais j'ai insisté.

– Pourquoi ?

Elle eut un haussement d'épaules.

– Par curiosité, sans doute. Qu'auriez-vous fait à ma place ?

Il garda un instant le silence.

– Est-ce votre mari, Mrs. Maybury ?

– Je vous répète qu'il est méconnaissable.

– Avez-vous insisté parce que vous pensiez que ce pouvait être votre mari ?

– Évidemment. Mais je me suis vite rendu compte que c'était impossible.

– Pourquoi ?

– A cause de ce que Fred m'a dit. Il s'est souvenu qu'il y a environ six ans, après avoir démoli la remise, nous avions entassé des briques dans la glacière. David avait déjà disparu depuis quatre ans.

– On n'a jamais trouvé son corps, lui rappela Walsh. Ni le moindre indice le concernant. Il aurait pu revenir.

Diana éclata d'un rire nerveux.

– Il ne reviendra pas, commissaire. Il est mort. Assassiné.

– Qu'en savez-vous, Mrs. Goode ?

– Sinon, il y a beau temps qu'il aurait rappliqué. David a toujours eu le sens de ses intérêts.

Walsh croisa les jambes et sourit.

– Néanmoins l'enquête reste ouverte. Nous n'avons jamais pu obtenir la preuve qu'il s'agissait d'un assassinat.

Diana le regarda avec une soudaine dureté.

– Parce que vous avez essayé par tous les moyens de coller le meurtre sur le dos de Phoebe. Puis, comme ça ne donnait rien, vous avez laissé tomber. Vous n'avez même pas songé à me demander les noms d'éventuels suspects. J'aurais pu vous en fournir une bonne centaine ; et Anne à peu près autant. David Maybury était le plus fieffé salaud que la terre ait jamais porté. Il méritait de crever !

Consciente d'avoir quelque peu dépassé la mesure, elle jeta un coup d'œil à Phoebe.

– Désolée, ma chérie, mais s'il s'était trouvé plus de gens pour le dire il y a dix ans, cela t'aurait sans doute épargné bien des ennuis.

Anne approuva d'un signe de tête.

– Vous perdez votre temps si vous vous imaginez que cette chose –, ce cadavre est celui de David Maybury.

Elle se leva et alla se percher sur le bras du fauteuil de Phoebe.

– Je vous signale, commissaire, que Diana et moi avons aidé à sortir des tombereaux de détritus de la glacière avant que Fred y entrepose les briques. Et il y a six ans, elle ne contenait pas le moindre cadavre. N'est-ce pas, Di ?

Diana inclina la tête d'un air amusé.

– De toute façon, il ne me serait jamais venu à l'idée d'aller le chercher là. Plutôt quelque part au fond de la mer, servant de pitance aux crabes et aux homards.

Elle se tourna vers McLoughlin.

– Aimez-vous les crabes, sergent ?

Walsh intervint avant même que McLoughlin ait pu ouvrir la bouche.

– Nous nous sommes renseignés sur tous les collaborateurs et relations connus de Mr. Maybury. Et rien n'indique que l'un d'eux ait été mêlé à sa disparition.

Anne lança sa cigarette dans la cheminée.

– Foutaises! lâcha-t-elle aimablement. Permettez-moi de vous dire que vous ne m'avez même pas interrogée, alors que parmi mes cent suspects possibles, je figurais dans les dix premiers.

– Vous vous trompez, Miss Cattrell, répliqua calmement Walsh. Nous avons étudié votre cas avec le plus grand soin. Au moment de la disparition de Mr. Maybury, d'après les renseignements dont nous disposons, vous campiez avec vos amies à Greenham Common, sous l'œil non seulement des sentinelles de la base de l'armée de l'air américaine, mais aussi des agents de la police de Newbury, sans parler des caméras de télévision. C'est ce qu'on appelle un alibi.

– Très juste. J'avais oublié. Bravo, commissaire.

Elle se mit à rire.

– Je cherchais une idée de reportage pour un des suppléments dominicaux en couleurs.

Puis, avisant la mine réprobatrice de McLoughlin, elle ajouta d'un ton rêveur :

– Mais merde, c'était chouette ! Cette partie de camping a été pour moi une bénédiction.

Avec un froncement de sourcils, Phoebe lui toucha le bras pour la faire taire.

– Tout ceci n'a aucun rapport avec ce qui nous occupe. Jusqu'à ce que vous ayez examiné le corps, il me semble inutile de se perdre en vaines spéculations. Si vous voulez bien me suivre, messieurs, je vais vous y conduire.

– Laisse donc ça à Fred, protesta Diana.

– Non. Il a eu assez d'émotions pour aujourd'hui. Je me sens très bien. Peux-tu t'assurer que Molly prépare le thé ?

Elle ouvrit les portes-fenêtres et passa sur la terrasse. Benson et Hedges, couchés sur les dalles chaudes, vinrent frotter leur museau contre sa main. Hedges avait pris un bain, et son poil était tout ébouriffé. Elle s'arrêta pour lui gratter la tête et lui tirer les oreilles.

– Je dois vous avouer une chose, commissaire..., dit-elle.

Anne, qui les observait du salon, se mit à pouffer de rire.

– Pour peu que Phoebe leur confesse les peccadilles de Hedges, Walsh va en être vert !

Diana se leva du canapé et s'avança vers elle.

– Ne le sous-estime pas. Par moments, tu es vraiment insensée. Quel besoin as-tu de toujours agresser les gens ?

– Je ne les agresse pas. Je refuse de me conformer à leurs minables conventions, c'est tout. S'ils se sentent agressés, tant pis pour eux. Les principes ne souffrent pas de compromis. Ou alors ce ne sont plus des principes.

– C'est possible, mais tu n'es pas obligée de prendre tout le monde à rebrousse-poil. Un peu de bon sens ne serait pas de trop actuellement. Nous avons un cadavre sur les bras. Tu l'as oublié ?

Il y avait plus de nervosité que d'ironie dans sa voix. Anne se détourna de la fenêtre.

– Tu as peut-être raison, fit-elle humblement.

– Alors tu feras attention ?

– Oui.

Diana fronça les sourcils.

– Je voudrais être sûre de t'avoir bien comprise. Avec toi, on ne sait jamais.

Anne se sentit soudain émue par l'inquiétude manifeste de son amie. Pauvre Di, elle avait tellement horreur de ce genre de situation. Elle n'aurait jamais dû s'installer à Streech Grange. Il lui aurait fallu une tour d'ivoire, ouverte seulement aux visiteurs de marque et aux réalités choisies.

– Tu me comprends très bien, remarqua-t-elle d'un ton dégagé. Seulement nous n'avons pas la même façon de voir les choses. Mes petits élans anarchistes heurtent ta sensibilité. Je me demande souvent pourquoi tu t'obliges à les supporter.

Diana se dirigea vers la porte.

– A propos, la prochaine fois que tu voudras que je mente, préviens-moi, veux-tu ? Je ne possède pas ton art de la dissimulation.

– Tiens donc ! fit Anne en se laissant tomber dans un fauteuil. Tu es la plus grande menteuse que je connaisse.

Diana s'arrêta, la main sur la poignée de la porte.

– Et pourquoi ? demanda-t-elle d'un ton acerbe.

– Tu oublies, lança Anne, taquine, vers le dos figé de son amie, que j'étais avec toi lorsque tu as dit à Lady Weevil qu'elle avait merveilleusement bien choisi les couleurs de son salon. Quand on peut mentir à ce point sans que ça se voie, on a une carrière assurée.

– Lady Keevil, corrigea Diana en se tournant avec un sourire aux lèvres. Je n'aurais jamais dû t'emmener. Ce contrat valait une fortune.

Anne ne se troubla pas.

– J'avais besoin de la voiture, et tu ne peux pas m'en vouloir d'écorcher son nom. Elle n'a pas cessé de parler comme si elle avait de la bouillie dans la bouche. Quoi qu'il en soit, tu me dois une fière chandelle. Tapis rouge cerise et rideau vert pomme, seigneur! Songe un peu à ta réputation.

– Son père était marchand de primeurs.

– Tiens, tu m'étonnes!

3

Dans la glacière, le commissaire Walsh réprima énergiquement un premier haut-le-cœur. Le sergent McLoughlin eut moins de sang-froid. Il se rua hors du bâtiment et alla se vider l'estomac dans les buissons d'orties. Phoebe Maybury avait fait demi-tour et, ignorant qu'elle n'aurait pas manqué de compatir, il remercia le ciel qu'elle ne fût pas là pour le voir.

– C'est pas joli joli, hein ? dit Walsh, comme son adjoint revenait. Faites attention où vous mettez les pieds. Il y en a partout. Le chien a dû foutre une sacrée pagaille.

McLoughlin se plaqua un mouchoir sur la bouche et étouffa un hoquet. Une forte odeur de bière se répandit, et le commissaire le regarda d'un air irrité. Étant lui-même versatile, il avait horreur de l'inconséquence d'autrui. Il connaissait bien McLoughlin, comme tous les hommes de son effectif, et le considérait comme un type honnête, intelligent et sérieux. Il éprouvait même à son égard une certaine sympathie, le sergent étant un des rares à pouvoir s'accommoder de ses fameuses sautes d'humeur. Mais de voir les faiblesses de son subordonné s'étaler au grand jour comme un secret honteux le mit en rogne.

– Bon sang, qu'est-ce que vous avez ? demanda-t-il. Il y a cinq minutes, on ne pouvait pas vous tirer une parole aimable, et voilà que vous vomissez comme un foutu nourrisson.

– Rien, patron.

– Rien, patron! répéta Walsh avec une mimique féroce. Il aurait continué sur le même ton si une étincelle de fureur dans l'expression du sergent n'avait soudain réfréné sa hargne. En soupirant, il prit McLoughlin par le bras et le poussa vers la sortie.

– Allez me chercher un photographe et de quoi éclairer. On n'y voit pratiquement rien. Et dites au docteur Webster de venir le plus vite possible. J'ai laissé un message pour lui, il a dû arriver au commissariat.

Il tapota le bras du sergent d'un geste maladroit, en se souvenant sans doute que McLoughlin était plus souvent avec lui que contre lui.

– Si ça peut vous consoler, Andy, je n'ai jamais rien vu d'aussi moche.

Tandis que McLoughlin repartait, soulagé, vers la maison, Walsh sortit une pipe de sa poche, la bourra et l'alluma d'un air pensif. Puis il se mit à examiner soigneusement le sol et les ronces autour de la porte et dans l'allée. Le sol ne lui révéla pas grand-chose. Tout l'été, il avait fait un temps exceptionnellement beau, et le soleil opiniâtre de ces dernières semaines avait durci la terre. Les seules empreintes visibles, probablement celles de Fred, se trouvaient dans l'herbe devant les buissons. S'il y avait eu d'autres traces, plus anciennes, elles s'étaient effacées depuis longtemps. Les ronces semblaient plus prometteuses. A supposer qu'il y eût une seule entrée, le corps avait dû franchir le rideau de ronces, vivant et sur pied, ou mort et sur le dos de quelqu'un. Mais quand? c'était tout le problème. Depuis quand cette chose immonde se trouvait-elle là?

Il contourna lentement la butte. Il lui aurait été plus facile, naturellement, de vérifier de l'intérieur qu'il n'existait pas d'autre issue. Il se justifia de ne pas l'avoir fait en se disant qu'il ne voulait à aucun prix risquer de brouiller les pistes, mais il savait, en toute bonne foi, que ce n'était qu'une excuse. Ce sinistre tombeau ne possédait guère d'attrait pour un homme seul, fût-il un enquêteur à la recherche de la vérité.

Il s'attarda au pied d'un laurier sauvage derrière la glacière et fouilla à l'aide d'une baguette de bambou les amas de feuilles mortes.

Il ne trouva qu'une solide structure de briques qui semblait pouvoir résister pendant des siècles au lent travail des racines. En ce temps-là, songea-t-il, on construisait pour que ça dure.

Il s'assit un instant sur ses talons, tirant des bouffées de sa pipe, puis dressa un premier bilan de ses recherches tout en donnant par-ci par-là des coups de baguette dans les orties, mais sans découvrir aucune faille. Il retourna à la porte et reprit son examen des ronces.

Il n'était pas jardinier et laissait à sa femme le soin de s'occuper des plantes qui décoraient leur patio, mais, même à ses yeux de néophyte, ces ronces avaient un air immuable. Il considéra les mottes herbeuses au-dessus de la porte, là où on avait arraché les racines par poignées, puis, évitant avec soin les endroits où la terre laissait apparaître des traces de pas, il s'accroupit au bord du périmètre où les ronces avaient été coupées et piétinées. Les branches étaient encore vertes et leurs fruits pas mûrs, mais des rameaux, plus avancés que leurs congénères, présentaient des fruits noirs et juteux au milieu des débris de la souche. De l'extrémité de sa baguette de bambou, il souleva délicatement la masse de végétation aplatie et jeta un coup d'œil au-dessous.

– Vous avez trouvé quelque chose ?

– Regardez là, Andy, et dites-moi ce que vous voyez.

McLoughlin s'agenouilla docilement à côté de son supérieur et scruta dans la direction indiquée.

– Qu'est-ce que je suis censé chercher ?

– Des branches portant des marques anciennes. Nous sommes au moins sûrs que notre cadavre n'a pas franchi ces quelques mètres en faisant du saut à la perche.

McLoughlin secoua la tête.

– Il faudrait examiner chaque branche une par une, et je ne sais pas si cela nous avancerait beaucoup. Celui qui les a aplaties n'a pas fait les choses à moitié.

Walsh laissa retomber les végétaux et ôta sa baguette.

– C'est le jardinier, d'après Mrs. Maybury.

– A croire qu'il s'est servi d'un rouleau compresseur.

– Intéressant, n'est-ce pas ? fit Walsh en se redressant. Vous avez trouvé Webster ?

– Il est en route, il sera là dans une dizaine de minutes. J'ai dit aux autres de l'attendre. Nick Robinson a déjà préparé les lampes et l'appareil photo. Le jardinier nous enverra tout le monde à l'arrivée de Webster. Sauf le jeune Williams. Je l'ai laissé dans la maison pour prendre les dépositions et ouvrir l'œil. C'est une fine mouche. S'il y a quelque chose à voir, il le verra.

– Bien. Et le fourgon mortuaire ?

– Devant le commissariat, prêt à démarrer.

Walsh fit quelques pas et s'assit dans l'herbe.

– Nous attendrons. On ne peut rien entreprendre avant que le photographe ait effectué son boulot.

Du coin de la bouche, il lâcha un rond de fumée et regarda McLoughlin au travers.

– Qu'est-ce qu'un corps nu peut bien faire dans la chambre froide de Mrs. Maybury, sergent ? Et par quoi, ou par qui, a-t-il été bouffé comme ça ?

Avec un grognement, McLoughlin chercha son mouchoir.

L'agent Williams avait reçu les dépositions de Mrs. Maybury, de Mrs. Goode et de Miss Cattrell, et il interrogeait Molly Phillips dans la cuisine. Pour une raison qui lui échappait totalement, celle-ci s'obstinait à faire de l'obstruction, et il se disait, de fort mauvaise humeur, que ses collègues avaient vraiment le chic pour lui refiler toutes les corvées. C'est avec une satisfaction mal déguisée qu'ils avaient filé au fond du parc en compagnie de Fred Phillips, des nouveaux arrivants et d'un attirail divers. Williams, qui avait vu la tête d'Andy McLoughlin lorsqu'il était revenu de la chambre froide, brûlait de savoir ce qu'il y avait là-bas. Malgré des nerfs d'acier trempé, McLoughlin paraissait malade comme un chien.

A contre-cœur, l'agent Williams en revint à la déposition de la gouvernante.

– Ainsi, vous n'avez appris la présence du cadavre que lorsque Mrs. Goode est venue téléphoner ?

– Et alors ?

Il la regarda d'un air exaspéré.

– Vous répondez toujours à une question par une autre ?

– Des fois, ça dépend. Qu'est-ce que ça peut vous faire ?

Ce n'était qu'un gosse, de ceux qui faisaient dire aux gens : ils sont de plus en plus jeunes dans la police. Il prit un ton enjôleur qui lui avait déjà réussi plusieurs fois.

– Écoutez, ma petite mère...

– J'suis pas votre petite mère ! s'exclama-t-elle indignée. Et vous êtes pas mon fils. D'ailleurs j'ai pas d'enfants.

Elle lui tourna le dos et se mit à couper des carottes en rondelles dans une casserole.

– Vous devriez avoir honte. Qu'est-ce qu'elle dirait, votre maman, si elle vous entendait ?

Quelle vieille rosse ! songea-t-il. Il observa les épaules frêles et tombantes. Son problème c'était que son vieux n'avait jamais dû lui flanquer une bonne raclée.

– J'la connais même pas.

Elle s'arrêta un instant, le couteau en l'air, puis se remit à découper ses rondelles sans rien dire.

Williams essaya une autre tactique.

– Mrs. Phillips, j'essaie de connaître les circonstances dans lesquelles a été découvert le cadavre. Mrs. Goode m'a dit être rentrée dans la maison pour nous téléphoner. Elle a ajouté que vous vous trouviez dans le hall à ce moment-là, et qu'elle est ensuite descendue chercher du cognac à la cave parce qu'il n'en restait plus dans le buffet. Est-ce exact ?

– Si Mrs. Goode vous l'a dit, ça devrait vous suffire. Inutile de vous ramener ici en douce pour savoir si elle ment.

Il la dévisagea soudain.

– Et elle ment ?

– Bien sûr que non. Quelle idée !

– Alors pourquoi tout ce mystère ? lança-t-il en direction de son dos raidi. Pourquoi ces cachotteries ?

Elle se retourna brusquement :

– Prenez pas ce ton-là avec moi. Les types comme vous, je les connais. Mieux que personne. Vous m'impressionnez pas.

Elle lui faucha sa tasse sous le nez et la déposa sans façons dans la cuvette. Il aurait juré qu'elle avait les larmes aux yeux.

Le photographe de la police émergea avec précaution de la glacière et fit passer par-dessus sa tête la courroie de son appareil photo.

– Terminé, monsieur ! dit-il à l'adresse de Walsh.

Le commissaire lui mit une main sur l'épaule.

– Parfait, mon vieux. Alors rentrez au poste et développez-moi ces photos.

Puis il se tourna vers le médecin.

– On y va, Webster ?

Le docteur Webster eut un sourire maussade.

– Vous avez une autre solution ?

– Après vous, fit malicieusement Walsh.

Des projecteurs éclairaient à présent la scène, révélant chaque détail avec une absolue netteté, sans une ombre pour en atténuer l'horreur. Walsh considéra avec calme le cadavre. On s'habitue à tout, songea-t-il. Il avait presque oublié sa première impression, peut-être aussi à cause des lumières. Enfant, il avait très peur dans le noir et imaginait des créatures effrayantes tapies dans les recoins de sa chambre. Son père, au demeurant un brave homme mais qui ne voulait pas d'une poule mouillée pour fils, restait insensible aux pleurnicheries s'échappant de la chambre, où l'on avait privé toutes les lampes de leurs ampoules.

– Bon Dieu ! s'exclama Webster en regardant autour de lui avec un dégoût marqué.

Il avança précautionneusement jusqu'au centre de la pièce, évitant les lambeaux d'entrailles racornis éparpillés sur les dalles. Il observa un instant la tête du cadavre.

– Bon Dieu ! répéta-t-il.

Encore attachée au tronc par des tendons desséchés, elle reposait dans une cavité de la rangée supérieure d'un tas de briques soigneusement empilées. Des cheveux grisâtres, assez longs pour être ceux d'une femme, s'échappaient du trou. Les orbites vides et les mâchoires à nu contrastaient par leur blancheur avec les muscles noircis du visage. La poitrine, maintenue par la tête contre la paroi de briques, donnait l'impression d'avoir été habilement dépecée. Le haut et le bas du corps formaient un angle bizarre qu'aucun contorsionniste n'aurait pu exécuter. L'abdomen avait pratiquement disparu, et seuls de rares lambeaux témoignaient de son existence passée. Le sexe avait disparu lui aussi. L'avant-bras gauche, calé contre un tas de briques plus petit, se trouvait à un bon mètre du corps, presque entièrement écharné, à l'exception de quelques ligaments montrant qu'il avait été arraché au niveau du coude. Le bras droit, pressé contre le torse, avait la même couleur noirâtre que le visage, avec des taches blanches là où les os affleuraient. Des jambes, seuls les mollets et les pieds étaient nettement reconnaissables, mais écartés, comme dans une parodie de grand écart, et tordus, de sorte que la plante des pieds faisait face au plafond. Des cuisses il ne restait que des esquilles d'os.

– Eh bien ? demanda Walsh après quelques minutes durant lesquelles le médecin nota la température ambiante et fit un croquis de la position du corps.

– Que voulez-vous savoir ?

– C'est un homme ou une femme ?

Webster désigna les pieds.

– Je pencherais pour un homme, d'après les dimensions. Naturellement, on ne peut rien affirmer avant d'avoir pris les mesures, mais ça paraît vraisemblable. Ou alors c'était une femme robuste, très masculine.

– Les cheveux sont plutôt longs pour un homme. A moins qu'ils aient beaucoup poussé après la mort.

– Qu'est-ce que vous chantez là, George ? Même s'ils lui arrivaient à la taille, ça ne nous renseignerait pas sur le sexe. Et les cheveux poussent très peu après la mort. Non, poursuivit Webster, tout bien considéré, je dirais qu'il s'agit d'un homme, en attendant confirmation, bien entendu.

– Vous avez une idée de l'âge ?

– Aucune, sinon qu'il avait probablement plus de vingt et un ans, et encore ce n'est pas sûr. Il y a des gens qui grisonnent avant ça. Il faudra que je fasse une radio du crâne pour voir la suture des os.

– Depuis quand est-il mort ?

Webster fit la moue.

– C'est une question plutôt délicate. Le vieux Fred, dehors, prétend qu'il a senti une odeur désagréable en marchant dessus, ce qui semblerait indiquer que la mort remonte à peu de temps.

Il se suçota un instant les lèvres, puis secoua la tête et examina attentivement le sol. A l'aide d'une spatule il détacha un morceau noirâtre près de la porte. Il le renifla.

– Des excréments, déclara-t-il. Assez récents. Probablement d'un animal. Vous feriez bien d'en faire un moulage pour voir s'ils portent l'empreinte des bottes de Fred. Depuis quand est-il mort ?

Il frissonna soudain.

– C'est une glacière, et la température est inférieure de plusieurs degrés à celle de l'extérieur. Apparemment, ce n'est pas infesté d'asticots, ce qui suppose qu'il n'y avait rien pour attirer les mouches. Sinon il en serait resté encore moins que ça. A vrai dire, George, vous pouvez imaginer aussi bien que moi combien de temps de la chair morte peut se conserver à une telle température. Sans compter qu'un état d'épuisement a pu accélérer la décomposition. Des semaines. Peut-être des mois. Je n'en sais rien. Il faudra que je consulte un spécialiste.

– Des années ?

– Non, répondit fermement Webster. Vous n'auriez plus qu'un squelette.

– Et s'il avait été congelé avant d'arriver ici, cela changerait les choses ?

Le médecin se mit à rire.

– Congelé ? Comme des bâtonnets de poisson ?

Walsh hocha la tête.

– Voyons, George, c'est impensable. Il faudrait un appareil de professionnel pour congeler un type de cette taille, et comment feriez-vous pour le transporter ? Et pourquoi le congeler, d'abord ?

Webster fronça les sourcils.

– D'ailleurs, cela ne ferait guère progresser votre enquête. Une glacière, pour tenir des produits au froid, doit être remplie de glace. Ici, votre homme décongèlerait aussi vite qu'une dinde dans un garde-manger. Non, c'est hors de question.

Walsh considéra pensivement le bras coupé.

– Vous croyez ? On a vu des choses bien plus étranges. On aurait pu le garder au frais pendant dix ans et le déposer récemment ici pour que quelqu'un le découvre.

Webster émis un sifflement.

– David Maybury ?

– C'est une possibilité.

Il s'accroupit et montra la main déformée et en charpie.

– Qu'est-ce que vous pensez de ça ? J'ai bien l'impression qu'il manque les deux derniers doigts.

Webster s'approcha.

– Difficile à dire, lâcha-t-il d'un air sceptique. En tout cas, on l'a salement arrangé !

Il regarda le sol autour de lui.

– Vous avez intérêt à ramasser tout ça soigneusement et à ne rien oublier. Évidemment, cela paraît bizarre. C'est peut-être une coïncidence.

Walsh se leva.

– Je ne crois pas aux coïncidences. Et la cause du décès ?

– A première vue, George, une hémorragie causée par une ou plusieurs blessures au ventre.

Walsh lui jeta un coup d'œil surpris.

– Vous avez l'air bien affirmatif.

– J'ai dit à première vue. Pour en être sûr, il faudrait que vous retrouviez ses vêtements. Mais regardez. Le corps a été complètement dévoré de l'abdomen jusqu'aux genoux. Imaginez qu'il soit assis bien droit, les jambes étendues, du sang s'écoulant du ventre. Le sang se serait précisément répandu sur les parties dévorées.

Walsh éprouva une soudaine faiblesse.

– Vous voulez dire qu'il a été dévoré vivant ?

– Allons, mon vieux, inutile d'en rêver la nuit. S'il vivait toujours, il devait être dans le coma, inconscient, sinon il aurait éloigné les charognards. Cela va de soi. Évidemment, continua-t-il pensif, s'il se décongelait lentement, le sang et l'eau liquéfiés auraient eu le même résultat.

Walsh se livra au laborieux rituel consistant à rallumer sa pipe, puis expédia du coin des lèvres quelques ronds de fumée. L'odeur dont avait parlé Webster l'avait rendu sensible à une légère émanation qu'il n'avait pas remarquée au début. Pendant quelques minutes il regarda le docteur examiner de près le crâne et la poitrine, et prendre quelques mesures.

– Quel genre de charognards ? Renards, rats ?

– Difficile à dire.

Il se pencha sur une des orbites vides avant d'indiquer les os fracturés des cuisses.

– Une espèce possédant de solides mâchoires, en tout cas. Deux d'entre eux se sont sûrement battus avec lui. Regardez la position des jambes et ce bras sectionné au coude. La lutte a dû être féroce.

Il refit la moue.

– Des blaireaux. Plus vraisemblablement des chiens.

Walsh songea aux deux labradors à poil blond couchés sur le dallage de la terrasse, et à celui qui était venu renifler sa main. D'un geste brusque, il essuya cette main contre la jambe de son pantalon. Puis il se mit à tirer avec obstination des bouffées de sa pipe.

– Vous m'avez bien dit pourquoi les animaux s'étaient attaqués au ventre et aux cuisses, mais ils n'ont pas oublié le haut non plus. Pourquoi ? C'est normal ?

Webster se redressa et s'essuya le front avec sa manche de chemise.

– Dieu seul le sait, George. Ce dont je suis sûr, c'est que tout ce machin est anormal. Si je peux risquer une supposition, le pauvre type a plaqué sa main gauche contre son ventre pour essayer d'arrêter l'hémorragie ou de contenir ses intestins, comme vous préférez, puis il a fait comme moi : il s'est essuyé le front et s'est barbouillé le visage de sang. Aussi les rats ou autres bestioles se sont-ils attaqués à son bras et à sa main gauches, et à son torse.

– Je croyais qu'il était dans le coma, répliqua Walsh d'un ton de reproche.

– Peut-être, ou peut-être pas. Comment voulez-vous que je le sache ? De toute façon, on remue, même dans le coma.

Walsh ôta la pipe de sa bouche et indiqua avec le tuyau la poitrine du cadavre.

– Vous voulez que je vous dise à quoi ça me fait penser ?

– Allez-y.

– A une poitrine d'agneau quand ma femme en a retiré la viande avec son couteau à découper.

Webster parut soudain las.

– Je sais. J'espère que c'est une illusion. Sinon... eh bien, vous n'avez pas besoin que je vous mette les points sur les *i*.

– Les villageois pensent que ces femmes sont des sorcières.

Webster retira ses gants.

– Sortons d'ici, à moins que vous ne vouliez d'autres renseignements. Pour moi, j'en saurai davantage lorsque je l'aurai sur ma table d'autopsie.

– Encore une chose. Croyez-vous qu'il ait été blessé au ventre ici ou ailleurs ?

Webster ferma sa mallette et se dirigea vers la sortie.

– Ne me demandez pas ça, George. Ce qui est certain, c'est qu'il était vivant en arrivant dans la glacière. Quant à savoir s'il saignait déjà, c'est impossible.

Il s'arrêta dans l'embrasure de la porte.

– A moins qu'il y ait une part de vrai dans votre histoire de congélation. Auquel cas, il était bel et bien mort.

4

Trois heures plus tard, les restes du cadavre ayant été enlevés à grand-peine sous la surveillance du docteur Webster, et un examen minutieux de l'intérieur de la chambre froide n'ayant rien révélé, à part la présence d'un tas de fougères sèches dans un coin, des scellés furent posés sur la porte. Walsh et McLoughlin retournèrent à la villa. Phoebe leur offrit de s'installer dans la bibliothèque, et, avec une étonnante absence de curiosité, les laissa à leurs conciliabules.

Une équipe de policiers était demeurée au fond du parc. Elle ratissait la zone, progressant en cercle depuis la chambre froide. En son for intérieur, Walsh ne se faisait aucune illusion : si beaucoup de temps s'était écoulé entre l'arrivée et la découverte du cadavre, il n'y aurait rien dans les environs. Néanmoins, la routine avait parfois permis de découvrir des indices invraisemblables, et divers échantillons attendaient de partir pour l'Institut médico-légal. Entre autres, de la poussière de brique, des touffes de poils, de la boue jaunâtre et ce que le docteur Webster prétendait être des fragments d'os de mouton, que McLoughlin avait trouvés devant la porte. Le jeune Williams, qui ignorait toujours ce que renfermait la glacière, fut convoqué dans la bibliothèque.

Il trouva Walsh et McLoughlin côte à côte derrière un immense bureau en acajou, sur lequel les photographies, tirées à toute vitesse, s'étalaient en éventail. Une vieille lampe d'architecte surmontée d'un abat-jour vert constituait tout l'éclairage de la pièce, où l'obscurité gagnait rapidement. Williams s'approcha, et Walsh inclina la lampe afin d'atténuer la brutalité du faisceau lumineux. Les photos posées à l'envers, dans la pénombre, ne cessaient d'attirer le regard du jeune policier, comme s'il y cherchait la confirmation des horreurs qu'il avait dû jusque-là se contenter d'imaginer. Il lut sa petite liasse de dépositions, tout en surveillant du coin de l'œil le visage de McLoughlin, marqué de creux noirs. Bon sang, ce fumier n'avait pas l'air dans son assiette! Williams se demanda si les rumeurs qui couraient sur le sergent étaient vraies.

– Leurs témoignages concernant la découverte du corps ont l'air de coller. Rien à attendre de ce côté-là.

Il prit un air satisfait.

– Mais je crois que je tiens autre chose.

– Vraiment?

– Oui. Je parierais que Mr. et Mrs. Phillips ont fait de la taule avant de travailler ici.

Il consulta ses notes, rédigées avec application.

– Mrs. Phillips s'est comportée de façon curieuse, elle ne voulait répondre à aucune question, m'accusait d'essayer de l'intimider, ce qui n'était pas le cas, et répétait sans cesse: « Si vous voulez le savoir, vous n'avez qu'à chercher. » Lorsque je lui ai dit que je serais forcé d'interroger Mrs. Maybury, elle a failli m'arracher la tête. « Laissez Madame tranquille! Depuis qu'on est sortis, Fred et moi, on se tient à carreau, ça vous suffit pas! »

Il releva la tête, l'air radieux.

Walsh griffonna quelques mots sur un bout de papier.

– Très bien, on va vérifier.

McLoughlin vit la déception du jeune homme.

– Vous avez fait du bon travail, Williams, murmura-t-il. On devrait demander des sandwiches, commissaire. Personne n'a rien avalé depuis midi.

Il songea au déjeuner qu'il avait vomi dans les buissons. Il aurait bien donné sa main droite pour une bière.

– Il y a un pub au bas de la colline. Gavin pourrait peut-être rapporter quelque chose aux collègues.

D'un air irrité, Walsh extirpa de sa poche deux billets de dix livres.

– Va pour des sandwiches, déclara-t-il d'un ton sec. Pas trop chers. Vous en laisserez quelques-uns ici et vous emporterez les autres à la glacière. Restez pour leur donner un coup de main.

Il jeta un coup d'œil par la fenêtre derrière lui.

– Ils ont les projecteurs. Dites-leur de continuer les recherches le plus longtemps possible. Nous venons dans un moment. Et n'oubliez pas ma monnaie.

– Bien.

Williams sortit avant que le commissaire ait eu le temps de se raviser.

– Il serait moins pressé s'il savait ce qu'il y a là-bas, remarqua Walsh en désignant les photos d'un doigt maigre. Je me demande s'il a raison pour les Phillips. C'est un nom qui vous dit quelque chose ?

– Non.

– A moi non plus. Voyons ce que nous avons.

Il prit sa pipe et la bourra machinalement. Puis il se mit à analyser chaque fait en leur possession comme s'il rongeait des os de poulet.

McLoughlin n'écoutait pas. Il avait mal à la tête, là où une veine engorgée battait à se rompre. Et il ne percevait plus qu'un bourdonnement.

Il prit un crayon sur le bureau et le balança entre deux doigts. Sa main tremblait violemment et le crayon tomba avec fracas. Il se força à se concentrer.

– Alors, Andy, on commence par où ?

– Par la chambre froide et ceux qui connaissaient son existence. C'est sans doute la clé.

Il prit sur le bureau une vue d'extérieur et la leva vers la lampe sans pouvoir arrêter le tremblement de ses doigts.

– On dirait une colline, murmura-t-il. Comment un étranger saurait-il ce qu'il y a dedans ?

Walsh serra sa pipe entre ses dents et l'alluma. Sans répondre, il prit la photographie et l'examina attentivement, tout en fumant en silence pendant une minute ou deux.

McLoughlin promena un regard indifférent sur les photos du corps.

– C'est Maybury ?

– Il est encore trop tôt pour le dire. Webster va consulter les fiches médicales et dentaires. Manque de chance, on ne peut même pas comparer les empreintes. On n'en a relevé aucune dans la maison à l'époque de sa disparition. D'ailleurs, même si on en avait, cela ne nous avancerait pas à grand-chose. Les deux mains sont en lambeaux.

Du pouce il tassa le tabac de sa pipe.

– David Maybury présentait un signe très particulier. Il lui manquait deux doigts à la main gauche. Il les avait perdus dans un accident de chasse.

McLoughlin sentit son intérêt s'éveiller.

– Alors c'est lui.

– Ça se pourrait.

– Le cadavre n'est pas là depuis dix ans. Le docteur Webster a parlé de quelques mois.

– Peut-être bien. Pour en être sûr, j'attends d'avoir le rapport d'autopsie.

– Comment était-il ? Mrs. Goode prétend que c'était le dernier des salauds.

– Cela me paraît un assez bon portrait. Vous pourrez en juger par vous-même. Tout est dans le dossier. J'avais demandé à un psychologue d'étudier les témoignages que nous avions recueillis auprès des gens qui le connaissaient. Il en avait conclu, sans l'avoir jamais rencontré, que Maybury manifestait des tendances psychopathes, surtout lorsqu'il avait bu. Il avait l'habitude de tabasser les gens, hommes ou femmes.

Walsh tira une bouffée de sa pipe et jeta à son subordonné un regard en coin.

– C'était aussi un chaud lapin. On a découvert qu'il avait au moins trois poules à Londres qui lui accordaient leurs faveurs.

McLoughlin fit un signe de tête en direction du hall.

– Elle était au courant ?

Walsh haussa les épaules.

– Elle prétend que non.

– Il la dérouillait elle aussi ?

– C'est probable, sauf qu'elle ne veut pas le reconnaître. Elle avait sur la joue un bleu comme une soucoupe le jour où elle nous a avertis de sa disparition et nous avons appris qu'elle était allée deux fois à l'hôpital avant ça, une fois pour une fracture du poignet et une autre pour des côtes et une clavicule cassées. Elle a raconté aux médecins qu'elle avait les os fragiles.

Il s'esclaffa.

– Ils ne l'ont pas crue et moi non plus. Elle lui servait de punching-ball chaque fois qu'il avait un verre dans le nez.

– Pourquoi n'est-elle pas partie ? Après tout, peut-être qu'elle aimait ça.

Walsh le considéra d'un air songeur. Il était sur le point de dire quelque chose mais il changea d'avis.

– Cela fait des lustres que Streech Grange appartient à la famille. Il s'était installé là comme chez lui et se servait de l'argent de sa femme pour faire marcher un petit commerce de vin. Le stock doit être encore dans les caves si elle ne l'a pas bu ou vendu. Non, elle ne serait pas partie. A dire vrai, je ne vois même pas ce qui aurait pu l'obliger à partir. Pas plus un tremblement de terre que le reste. C'est une femme de tête.

– Et dans la mesure où il vivait là comme un coq en pâte, il n'aurait jamais décampé non plus.

– C'est à peu près ça.

– Elle s'est donc débarrassée de lui.

Walsh acquiesça.

– Mais on ne peut pas le prouver.

– Non.

Le visage morose de McLoughlin s'éclaira d'un semblant de sourire.

– Elle a dû vous servir un sacré bobard.

– Plutôt énorme, oui. Elle nous a dit qu'il était sorti un soir et qu'il n'était pas rentré.

Walsh essuya avec sa manche un peu de goudron mêlé à la salive qui perlait à l'extrémité de sa pipe.

– Cela faisait déjà trois jours qu'il avait disparu, et elle avait averti la police uniquement parce que les gens avaient commencé à lui demander où il était. Elle avait eu le temps d'empaqueter ses affaires et de les expédier à des bonnes œuvres dont j'ai oublié le nom, de brûler ses photos et de nettoyer la maison à l'aspirateur et au détergent afin d'effacer toute trace de son passage. Bref, elle a agi exactement comme si elle venait de tuer son mari et qu'elle tentât d'effacer les indices. Nous avons pu récupérer des cheveux qu'elle avait oubliés sur une brosse, un passeport valide avec photo qui était resté coincé au fond d'un tiroir de bureau et une vieille carte de donneur de sang. C'est tout. Nous avons fouillé de fond en comble maison et jardin, fait venir un spécialiste qui a procédé à des examens au microscope, sans aucun résultat. Nous avons battu la campagne environnante, montré sa photographie dans tous les ports et aéroports, au cas où il aurait réussi à s'embarquer sans papiers, averti Interpol, dragué lacs et rivières, fait reproduire son portrait dans tous les grands quotidiens. Rien. Il s'est tout simplement volatilisé.

– Et comment a-t-elle expliqué le bleu qu'elle avait récolté ?

L'inspecteur se mit à ricaner.

– Une porte, parbleu ! J'ai essayé de lui tendre la perche en lui laissant entendre qu'elle avait sans doute tué son mari en état de légitime défense. Mais non, il ne l'avait pas touchée.

Il secoua la tête en se rappelant la scène.

– C'est incroyable ! Elle n'a même pas essayé de détourner les soupçons. Elle aurait pu invoquer je ne sais combien de raisons pour nous convaincre qu'il avait disparu de son plein gré – par exemple, ses problèmes d'argent. Il la laissait pratiquement sans le sou. Eh bien non, elle a fait exactement l'inverse. Elle a continué à répéter qu'un soir il était allé prendre l'air, tout bonnement, et qu'il n'était pas rentré. Il n'y a que les morts pour disparaître comme ça.

– Pas bête, fit McLoughlin d'un ton morne. Ça réglait la question et elle ne risquait pas de se tromper. Pourquoi ne pas l'avoir inculpée ? Il arrive qu'on engage des poursuites avant d'avoir retrouvé le corps.

Le souvenir de ces dix années avait agacé Walsh.

– Nous n'avions rien dans le dossier! répliqua-t-il d'un ton sec. Pas la moindre preuve à opposer à cette histoire abracadabrante de départ à la sauvette. Il nous fallait le corps. Nous avons retourné la moitié de la région pour dénicher ce maudit cadavre.

Il resta un instant silencieux, puis tapota la photographie de la chambre froide.

– Vous avez raison.

– Comment ça?

– C'est sans doute la clé de toute l'affaire. Nous avons fouillé le jardin de bout en bout il y a dix ans, et personne n'a eu l'idée d'aller voir à l'intérieur de ce truc. Je n'en avais jamais vu de ce genre, je ne savais même pas ce que c'était. Alors bien sûr, je n'aurais jamais pensé que cette satanée butte était creuse. Je me souviens d'être monté dessus pour me repérer. Et même d'avoir recommandé à un de mes hommes d'inspecter soigneusement les ronces. C'était une vraie jungle.

Il essuya à nouveau le tuyau de sa pipe avec sa manche. Les marques de goudron séché dessinaient des stries noires sur l'étoffe.

– Je vous parie ce que vous voudrez, Andy, que le cadavre de Maybury se trouvait déjà là.

On frappa à la porte et Phoebe entra avec un plateau de sandwiches.

– L'agent Williams m'a dit que vous aviez faim, commissaire. Aussi, j'ai demandé à Molly de vous préparer quelque chose.

– Eh bien, merci, Mrs. Maybury. Venez donc vous asseoir.

Phoebe posa le plateau sur le bureau, puis s'assit à côté, dans un fauteuil en cuir. La lampe projetait un rond de lumière sur les trois silhouettes réunies dans une immobilité tendue. La fumée de la pipe de Walsh flottait au-dessus de leur tête, accrochant dans l'air des anneaux nuageux. Il y eut un long silence, soudain interrompu par le mécanisme d'une vieille horloge qui se mit à carillonner. Il était neuf heures.

Walsh, comme mû par un signal, se pencha vers la jeune femme.

– Pourquoi ne pas nous avoir parlé de cette chambre froide il y a dix ans, Mrs. Maybury ?

Il crut lire de la surprise, voire un léger soulagement, sur les traits de Phoebe, puis l'expression disparut. Après coup il se demanda s'il n'avait pas rêvé.

– Je ne comprends pas, dit-elle.

Walsh fit signe à McLoughlin d'allumer le lustre. La lumière terne de la lampe brouillait le visage étrangement impassible dont il aurait voulu saisir chaque nuance.

– C'est pourtant simple, murmura-t-il lorsque McLoughlin eut allumé le lustre, qui répandit dans la pièce une lumière éclatante. A l'époque où nous cherchions votre mari, nous n'avons pas regardé dans la chambre froide. Nous ignorions son existence.

Il la dévisagea pensivement.

– Et vous n'en avez pas fait mention.

– Je ne m'en souviens pas, répondit-elle simplement. J'ai sans doute oublié. Vous ne l'avez pas trouvée tout seul ?

– Non.

Elle eut un léger haussement d'épaules.

– Est-ce si important, commissaire, après tout ce temps ?

Il ignora la question.

– Vous rappelez-vous quand la chambre froide a été utilisée pour la dernière fois, avant la disparition de votre mari ?

D'ún air las, elle posa la tête contre le dossier du fauteuil, ses cheveux roux s'évasant autour de sa figure pâle. Derrière ses lunettes, ses yeux semblaient immenses. Walsh savait qu'elle avait dans les trente-cinq ans, et pourtant elle paraissait plus jeune que sa propre fille. Il sentit McLoughlin s'agiter sur sa chaise à côté de lui, comme si cette fragilité avait troublé le sergent. Qu'elle aille au diable, se dit-il en se rappelant combien elle lui en avait fait baver jadis. Cette apparente vulnérabilité cachait une intelligence aiguë.

– Laissez-moi réfléchir, dit-elle. Franchement, je ne crois pas qu'on s'en soit jamais servi du vivant de David. Ou alors je n'en ai gardé aucun souvenir.

Elle s'interrompit un bref instant.

– Par contre, je suis sûre que mon père l'a utilisée comme chambre noire, un hiver, alors que j'étais en vacances scolaires. Cela n'a pas duré longtemps, ajouta-t-elle en souriant. Il a prétendu que c'était la barbe d'aller jusque là-bas dans le froid.

Elle eut un rire perlé comme si cette anecdote la réjouissait.

– Il a fini par confier les pellicules à un commerçant. Selon ma mère, il avait surtout besoin de pouvoir s'en prendre à quelqu'un au cas où les photos ne seraient pas réussies, ce qui arrivait fréquemment. Ce n'était pas un très bon photographe.

Elle regarda calmement Walsh.

– Je ne me souviens pas qu'on s'en soit servi après ça, du moins jusqu'à ce qu'on y ait mis ces fameuses briques. Les enfants sauraient peut-être. Je pourrais le leur demander.

Walsh revit les deux gamins : le garçon de dix ans, maigrelet, aux yeux bleus, clairs comme ceux de sa mère, qui avait débarqué au beau milieu de l'enquête, de retour de son pensionnat, et la fillette de huit ans à la tignasse de cheveux bruns bouclés. Ils avaient défendu leur mère avec le même acharnement qu'avaient manifesté ses deux amies un peu plus tôt au salon.

– Jonathan et Jane, dit-il. Ils habitent toujours chez vous, Mrs. Maybury ?

– Pas vraiment. Jonathan loue un appartement à Londres. Il fait des études de médecine à Guy's. Jane étudie la philosophie et les sciences politiques à Oxford.

– Ils ont bien réussi. Vous devez être contente.

Il songea avec amertume à sa propre fille, enceinte à l'âge de seize ans, et qui se retrouvait, à vingt-cinq ans, divorcée avec quatre enfants sur les bras, et pour toute perspective une vie morose dans un logement social d'un grand ensemble délabré.

Il consulta ses notes.

– Vous semblez avoir adopté un métier depuis la dernière fois que nous nous sommes vus. L'agent Williams m'a dit que vous vous étiez lancée dans l'horticulture.

Phoebe sembla déroutée par ce changement abrupt.

– Fred m'a aidée à installer une petite pépinière de pélargoniums, dit-elle avec circonspection. Nous ne cultivons que des variétés de géraniums.

– Qui vous les achète ?

– Nous avons deux gros clients dans la région : une chaîne de supermarchés et un distributeur fournissant le Devon et la Cornouailles. Nous avons reçu aussi quelques commandes importantes de l'État que nous avons expédiées par avion. Pourquoi me demandez-vous ça ? ajouta-t-elle avec une méfiance non dissimulée.

– Pour rien.

Il tira bruyamment une bouffée de sa pipe.

– Vous devez avoir beaucoup de clients au village...

– Aucun, répondit-elle d'un ton sec. Nous ne vendons pas aux particuliers et, quand bien même ce serait le cas, ils ne voudraient pas venir ici.

– Vous n'êtes pas très populaire à Streech, n'est-ce pas ?

– Il semble que non.

– Il y a dix ans, vous étiez réceptionniste chez un médecin. Le travail ne vous plaisait pas ?

Elle eut un sourire amusé.

– On m'a priée de partir. La présence d'une meurtrière indisposait les patients.

– Votre mari savait pour la chambre froide ?

La question la prit au dépourvu.

– Vous voulez dire, qu'elle se trouvait là ?

Il hocha la tête.

– Certainement, bien que, je vous le répète, je ne pense pas qu'il y soit jamais allé.

Walsh écrivit quelques mots.

– Très bien, nous allons nous en assurer. Les enfants se souviendront peut-être de quelque chose. Seront-ils là ce week-end ?

Elle se raidit.

– Je suppose que, s'ils ne viennent pas, vous enverrez quelqu'un les chercher ?

– C'est important.

– Vraiment, commissaire ? répliqua-t-elle avec un tremblement dans la voix. Nous vous avons déjà déclaré qu'il y a dix ans, il n'y avait aucun cadavre dans la glacière. Quel rapport pourrait-il y avoir entre cette... chose et la disparition de David ?

Elle ôta ses lunettes et pressa ses paupières.

– Je ne veux pas qu'on harcèle les enfants. Ils ont déjà assez souffert de cette affreuse histoire. Vous ne pouvez pas leur imposer de nouveau une pareille épreuve, et cela sans motif valable.

Walsh sourit avec indulgence.

– Juste quelques questions de routine, Mrs. Maybury. Une bagatelle, rien de plus.

Elle remit ses lunettes, furieuse de sa réponse.

– Il y a dix ans, vous vous étiez déjà montré d'une incroyable stupidité, ce qui n'a rien de surprenant. J'ignore comment j'ai pu croire un seul instant que vous auriez aujourd'hui un peu plus de bon sens. Vous nous avez fait vivre un enfer, et vous appelez ça une bagatelle ! Un enfer, savez-vous ce que c'est ? L'angoisse d'une petite fille de huit ans, quand des policiers défoncent les plates-bandes et interrogent sa mère, enfermés avec elle dans une pièce, pendant des heures ? Le regard désespéré d'un fils que son père abandonne sans un mot et dont la mère se retrouve accusée de meurtre ? Voir vos enfants souffrir et ne rien pouvoir faire pour l'empêcher ? Vous m'avez demandé si j'étais satisfaite de leur réussite.

Elle se pencha vers lui, le visage crispé.

– Entre nous, vous auriez pu faire preuve d'un peu plus d'imagination, vous ne croyez pas ? Ils ont vécu avec l'image d'un père mystérieusement disparu, d'une mère considérée comme une meurtrière, d'un foyer devenu une attraction pour touristes en mal de sensations fortes. Et ils s'en sont tirés à peu près indemnes. Je n'en suis pas satisfaite, j'en suis émerveillée, si vous tenez à connaître le fond de ma pensée.

– A l'époque, nous vous avions conseillé de les éloigner, Mrs. Maybury, dit Walsh d'un ton volontairement modéré. Vous avez choisi de n'en rien faire.

Phoebe se leva. C'était seulement la seconde fois qu'il la voyait réagir avec autant de violence.

– Dieu, que je vous hais!

Elle s'appuya sur le bureau et il vit que ses mains tremblaient de manière incontrôlable.

– Où vouliez-vous que je les envoie? Mes parents étaient morts. Je n'ai ni frère ni sœur, et ni Anne ni Diana n'avaient le temps de s'occuper d'eux. Vous auriez peut-être voulu que je les confie à des étrangers, quand la paix de leur univers se trouvait menacée?

Elle songea à la seule parente qui lui restait, une sœur de son père, célibataire, qui avait rompu avec la famille depuis très longtemps. La vieille fille avait lu avec une délectation vorace chaque article qu'elle avait pu trouver, et avait adressé à Phoebe une lettre pleine de fiel, sur le thème des tares léguées aux enfants par les parents. Quelle raison l'avait poussée à écrire, c'était impossible à deviner, mais, curieusement, ses allusions sournoises à Jonathan et à Jane avaient été pour Phoebe une libération. Elle avait compris, clairement et pour la première fois, que le passé était mort et que les regrets ne servaient à rien.

– Comment osez-vous parler de choix! Tout ce que je pouvais faire, c'était de sourire pendant que vous vous acharniez sur moi, et de ne pas laisser voir aux enfants les tourments que j'endurais.

Elle agrippa le bord du bureau.

– Je n'ai pas l'intention de revivre de tels moments. Et je ne vous laisserai pas fourrer vos sales pattes dans la vie de mes enfants. Vous avez déjà fichu une fois la pagaille ici. Vous n'êtes pas près de recommencer!

– J'ai encore quelques questions à vous poser, Mrs. Maybury. Je vous prie de ne pas quitter cette pièce.

Elle ouvrit la porte et jeta autour d'elle un regard circulaire.

– Je vous emmerde, commissaire!

La porte claqua.

McLoughlin avait suivi la scène avec attention.

– Elle a drôlement changé depuis cet après-midi. Elle est toujours aussi impétueuse ?

– Plutôt le contraire. Il y a dix ans, nous n'avions pas réussi une seule fois à la faire sortir de ses gonds.

Il tira pensivement sur sa pipe maculée.

– Ça doit être les deux gouines avec lesquelles elle s'est collée. Elles l'auront montée contre les hommes.

Walsh prit un air amusé.

– A mon avis, David Maybury s'en était chargé depuis longtemps. Nous devrions en parler avec Mrs. Goode. Vous voulez bien aller la chercher ?

McLoughlin s'empara d'un sandwich et l'engloutit avant de se lever.

– Et l'autre ? Je la ramène aussi ?

Le commissaire réfléchit quelques secondes.

– Non. C'est une vicelarde. Je préfère la laisser mijoter jusqu'à ce que nous ayons réuni assez de renseignements sur son compte.

Debout, McLoughlin voyait luire la peau rosâtre du crâne de Walsh sous la chevelure clairsemée. Il éprouva un brusque élan de sympathie pour cet homme vieillissant, comme si la violence de Phoebe avait exorcisé la sienne et l'avait rendu à son sens du devoir.

– C'est votre principal suspect, patron. Elle aurait sûrement adoré couper les couilles à cette ordure. Les deux autres n'auraient pas eu le cœur à ça.

– Vous avez probablement raison, mon gars. Mais je vous parie qu'il était déjà mort avant qu'elle lui fasse son affaire.

5

Streech Grange était un beau manoir du XVIIe siècle, avec des fenêtres à petits carreaux et des toits d'ardoise tombant en pente raide. Deux ailes, ajoutées par la suite, s'étendaient de chaque côté du corps principal, enserrant la terrasse dallée où les trois femmes avaient pris le thé. Des cloisons intérieures isolaient ces deux ailes, qui communiquaient de plain-pied avec l'extérieur par des portes non verrouillées. Le sergent McLoughlin, n'ayant trouvé personne ni dans le salon ni dans la cuisine, gagna l'aile est. Il frappa un léger coup à la porte d'entrée et, en l'absence de réponse, tourna la poignée, puis s'engagea dans le couloir qui s'ouvrait devant lui.

Au bout se trouvait une porte entrebâillée. Une voix basse – à coup sûr celle d'Anne Cattrell – lui parvint. Il tendit l'oreille.

– ... tiens bon et ne te laisse pas intimider par cette bande de saligauds. Crois-moi, je les connais mieux que personne. Quoi qu'il arrive, Jane doit rester en dehors de tout ça. D'accord ? (Il y eut un murmure d'approbation.) De plus, ma chérie, si tu arrives à faire perdre à cet enfoiré de sergent son sale petit air narquois, tu auras droit à ma reconnaissance éternelle.

– Qu'en sais-tu – la voix amusée, plus aiguë, était celle de Diana – il a pu naître avec ? Et il a bien été obligé de s'en accommoder, comme d'autres de vivre avec un bras en moins. Dans ce cas, je suis sûre que tu serais la première à t'attendrir sur son sort.

Anne se mit à rire, d'un rire guttural.

– Ses infirmités, cette andouille les a plutôt dans son froc.

– A savoir ?

– C'est un pauvre couillon et un trou du cul !

Diana eut un gloussement, et McLoughlin sentit le rouge lui monter au visage. Il retourna sur la pointe des pieds jusqu'à la porte du dehors, la ferma derrière lui et frappa à nouveau, cette fois plus énergiquement. Lorsque au bout d'un moment Anne vint lui ouvrir, il affichait son sourire le plus sardonique.

– Oui, sergent ?

– Je cherche Mrs. Goode. Le commissaire Walsh voudrait lui dire un mot.

– Vous êtes ici chez moi. Elle n'est pas là.

Le mensonge lui parut si manifeste qu'il regarda Anne, stupéfait.

– Mais...

Et il n'alla pas plus loin.

– Mais quoi, sergent ?

– Où puis-je la trouver ?

– Je n'en ai aucune idée. Peut-être le commissaire préférerait-il me parler ?

McLoughlin passa devant elle, furieux, remonta le couloir et pénétra dans l'appartement. Il n'y avait personne. Il fronça les sourcils. C'était une pièce spacieuse, avec un bureau d'un côté, et de l'autre un divan et des fauteuils groupés autour d'une vaste cheminée. Un peu partout se trouvaient des plantes en pots, tombant en vertes cascades de la tablette, grimpant au treillis d'un mur, ou tamisant la lumière diffusée par les lampes des guéridons. Du sol au plafond, des rideaux à chevrons rose pâle, gris et bleus masquaient les deux murs extérieurs, tandis qu'une moquette bleu roi recouvrait le sol et que des peintures abstraites souriaient de leurs tons crus sur des cimaises. Là où il restait de la place, des livres, raides comme des soldats, remplissaient des étagères. C'était un endroit délicieux, que McLoughlin n'aurait jamais associé à la petite femme musclée qui l'avait suivi et appuyait contre le chambranle sa tête aux cheveux noirs coupés ras.

– Est-il dans vos habitudes de forcer la porte des gens ? Je ne me souviens pas de vous avoir invité à entrer, sergent.

– Mrs. Maybury nous a autorisés à circuler dans la maison comme bon nous semblait, répondit-il d'un ton sans réplique.

Elle s'approcha d'un fauteuil, s'y laissa tomber et tira une cigarette d'un paquet posé sur l'accoudoir.

– Vous voulez dire dans la partie de la maison qui est la sienne, corrigea-t-elle en allumant sa cigarette. Mais cette partie est la mienne. Et vous ne pouvez y entrer sans ma permission, ou un mandat.

– Je suis désolé, fit-il sèchement.

Il se sentit soudain gêné d'avoir l'air aussi mal à l'aise, debout devant elle, si calme en comparaison.

– J'ignorais que ce bâtiment vous appartenait.

– Il ne m'appartient pas, je le loue, mais cela revient au même du point de vue de la légalité des visites policières.

Elle esquissa un sourire.

– Au demeurant, quelle raison aviez-vous de croire que Mrs. Goode se trouvait là ?

Un léger courant d'air souleva le bas des rideaux. Diana avait dû filer par une porte-fenêtre. Il s'en voulut d'avoir laissé cette chipie se payer sa tête.

– Elle n'était nulle part ailleurs, répondit-il avec brusquerie, et le commissaire Walsh désire lui parler. Elle vit dans l'autre aile ?

– Elle la loue. Quant à y vivre – vous avez sûrement deviné que nous partageons le gîte et le couvert. Ce qu'on appelle généralement un ménage à trois, encore que l'expression ne s'applique pas tout à fait. Le trio classique réunit des personnes des deux sexes. Nous sommes, j'en ai peur, beaucoup plus sectaires, préférant – comment dire ? – les mystérieux attraits de notre féminité. Et puis à trois, c'est toujours plus excitant qu'à deux, vous ne croyez pas ? Mais peut-être n'avez-vous jamais essayé, sergent ?

Il éprouvait à son égard une animosité violente, irrationnelle. D'un signe de tête, il indiqua le bâtiment principal.

– Avez-vous corrompu ses enfants comme vous l'avez corrompue elle-même ?

Elle eut un léger rire et se leva.

– Vous trouverez Mrs. Goode dans son salon, je pense. Je vais vous montrer.

Elle le précéda dans le couloir et ouvrit la porte.

– Traversez le corps de logis jusqu'à ce que vous ayez atteint l'aile ouest. C'est la réplique exacte de celle-ci. Vous verrez une porte semblable à la mienne.

Elle lui désigna une sonnette qu'il n'avait pas remarquée en arrivant.

– Si j'étais vous, je me servirais de ce dispositif. Ce serait tout de même plus poli.

Elle demeura sur le seuil et le regarda s'éloigner avec un sourire méprisant.

Pour gagner l'aile ouest, Andy McLoughlin devait passer devant la bibliothèque. Il s'approcha de la fenêtre afin d'avertir Walsh qu'il n'allait pas tarder à revenir avec Diana Goode. A sa grande surprise, il s'aperçut qu'elle était déjà là, assise dans le fauteuil qu'occupait Phoebe quelques instants plus tôt. Le commissaire et elle tournèrent la tête en entendant la porte s'ouvrir. Ils avaient l'air radieux comme s'ils venaient de se raconter une bonne blague.

– Vous voilà enfin, sergent. Nous vous attendions.

McLoughlin reprit son siège et jeta à Diana un regard méfiant.

– Comment saviez-vous que le commissaire voulait vous voir ?

Il l'imagina tapie derrière les portes-fenêtres, écoutant Anne Cattrell lui débiter sa chansonnette.

– Je l'ignorais, sergent. J'étais venue vous proposer du café.

Elle sourit avec une expression bon enfant et croisa les jambes, découvrant un genou gracieux.

– De quoi vouliez-vous me parler, commissaire ?

Une lueur d'admiration passa dans le regard de George Walsh.

– Depuis combien de temps connaissez-vous Mrs. Maybury ? demanda-t-il.

– Vingt-cinq ans. Nous avions douze ans à l'époque. Nous sommes allées à l'école ensemble. Anne aussi.

– Ça ne date pas d'hier !

– Non. Il n'y a personne, je pense, qui l'ait fréquentée plus longtemps, même ses parents. Quand ils sont morts, elle avait dans les vingt ans.

Elle s'interrompit.

– Mais vous savez tout cela, acheva-t-elle d'un ton embarrassé.

– Rafraîchissez-moi la mémoire, insista-t-il.

Diana baissa les yeux. Anne avait beau dire qu'il ne fallait pas se laisser intimider par ces saligauds, savoir quelque chose était déjà en soi intimidant. Un propos banal, comme elle aurait pu en tenir à n'importe qui, et c'était suffisant pour faire renaître les vieux soupçons. Il n'y a pas de fumée sans feu, avait-on dit, après la disparition de David.

– Ils sont morts dans un accident de voiture, n'est-ce pas ? poursuivit Walsh.

Elle acquiesça.

– Les freins ont lâché. Quand on les a sortis de l'épave, ils avaient cessé de vivre.

Il y eut un long silence.

– Si je me souviens bien, dit Walsh à McLoughlin en voyant que Diana s'obstinait dans son mutisme, on a raconté que la voiture avait été sabotée. Est-ce que je me trompe, Mrs. Goode ? On semblait croire au village que Mrs. Maybury avait provoqué l'accident afin d'empocher plus rapidement l'héritage. Les gens ont la mémoire longue. Le même bruit a couru lors de la disparition de Mr. Maybury.

McLoughlin scruta le visage penché de Diana.

– Pourquoi toutes ces accusations ?

– Parce que les gens sont stupides, répondit-elle d'un

ton farouche. C'était entièrement faux. Les conclusions de l'enquête ne laissaient aucun doute : les freins avaient cédé parce que du liquide avait fui par un tuyau rouillé. La voiture avait, paraît-il, été révisée trois semaines auparavant par le garagiste du village, un nommé Casey. Lequel n'était qu'un sale petit escroc. Il avait pris l'argent et n'avait rien fait.

Elle fronça les sourcils.

– Il a été question d'engager des poursuites, mais cela n'a rien donné. Apparemment, il n'y avait pas assez de preuves. Ce qui n'a pas empêché Casey de prétendre que Phoebe avait saboté la voiture afin de mettre la main sur Streech Grange. Il n'avait pas envie de perdre ses clients.

McLoughlin la toisa, d'un air qui n'avait rien d'admiratif. Il semblait d'une totale indifférence, et Diana, habituée à user de sa séduction pour manipuler hommes et femmes, se sentait désorientée. Autant essayer de faire du charme à un mur.

– Il y a sûrement autre chose, fit-il sèchement. Les gens ne sont pas aussi crédules.

Elle se mit à jouer avec l'ourlet de sa veste.

– C'est la faute de David. Les parents de Phoebe leur avait donné en cadeau de mariage une petite maison à Pimlico. David s'en est servi pour garantir un emprunt. Il a perdu la somme dans des opérations en bourse, n'a pu payer les échéances, et ils étaient sous le coup d'une saisie lorsque s'est produit l'accident. Ils avaient deux enfants en bas âge, pas un sou en poche et nulle part où aller.

Elle secoua la tête.

– La chose a fini par se savoir, Dieu sait comment. Les autorités ont gobé tout ce que disait Casey, et ajouté le reste. Phoebe avait à peine mis un pied au manoir que son affaire était réglée. La disparition de David quelques années plus tard n'a fait que confirmer les soupçons.

Elle poussa un soupir.

– Le plus révoltant, c'est qu'on n'avait pas davantage cru Casey. Il est tombé en faillite dix mois plus tard parce que ses clients l'avaient quitté. Il a dû vendre tout ce qu'il possédait et aller s'installer ailleurs, ce qui n'était que justice. Mais ça n'a guère servi à Phoebe. Les gens d'ici étaient trop obtus pour se rendre compte que, si lui mentait, c'est qu'elle était innocente.

McLoughlin se renversa sur son siège, ses doigts épais appuyés en éventail contre le bord du bureau. Il lui adressa soudain un sourire puéril.

– Cela a dû être affreux pour elle.

– Oui, répondit Diana d'un ton circonspect. Elle était très jeune, et elle ne pouvait compter que sur elle-même. Quant à David, ou bien il s'en allait des semaines entières, ou bien il ne faisait qu'aggraver les choses en provoquant des esclandres.

L'expression de McLoughlin s'adoucit encore, comme s'il comprenait cette solitude et ne pouvait que s'en émouvoir.

– Et j'imagine que les amis qu'elle avait ici ont fini par l'abandonner à cause de lui.

Diana se détendit.

– En réalité, elle n'en avait aucun, malheureusement. Sans cela, la situation aurait sans doute été bien différente. Elle avait été envoyée en pension à l'âge de douze ans, s'était mariée à dix-sept et n'était revenue qu'à la mort de ses parents. Elle n'avait jamais eu le loisir de se faire des amis à Streech.

McLoughlin se mit à pianoter légèrement sur la surface d'acajou.

– « La pire solitude est l'absence d'amitié vraie », disait déjà Francis Bacon il y a quatre cents ans.

Diana demeura interdite. Anne aussi usait parfois de citations, mais avec désinvolture, sans changer de ton ni rechercher un effet. McLoughlin avait une façon de s'attarder sur les mots, de les enfler de sa voix grave, qui leur donnait une résonance particulière. Elle fut aussi surprise de la justesse de la phrase que du fait qu'il l'ait citée. Elle le regarda, troublée.

– Mais il disait aussi : « Notre destin repose tout entier dans nos mains. »

Ses lèvres se tordirent avec une expression cruelle.

– C'est drôle, vous ne trouvez pas, que Mrs. Maybury

fasse ressortir ce qu'il y a de pire chez les gens ? Je me demande quel est son secret.

De l'extrémité de son stylo, il retourna lentement les photographies macabres posées sur le bureau, afin que Diana pût les contempler.

– Pourquoi n'a-t-elle pas vendu le manoir et quitté le pays après la disparition de son mari ?

Sous ses airs compliqués, Diana cachait une nature naïve. La brutalité la blessait parce qu'elle la prenait toujours en défaut.

– Elle n'aurait pas pu, répondit-elle avec irritation. Elle n'en avait pas le droit. Après une année de mariage avec cette brute, elle a demandé à son père qu'il modifie son testament et lègue la maison aux enfants. Nous la leur louons toutes les trois.

– Dans ce cas, pourquoi n'a-t-elle pas obtenu de ses enfants qu'ils la vendent ? Ils n'ont donc aucun sentiment pour elle ?

Il réussit à capter son regard.

– Ou peut-être ne l'aiment-ils pas ? C'est un problème dont Mrs. Maybury semble coutumière.

Diana sentit la colère l'envahir. Elle fit un effort pour garder son calme.

– Il s'agissait avant tout, sergent, d'empêcher David de liquider la maison et de laisser Phoebe et les enfants sans un toit à la mort des Gallagher. Ce qu'il n'aurait pas manqué de faire. Il s'est d'ailleurs empressé de lui rafler l'argent dont elle avait hérité. Dans son testament, le colonel Gallagher, le père de Phoebe, interdisait, à moins de circonstances exceptionnelles, que la maison fût vendue ou hypothéquée avant que Jane eût atteint vingt et un ans. Il confiait à deux tuteurs le soin de décider de telles circonstances – essentiellement des difficultés financières qu'auraient pu éprouver Phoebe et ses enfants. Jusqu'ici, rien ne nécessitait la vente du domaine.

– Même si d'autres malheurs les frappaient ?

– Bien sûr que non, fit-elle d'un ton railleur. Qu'est-ce que vous croyez ? Le colonel Gallagher n'était pas doué de seconde vue. Il s'en remettait entièrement aux tuteurs, mais ceux-ci ont choisi de suivre à la lettre ses instructions. Comme on ignorait toujours le sort de David, s'il était mort ou vivant, cela semblait la meilleure solution, même si Phoebe devait en souffrir.

Elle se tourna vers Walsh, dans l'espoir qu'il se mêlerait à la conversation. McLoughlin l'effrayait.

– Les tuteurs ont toujours eu en vue l'intérêt des enfants, comme le leur recommandait le testament.

McLoughlin avait l'air épanoui.

– Décidément, cette pauvre Mrs. Maybury commence à me faire pitié. Est-ce qu'elle déteste ces curateurs autant qu'ils semblent la détester ?

– Je l'ignore, sergent. Je ne lui ai jamais posé la question.

– Vous les connaissez ?

Le commissaire Walsh ne put s'empêcher de rire. McLoughlin était tombé dans le panneau.

– Il s'agit de Miss Anne Cattrell et de Mrs. Diana Goode. Vous aviez à peine vingt ans, et ce testament vous donnait une lourde responsabilité. Nous en avons une copie dans le dossier, dit-il au sergent. Le colonel devait vous avoir en grande estime pour vous confier l'avenir de ses petits-enfants.

Diana sourit. Il ne faudrait pas qu'elle oublie de décrire à Anne la tête de McLoughlin.

– En effet. Pourquoi, cela vous étonne ?

Walsh pinça les lèvres.

– Il y a dix ans, cela m'avait un peu surpris, mais je ne vous connaissais pas encore, ni Miss Cattrell. Vous étiez à l'étranger, si je ne m'abuse.

Il lui sourit et lui lança ce qui ressemblait fort à un clin d'œil.

– Aujourd'hui, cela me surprend beaucoup moins.

Elle inclina la tête.

– Merci. Mon ex-mari est américain. Je me trouvais avec lui aux États-Unis lors de la disparition de David. Je suis rentrée un an plus tard, après mon divorce.

Elle continuait de s'adresser à Walsh, mais elle sentait le regard de McLoughlin posé sur elle. Elle aurait préféré ne pas attirer son attention.

– Le colonel Gallagher était-il au courant des relations que Miss Cattrell et vous entreteniez avec sa fille ? demanda McLoughlin d'une voix neutre.

– Vous voulez dire, de notre amitié ?

Elle s'obstina à regarder le commissaire.

– Je pensais à des relations plus intimes, Mrs. Goode, et aux conséquences que vos parties de plaisir risquaient d'avoir sur ses petits-enfants. Ou peut-être les approuvait-il ?

Diana examina ses mains avec soin. Le mépris des gens la désarçonnait, et elle enviait à Anne son indifférence.

– Cela ne vous regarde pas, sergent, finit-elle par dire. Gerald Gallagher savait sur nous tout ce qu'il y a à savoir. Avec lui, il n'était pas besoin de dissimuler.

Walsh avait de nouveau bourré sa pipe. Il la porta à ses lèvres et l'alluma, expédiant de grosses bouffées de fumée dans l'atmosphère déjà saturée de la pièce.

– A leur retour de la chambre froide, Mrs. Maybury ou Miss Cattrell vous ont-elles dit que le cadavre était celui de David Maybury ?

– Non.

– Avaient-elles une idée de l'identité de la victime ?

– Anne a déclaré que c'était sans doute un vagabond qui avait succombé à une crise cardiaque.

– Et Mrs. Maybury ?

Diana réfléchit un instant.

– Elle a seulement répondu que les vagabonds ne mouraient pas tout nus d'une attaque.

– Qu'en pensez-vous, Mrs. Goode ?

– Je n'ai aucune opinion, commissaire, sinon qu'il ne s'agit pas de David. Je vous ai déjà expliqué mes raisons.

– Pourquoi Jane Maybury doit-elle rester en dehors de tout ça ? interrogea soudain McLoughlin.

Elle répondit sans hésiter, tout en le regardant d'un drôle d'air.

– Il y a encore dix-huit mois, Jane souffrait d'anorexie. Elle s'est installée à Oxford en septembre dernier, avec l'approbation de son médecin, mais il lui a conseillé de ne pas se fatiguer inutilement. En qualité de tutrices, nous souhaitons avec Phoebe que Jane soit tenue à l'écart de ce qui vient d'arriver. Elle est encore très fragile. De nouveaux chocs ne feraient que lui ôter le peu d'énergie qu'elle possède. Cela vous paraît anormal, sergent ?

– Pas du tout, fit-il d'une voix douce.

– Je me demande pourquoi Mrs. Maybury ne nous a pas informés de l'état de santé de sa fille ? intervint Walsh. Avait-elle une raison de se taire ?

– Pas que je sache. Mais peut-être son expérience lui a-t-elle appris à se montrer discrète avec la police.

– Comment ça ? demanda-t-il d'un ton affable.

– Vous cherchez toujours le point faible. Nous savons que Jane ne peut rien vous apprendre à propos de ce cadavre, mais Phoebe a probablement eu peur que vous accabliez sa fille de questions. Et que vous attendiez de l'avoir poussée à la limite de la résistance pour comprendre qu'elle ne sait rien.

– Vous nous jugez bien mal, Mrs. Goode.

– Je ne crois pas, commissaire. De nous trois, je suis la seule à vous faire encore confiance. Après tout, c'est moi qui vous donne ces renseignements.

Elle décroisa les jambes, se recula et étala sur ses genoux le bas de sa veste tricotée. Elle jeta un bref regard aux photographies.

– C'est un homme ? Anne et Phoebe n'ont pas pu me le dire.

– Nous le croyons, pour l'instant du moins.

– Meurtre ?

– Probablement.

– Dans ce cas, vous auriez intérêt à aller voir du côté du village et de ses environs si votre assassin ne s'y trouve pas. Phoebe fait un bouc émissaire rêvé pour qui voudrait dissimuler un crime. Qu'on ait abandonné le cadavre sur sa propriété pour qu'elle porte le chapeau, voilà qui pourrait expliquer toute l'histoire.

Walsh hocha la tête d'un air appréciateur tout en notant quelques mots dans son calepin.

– C'est une hypothèse, Mrs. Goode. Une hypothèse sérieuse. Vous vous intéressez à la psychologie ?

Au fond, ce n'était pas un mauvais bougre, se dit Diana en lui lançant un de ces sourires enjôleurs qu'elle réservait à ses meilleurs clients.

– Je m'en sers tous les jours dans mon travail, répondit-elle, même si un spécialiste n'appellerait pas cela de la psychologie.

Le visage de Walsh s'épanouit.

– Ah oui ? Et comment appellerait-il ça ?

– Le pouvoir de persuasion, j'imagine.

Elle songea à Lady Keevil et à ses rideaux jaune citron. Anne appellerait ça du baratin.

– Vos clients viennent vous consulter chez vous ?

Elle secoua la tête.

– Non. Ils veulent décorer leur intérieur, pas le mien. C'est moi qui vais les voir.

– Mais vous êtes une femme attirante, Mrs. Goode, dit-il avec une admiration non dissimulée. Vous devez avoir beaucoup d'amis, des gens du village, dont vous avez fait la connaissance au fil du temps.

Avait-il deviné, se demanda-t-elle, qu'il avait touché là une corde sensible et qu'elle souffrait de leur existence solitaire à Streech Grange ? Au début, après sa rupture avec son mari, cela n'avait pas beaucoup compté. Elle s'était réfugiée entre les quatre murs du manoir pour panser en paix ses blessures, heureuse de ne pas avoir à subir la commisération d'amis charitables. Mais, tandis que le chagrin s'estompait et qu'elle signait ses premiers contrats, la découverte que l'exclusion de Phoebe résultait des circonstances et non d'un véritable choix lui avait causé un choc. Elle avait découvert ce qu'était une vie de paria. Elle avait vu la rancœur de Phoebe s'exacerber chaque jour davantage ; la tolérance d'Anne se changer en une indifférence cynique ; et son propre calme faire place à de la crispation.

– Non, répliqua-t-elle. Nous recevons très peu de visites, et sûrement pas de gens du village.

Il la regarda d'un air encourageant.

– Alors dites-moi, à supposer que l'assassin soit quelqu'un du pays, comment aurait-il pu apprendre l'existence de cette chambre froide et, dans ce cas, comment aurait-il fait pour la trouver ? Vous avouerez qu'elle ne saute pas aux yeux.

– Mais tout le monde pouvait le savoir, dit-elle d'un ton tranchant. Il est possible que Fred, après y avoir transporté les briques, en ait fait mention dans un pub. Ou que les parents de Phoebe en aient parlé. Je ne vois là rien de mystérieux.

– Très bien. Maintenant dites-moi comment vous la trouveriez si l'on ne vous avait pas montré où elle était. Apparemment, vous n'avez vu personne rôder dans la propriété, sinon vous l'auriez dit. Autre chose : pourquoi était-il nécessaire de placer le cadavre à cet endroit ?

Elle haussa les épaules.

– Ce n'est pas une mauvaise cachette.

– Comment l'assassin le savait-il ? Comment savait-il, lui ou elle, que la glacière ne servait plus ? Et pourquoi se serait-il donné le mal d'aller y dissimuler le cadavre, s'il s'agissait seulement de faire de Phoebe Maybury un bouc émissaire ? Comme vous le voyez, Mrs. Goode, les choses ne sont pas aussi claires.

Elle réfléchit un instant.

– Vous ne pouvez pas exclure le hasard. Quelqu'un commet un crime, décide de se débarrasser du cadavre en l'abandonnant au manoir dans l'espoir qu'en cas de découverte la police s'en prendra à Phoebe, et tombe sur la chambre froide au cours de ses recherches.

– Mais elle se trouve à huit cents mètres de l'entrée de la propriété, objecta Walsh. Croyez-vous vraiment qu'un assassin prendrait le risque de passer devant le pavillon du gardien, de descendre l'allée et de traverser la pelouse, tout cela en pleine nuit et avec un cadavre sur le dos ? J'imagine que personne ne serait assez fou pour le faire en plein jour. Pourquoi ne s'est-il pas contenté d'enterrer le corps près de la grille ?

Elle parut mal à l'aise.

– Peut-être a-t-il gagné la chambre froide en franchissant le mur du fond de la propriété.

– Ce qui l'aurait obligé à se trimbaler dans Grange

Farm qui, si je me souviens bien, borde à cet endroit le manoir.

Elle dut en convenir.

– Pourquoi courir un tel risque? Et, une fois le mur franchi, pourquoi ne pas enterrer le corps dans les bois? Pourquoi fallait-il absolument le fourrer dans cette chambre froide?

Diana frissonna soudain. Elle avait parfaitement conscience qu'il la cernait petit à petit, la forçait à la défensive, afin de l'obliger à admettre que connaître l'existence de la glacière et des environs constituait un élément essentiel.

– Il me semble, commissaire, reprit-elle posément, que vous avancez là bien des suppositions qui – dites-moi si je me trompe – mériteraient d'être vérifiées. Tout d'abord, vous considérez que le corps a été transporté à cet endroit. Or la victime a très bien pu s'y rendre par ses propres moyens et y rencontrer son meurtrier.

– Nous avons, bien sûr, envisagé cette possibilité, Mrs. Goode. Mais cela ne modifie en rien notre théorie. Pourquoi la chambre froide, et comment auraient-ils pu s'y retrouver s'ils n'y étaient pas déjà allés?

– Eh bien, dit-elle, si vous partez de l'idée qu'ils y étaient déjà allés, il ne vous reste plus qu'à trouver leur nom. Quant à moi, je pourrais vous faire quelques suggestions. Des amis du colonel Gallagher et de sa femme, par exemple.

– Qui auraient aujourd'hui dans les soixante-dix ou quatre-vingts ans. Naturellement, un vieillard peut très bien avoir fait le coup, mais les statistiques rendent la chose improbable.

– Des gens auxquels Phoebe ou David auraient montré l'endroit.

McLoughlin s'agita sur sa chaise.

– Mrs. Maybury nous a déclaré qu'elle avait oublié jusqu'à son existence, au point de ne pas en avoir parlé aux policiers qui fouillaient la propriété pour retrouver son mari. Il est peu vraisemblable qu'avec une mémoire aussi déficiente, elle ait pu montrer la chambre froide à des visiteurs de passage qui, à vous en croire, n'existent pas.

– Alors David.

– Tout à fait, Mrs. Goode, dit le commissaire. David Maybury aurait pu indiquer la chambre froide à quelqu'un, voire à plusieurs personnes, mais Mrs. Maybury n'en a aucun souvenir. En fait elle ne se souvient même pas qu'il s'en soit jamais servi, même si elle admet qu'il en connaissait probablement l'existence. Franchement, Mrs. Goode, je ne vois pas, pour l'heure, comment nous pourrions avancer dans cette direction, à moins que Mrs. Maybury ou l'un de ses enfants ne se souvienne d'événements ou de noms qui pourraient nous aider.

– Les enfants! s'exclama Diana en se penchant en avant. Comment n'y ai-je pas songé avant? Ils ont dû y emmener leurs copains quand ils étaient plus jeunes. Vous savez comme ces gamins sont curieux, il n'y a sans doute pas un pouce de terrain dans toute la propriété qu'ils n'aient exploré avec leur petite bande.

Elle se recula, soulagée.

– Évidemment. C'est sûrement un enfant du village qui a grandi avec eux, un jeune qui aurait à peu près leur âge aujourd'hui, la vingtaine.

Elle jeta un regard à McLoughlin. Il avait retrouvé son sourire railleur.

– C'est une éventualité, j'en suis d'accord, dit Walsh d'une voix douce. Voilà pourquoi il est si important que nous interrogions Jonathan, et aussi Jane. Il n'y a pas d'autre moyen, comprenez-vous, quelles que soient vos réticences et celles de sa mère. Jane est peut-être la seule personne susceptible de nous mener à l'assassin.

Il reprit un sandwich.

– Les policiers ne sont pas des sauvages, Mrs. Goode. Je puis vous assurer que nous ferons preuve à son égard de toute la compréhension et la délicatesse requises. J'espère que vous réussirez à en convaincre Mrs. Maybury.

Diana déplia les jambes et se leva. Machinalement, elle s'appuya sur le bureau, de la même façon que Phoebe, comme si, mises dans une situation semblable, elles adoptaient un comportement identique.

– Je ne vous promets rien, commissaire. Phoebe fait ce qu'elle veut.

– Elle n'a pas le choix, dit-il tout net. A part celui de décider si nous interrogerons sa fille ici ou à Oxford. Compte tenu des circonstances, elle préférera sans doute que les choses se passent ici.

Diana se redressa.

– Avez-vous d'autres questions à me poser ?

– Juste deux pour ce soir. Demain le sergent McLoughlin vous demandera d'autres détails.

Il leva la tête vers elle.

– De quelle façon Mrs. Maybury a-t-elle engagé les Phillips ? En passant une annonce ou en s'adressant à une agence ?

Les mains de Diana tremblaient légèrement. Elle les enfonça dans les poches de sa veste.

– Anne s'en est chargée, je crois. Vous n'aurez qu'à lui en parler.

– Je vous remercie. Une dernière chose. Lorsque vous avez aidé à vider la chambre froide, que contenait-elle exactement et qu'en avez-vous fait ?

– C'est bien loin, répondit-elle, gênée. Je ne sais plus. Rien de spécial, des rebuts quelconques.

Walsh la considéra d'un air pensif.

– Décrivez-moi l'intérieur de la chambre froide, Mrs. Goode.

Il la vit lorgner vers les photographies, mais il avait retourné les vues générales quand elle était entrée dans la pièce.

– Est-ce grand, petit ? Quelle forme a la porte ? Qu'y a-t-il sur le sol ?

– Je ne m'en souviens pas.

Il esquissa un sourire de satisfaction et elle se rappela un loup empaillé qu'elle avait vu jadis, montrant les crocs, ses yeux de verre étrangement fixes.

– Merci, dit-il.

Elle n'avait plus qu'à s'en aller.

6

Diana trouva Phoebe devant la télévision, en train de regarder le journal de vingt-deux heures. Les couleurs dansantes du poste, seul éclairage de la pièce, se reflétaient dans les lunettes de la jeune femme, masquant ses yeux et la faisant ressembler à une aveugle. D'un geste brusque, Diana alluma la lampe du guéridon.

– Tu vas attraper mal à la tête, dit-elle en s'effondrant dans un fauteuil à côté de Phoebe et en tendant la main pour caresser le bras légèrement bronzé de son amie.

Phoebe coupa le son de la télévision à l'aide de la télécommande posée sur ses genoux mais laissa l'image.

– Merci, c'est déjà fait, répondit-elle d'un ton accablé.

Elle ôta ses lunettes et passa un mouchoir sur ses paupières rougies.

– Désolée, fit-elle.

– Et de quoi ?

– De jouer les pleurnichardes. Je croyais avoir passé l'âge.

Diana attira du pied un tabouret et étendit confortablement ses jambes.

– Pleurer comme une Madeleine est un des derniers plaisirs qui me restent.

Phoebe sourit.

– Mais cela n'avance à rien.

Elle rentra son mouchoir dans sa manche et remit ses lunettes.

– Tu as mangé?
– Je n'ai pas faim. Molly a laissé un ragoût dans le réfrigérateur.
– Oui, elle me l'a dit avant de partir. Je n'ai pas très faim non plus.
Elles demeurèrent un instant sans parler.
– Quelle tuile! déclara enfin Phoebe.
– Je le crains.
Diana se débarrassa de ses sandales et les laissa tomber par terre.
– Ce flic est loin d'être idiot.
Elle avait gardé un ton volontairement léger.
– Je le déteste, dit Phoebe d'une voix âpre. Quel âge a-t-il, d'après toi?
– Dans les cinquante-cinq.
– Il n'a guère changé. Il avait déjà l'air d'un brave prof il y a dix ans.
Elle s'interrompit.
– Mais il ne faut pas s'y fier. Au fond c'est une peau de vache. Un type dangereux. Ne l'oublie pas, Di.
Diana hocha la tête.
– Et son sous-fifre, qu'est-ce que tu en penses?
Phoebe parut surprise, comme si la question ne rimait à rien.
– Le sergent? Il n'ouvre même pas la bouche. Pourquoi me demandes-tu ça?
Diana se mit à lisser le devant de sa veste comme elle aurait caressé un chat.
– Anne a une dent contre lui, je ne comprends pas pourquoi.
Elle jeta un regard interrogateur à Phoebe qui haussa les épaules.
– Elle a tort. Elle l'a à peine vu dans le salon qu'elle s'est mise à l'injurier et à le traiter comme un moins que rien. Quelle idiote! lâcha-t-elle avec humeur. Elle pourrait bien accepter quelques compromis. Si elle continue de cette façon, nous allons nous retrouver dans le pétrin jusqu'au cou.
– Ils l'ont déjà interrogée?

– Non, ils lui ont dit que ce serait pour demain. Ils n'ont pas l'air de beaucoup se tracasser. Nous avons la permission d'aller dormir.

Phoebe ferma les yeux et se pressa les tempes.

– Qu'est-ce qu'ils t'ont demandé ?

Diana se tourna vers son amie.

– La même chose qu'à toi, si j'ai bien compris.

– Sauf que j'ai fini par les envoyer paître.

Elle ouvrit les yeux et regarda Diana d'un air navré.

– Je sais, ce n'est pas très intelligent de ma part, mais j'étais hors de moi. C'est bizarre. Après le départ de David, j'ai supporté des heures durant leurs interrogatoires. Et cette fois-ci, je n'ai pas pu tenir plus de cinq minutes. Ce type m'avait tellement exaspérée, j'avais envie de lui arracher les yeux. J'en aurais été capable.

Diana lui toucha de nouveau le bras.

– Ça n'a rien de bizarre. N'importe quel psychiatre dirait que la colère est une réaction normale dans une situation de stress. Seulement, ce n'est pas très avisé.

Elle fit la grimace.

– Anne va penser que je me dégonfle, mais je suis d'avis de leur apporter toute l'aide qu'ils désirent. Plus vite ils en auront terminé et plus vite ils nous ficheront la paix.

– Ils veulent interroger les enfants.

– Je sais, et je ne vois pas comment nous pourrions les en empêcher.

– Et si je demandais au psychiatre de Jane de faire une lettre en invoquant des raisons médicales ? Tu crois que cela suffirait ?

– Pour quelques jours peut-être, jusqu'à ce qu'ils aient nommé un expert. Lequel affirmera, naturellement, qu'elle est en état de subir un interrogatoire. Tu le sais bien, son psychiatre a lui-même déclaré qu'elle allait beaucoup mieux depuis dix-huit mois.

– A plus forte raison.

Phoebe se frotta vigoureusement les tempes.

– Je suis inquiète, Di. Je suis persuadée qu'elle a réussi à chasser tout cela de son esprit. S'ils l'obligent à s'en souvenir, Dieu sait ce qui arrivera.

– Parles-en à Anne. Elle aura sans doute un point de vue plus objectif. Tu sous-estimes peut-être les forces de Jane. C'est ta fille, après tout.

– Tu veux dire que je ne suis plus capable d'être objective ?

Allons-y doucement, se dit Diana.

– Je veux dire qu'elle aura hérité de la fermeté de caractère des Gallagher.

– Tu oublies son père. Même si je ne veux pas me l'avouer, les enfants ont tous les deux quelque chose de lui.

– Il n'était pas totalement mauvais, Pheeb.

Les yeux de Phoebe se remplirent de larmes. Elle les essuya d'un geste rageur.

– Mais si, et tu le sais aussi bien que moi. C'est d'ailleurs ce que tu as déclaré au commissaire cet après-midi, et tu avais raison. Il était pourri jusqu'à la moelle. Et s'il n'avait pas fichu le camp, ils nous auraient pourris aussi, les enfants et moi. Il a vraiment tout essayé.

Elle resta un instant silencieuse.

– C'est la seule chose que je reproche à mes parents. S'ils avaient été un peu moins bornés, je n'aurais pas eu besoin de me marier. J'aurais eu Jonathan et je l'aurais élevé toute seule.

– Ce n'était pas facile pour eux.

Elle avait raison, songea Diana. Ses parents étaient inexcusables d'avoir agi comme ils l'avaient fait, aussi pourquoi les défendre ?

– Ils croyaient que c'était leur devoir.

– Mais j'avais dix-sept ans ! gémit Phoebe en enfonçant ses ongles dans ses paumes. J'étais plus jeune que Jane aujourd'hui. J'ai accepté d'épouser un salaud deux fois plus âgé que moi uniquement parce qu'il m'avait séduite, et j'ai dû sans rien dire le regarder se remplir les poches pour ce bel exploit. Seigneur ! quand je pense à tout l'argent qu'il a fait cracher à mon père.

Eh bien, n'y pense plus, faillit répondre Diana. Que tu le veuilles ou non, il y a tout de même eu de bons moments, au début, quand Anne et moi te regardions avec envie parce que tu étais devenue une femme et que nous avions encore l'air de petites écolières.

Elle se souvenait notamment d'un week-end où David, qui devait se rendre à Paris pour affaires, avait eu l'idée folle de les emmener toutes les trois avec lui. Pour quelle société travaillait-il ? C'était difficile à dire, il y en avait eu tellement, mais elle n'avait jamais oublié ce week-end. David, si sûr de lui, si prompt à décider de ce qu'il fallait faire ou voir, si peu sensible au dépaysement ; Phoebe, enceinte de quatre mois, une ravissante capeline encadrant ses jolis traits, si fière de se trouver là avec son mari ; et puis Anne et elle, en vacances, rêvant au milieu de gens merveilleux dans des lieux merveilleux. Mais ce n'était qu'un rêve, bien sûr, car David Maybury était en réalité un être grossier, et laid – Diana en avait fait la découverte –, même si jadis, à Paris, ils avaient vécu des instants magiques.

Phoebe se leva soudain, s'approcha de la télévision et l'éteignit.

– Sais-tu ce qui m'a donné le courage, la dernière fois, de supporter les innombrables questions de la police ? dit-elle le dos tourné à Diana. Ce qui m'a permis de garder mon sang-froid en dépit des horreurs dont on m'accusait ?

Elle se retourna et Diana vit que ses larmes avaient cessé aussi subitement qu'elles étaient venues.

– C'était le bonheur, le bonheur fantastique de m'être aussi facilement débarrassée de cette ordure.

Diana regarda les rideaux. Il lui sembla que la nuit était froide pour un mois d'août. Phoebe avait dû laisser la fenêtre ouverte.

– Tu dis n'importe quoi ! lança-t-elle. Ces dix dernières années t'ont brouillé la cervelle. Tu ne t'es pas débarrassée facilement de David. Voyons, ma pauvre, tu l'as traîné comme un boulet depuis le jour de ton mariage, et tu continues.

Elle serra sa veste autour d'elle.

– Si seulement tu avais pu identifier ce cadavre.

– Ça ne risque pas d'arriver de sitôt, répliqua Phoebe en frappant énergiquement les coussins pour leur redonner forme.

Diana prit une tasse vide et se dirigea vers la cuisine.

– Ils n'ont plus que cette chambre froide en tête, fit-elle par-dessus son épaule.

Elle ouvrit le robinet et rinça la tasse.

– Ils sont persuadés que tout le monde ignore où elle se trouve.

Elle entendit le bruit d'une fenêtre qu'on refermait dans la pièce à côté.

– A ta place, je dresserais une liste des gens auxquels vous avez pu la montrer, David, les enfants ou toi. Je suis sûre que cela ferait pas mal de noms.

Phoebe eut un rire amer. Elle tira un papier de sa poche.

– Je me suis creusé les méninges depuis que j'ai quitté la bibliothèque. Résultat : Peter et Emma Barnes, et encore je n'en jurerais pas.

– Les enfants de Dilys, ces affreux garnements ?

– Oui. Ils se sont trimbalés dans le parc durant des vacances entières pour aller retrouver Jonathan et Jane. Dilys avait dû les y pousser, pour nous faire plaisir.

– Mais il venait bien d'autres enfants, à l'époque, Pheeb ?

– Non, même pas des camarades de classe. Souviens-toi, Jonathan était en pension et ne voulait jamais ramener d'amis, et Jane en changeait tout le temps. C'est ma faute. J'aurais dû les inciter à se montrer plus sociables. Mais cela allait si mal que j'étais plutôt heureuse de leur caractère taciturne.

– Et que s'est-il passé avec Peter et Emma ?

– Cela a mal fini. Emma n'arrêtait pas de baisser sa culotte devant Jonathan.

Elle secoua la tête.

– Quand Jonathan a commencé à l'imiter, j'ai mis le holà. Il avait neuf ans.

Elle soupira.

– Seulement, comme une idiote, j'en ai parlé à David. Il a aussitôt téléphoné à Dilys et lui a passé un savon. Il l'a traitée de sale putain et a ajouté : « Telle mère, telle fille ». Après cela les enfants ne sont plus jamais revenus. Mais je suppose que Jonathan leur a fait voir la chambre froide.

Diana eut un petit rire contrit.

– Pour une fois, David ne se trompait pas tout à fait. Il faut avouer qu'Emma ne s'est guère améliorée avec le temps.

– Il n'avait aucun droit de lui parler ainsi, rétorqua Phoebe d'un ton glacial. Dieu sait que je n'aime pas beaucoup cette femme, mais Jonathan était aussi fautif qu'Emma. David n'a même pas songé à le gronder. Il a pris ça à la rigolade, disant que Jonathan était en train de devenir un homme. Je l'aurais tué. On ne pouvait pas imaginer un type plus vulgaire.

Diana fut troublée par la réaction de Phoebe. Elle l'avait déjà vue s'emporter, mais jamais à propos d'un détail aussi insignifiant. C'était comme si les événements de l'après-midi avaient ouvert une brèche dans sa résistance, par où s'échappaient les émotions contenues durant toutes ces années. Et pour Diana, le danger n'était que trop évident. Anne et elle avaient cru que Jane représentait le maillon faible. S'étaient-elles trompées ? Phoebe, au bout du compte, n'était-elle pas la plus vulnérable ?

– Tu es fatiguée, ma chérie, dit-elle posément en la prenant par le bras. Va te coucher et ne pense surtout plus à tout ça.

Phoebe inclina la tête d'un air las.

– J'ai un tel mal de crâne.

– Ça n'a rien d'étonnant, vu les circonstances. Prends de l'aspirine. Demain tu te sentiras une autre femme.

Elles longèrent le couloir, bras dessus bras dessous.

– Ils t'ont interrogée sur Fred et Molly ? demanda soudain Phoebe.

– Vaguement.

– Oh, mon Dieu !

– Ne t'inquiète donc pas.

Elles avaient atteint l'escalier. Diana embrassa Phoebe et lâcha son bras.

– Walsh a voulu que je lui décrive la chambre froide, avoua-t-elle à contrecœur.

– Je t'ai bien dit qu'il fallait s'en méfier, répondit Phoebe en grimpant les marches.

Les pas de Diana résonnèrent dans le hall. L'expression « un silence de mort » lui traversa l'esprit tandis qu'elle ôtait ses sandales et enfilait le couloir sur la pointe des pieds. Elle poussa la porte entrouverte d'Anne et jeta un coup d'œil à l'intérieur. Celle-ci était à son bureau, occupée sur son ordinateur. Diana siffla doucement pour attirer son attention, puis désigna le plafond du doigt. Ensemble, elles montèrent l'escalier vers la chambre. Anne suivit Diana dans la pièce avec une expression de gaieté malicieuse.

– Eh bien, ma chère, quelle surprise ! Toi qui as un tel souci des convenances. Ne sens-tu pas planer dans cette pièce l'odeur du péché ?

– Ne fais pas l'idiote. Je ne suis pas venue pour m'amuser, alors tais-toi et ouvre tes oreilles.

Elle poussa Anne sur le lit et s'installa en tailleur, à côté d'elle. Et tandis qu'elle parlait, ses mains, dans un geste machinal, lissaient et pétrissaient l'édredon moelleux.

7

Le rideau s'écarta et Phoebe Maybury apparut à la fenêtre. Elle scruta quelques instants la nuit, sa chevelure flamboyante, qu'une lampe dans la pièce éclairait en contre-jour, accentuant la pâleur de son visage défait. En la voyant, George Walsh se demanda quels sentiments avaient pu opérer en elle un tel changement. Étaient-ce la peur, la culpabilité, ou même la folie ? Il y avait quelque chose de déréglé dans ce regard fixe.

Elle était si proche de lui qu'il aurait pu la toucher. Il retint son souffle. Elle tendit la main, saisit la poignée et ferma la fenêtre. Le rideau retomba et, peu après, la lampe s'éteignit. Le murmure des voix de Phoebe et de Diana continua à s'échapper de la cuisine, mais on ne distinguait plus les mots.

Walsh fit signe à McLoughlin, qu'il apercevait vaguement dans la pénombre, et traversa à pas feutrés la terrasse en direction de la pelouse. Il était resté les yeux rivés aux fenêtres d'Anne Cattrell dont la silhouette, assise à la table, se détachait avec netteté au travers des rideaux. Elle avait souvent changé de position durant la dernière demi-heure mais n'avait pas quitté sa place. Walsh était pratiquement sûr que la brève surveillance qu'il avait exercée avec McLoughlin n'avait pas attiré l'attention.

Ils se dirigèrent en silence vers la chambre froide. McLoughlin tenait une lampe-torche dont il masquait la lumière. Quand Walsh jugea qu'ils étaient assez loin de la maison, il s'arrêta et se tourna vers son adjoint.

– Qu'en dites-vous, Andy ?

– On ne pouvait espérer plus bel aveu ! lança McLoughlin.

– Ouais, fit Walsh en se mordillant les lèvres. Je me le demande. Qu'a-t-elle dit exactement ?

– Qu'elle s'estimait heureuse de s'être débarrassée aussi facilement de son mari.

Il haussa les épaules.

– Pour moi, c'est d'une clarté limpide.

Walsh se remit en marche.

– Cela ne tiendrait pas une minute devant des jurés, murmura-t-il, songeur. Mais c'est intéressant, tout à fait intéressant. A mon avis, elle ne va pas tarder à craquer. Et j'ai l'impression que Mrs. Goode le pense aussi. Quel est son rôle dans l'histoire ? Elle n'a pas pu tremper dans la disparition de Maybury. Nous avons vérifié ses allées et venues, elle était vraiment en Amérique.

– Elle a joué les utilités, après coup. La Cattrell et elle savent que Mrs. Maybury est coupable, mais elles ont préféré se taire dans l'intérêt des enfants.

Il haussa de nouveau les épaules.

– Sans compter qu'elle a de l'aplomb. Elle n'a sûrement jamais mis les pieds dans la chambre froide.

– A moins qu'elle bluffe.

Walsh s'interrompit un instant.

– Cela ne vous paraît pas curieux qu'elle ait pu passer huit ans ici sans en avoir jamais vu l'intérieur ?

La lune sortit de derrière un nuage, éclairant leurs pas de sa lumière froide. McLoughlin éteignit la lampe.

– Elle n'en avait peut-être pas très envie, observa-t-il avec ironie. Si elle savait déjà ce qu'il y avait dedans.

Walsh s'arrêta une nouvelle fois.

– Oui, oui, murmura-t-il. C'est bien possible. Ça paraît logique. Personne ne songerait à aller se balader dans un endroit dont il sait qu'il contient un cadavre. Quel trio infernal ! Il n'y en a pas une dans le lot pour relever l'autre. Elles se feraient sûrement un plaisir de dissimuler un macchabée pourvu que personne ne s'en aperçoive. Qu'en pensez-vous ?

Le sergent se renfrogna.

– Les femmes sont pour moi un mystère. Il y a belle lurette que je n'essaie plus de les comprendre.

Walsh se mit à glousser.

– Kelly vous a encore joué un tour de cochon ?

Son rire transperça McLoughlin comme une vrille. Il détourna la tête et enfonça ses mains ainsi que la lampe dans les poches de son blouson. C'est ça, pousse-moi à bout, se dit-il.

– Nous nous sommes disputés. Rien de grave.

Walsh eut un grognement. Il connaissait les difficultés conjugales de McLoughlin depuis assez longtemps pour manifester quelque compassion.

– C'est drôle, je l'ai aperçue il y a deux jours avec Jack Booth. Elle marchait d'un pas allègre comme si rien d'autre n'existait. Je ne l'avais jamais vue aussi gaie. Elle n'est pas enceinte ? Elle avait l'air absolument rayonnante.

Ce salaud aurait aussi bien pu le tuer. Ç'aurait été moins douloureux.

– C'est sans doute parce qu'elle va habiter avec Jack. Elle est partie la semaine dernière, répondit-il d'un ton dégagé.

Vas-y, amuse-toi, espèce d'enfoiré, amuse-toi, que je puisse t'envoyer mon poing dans la gueule !

Walsh, gêné, donna à McLoughlin une petite tape sur le bras. Il comprenait maintenant pourquoi son subordonné avait les nerfs à vif ces derniers jours. Se faire plaquer par sa femme n'était déjà pas drôle, mais la voir partir avec son meilleur ami... Bon sang ! Surtout Jack Booth ! Il leur avait servi de témoin à leur mariage. Oui, ça expliquait bien des choses. Pourquoi McLoughlin s'en allait tout seul et pourquoi Jack avait brusquement décidé de quitter la police pour s'engager dans une agence de sécurité à Southampton.

– Je ne savais pas. Je suis désolé.

– Ce n'est rien. Nous nous sommes séparés à l'amiable. Sans rancune, ni d'un côté ni de l'autre.

Il semblait prendre bien les choses.

– Elle a peut-être agi sur un coup de tête, suggéra timidement Walsh. Elle reviendra dès qu'elle aura compris.

McLoughlin fit la grimace, mais la nuit déroba la rage qui brillait dans ses yeux.

– Si cela ne vous dérange pas, je préférerais ne pas en parler. Dieu sait que nous n'avions déjà pas grand-chose à nous dire avant son départ. Qu'est-ce que ce serait si elle revenait!

Bon Dieu! il avait envie d'étrangler quelqu'un. Est-ce qu'ils étaient tous au courant? A rigoler dans son dos? S'il en surprenait un, il n'hésiterait pas à lui régler son compte.

Il accéléra l'allure.

– Heureusement que nous n'avons pas d'enfants. De ce côté-là au moins, on est parés.

Walsh, à quelques pas derrière, se mit à songer à l'inconstance de la nature humaine. Il se souvenait d'une conversation qu'il avait eue quelques mois plus tôt avec McLoughlin. Celui-ci se plaignait de ses problèmes conjugaux et regrettait de ne pas avoir d'enfants. Il affirmait que Kelly s'ennuyait, qu'elle n'aimait pas son travail de secrétaire et qu'elle avait besoin de s'occuper. Walsh avait jugé plus sage de ne rien dire, sachant, d'après ses propres expériences avec sa fille, que les conseils en ce domaine étaient rarement bien accueillis. Néanmoins, il avait espéré qu'une malheureuse victime ne vienne pas servir de dérivatif à ce couple mal assorti. Il avait été bouleversé par le fait que sa propre fille, encore à l'école, se retrouve enceinte à l'âge de seize ans, mais plus encore de découvrir que sa femme et elle n'avaient jamais eu d'affection l'une pour l'autre. Sa fille mettait ses deux mariages ratés et ses quatre enfants sur le compte d'un manque de tendresse; tandis que sa femme reprochait à celle-ci de manquer d'amour-propre et de n'avoir pas su profiter des bonnes occasions. George avait bien essayé de se consoler de ses déceptions en reportant son intérêt sur ses petits-enfants, mais en vain. Il ne pouvait s'empêcher de les considérer d'un œil critique. Il les trouvait durs et intenables, et en accusait la trop grande indulgence de sa fille et l'absence d'une autorité paternelle.

Walsh était obsédé par l'idée qu'en donnant inconsidérément naissance à sa fille, il avait semé le germe d'une malédiction qui croîtrait et se transmettrait de génération en génération.

Il rattrapa McLoughlin.

– Dans la vie, on ne sait jamais, Andy. Ce qu'on ne voyait pas sur le moment nous apparaît souvent plus tard. Les choses finissent par s'arranger. Toujours.

– Bien sûr. Et tout est pour le mieux dans le meilleur des mondes. Vous croyez vraiment à ce genre de connerie ?

Walsh se sentit soudain déprimé.

– Ma foi, oui.

Ils approchaient de la chambre froide, dont la silhouette se découpait dans la lumière des projecteurs installés à l'autre extrémité. McLoughlin indiqua d'un signe de tête la porte noyée dans les ténèbres.

– Et cet olibrius, ça lui fait une belle jambe, vos petits aphorismes. Je ne crois pas qu'il les aurait trouvés à son goût.

– Mais son meurtrier, peut-être que oui.

Et aussi ta femme, pensa Walsh avec irritation. En retrouvant dans son lit un peu de gaieté et de chaleur humaine en la personne de Jack Booth.

Ils contournèrent le bâtiment. Walsh salua l'agent Jones.

– Vous avez trouvé quelque chose ?

– Tenez, patron, répondit l'homme en désignant un morceau de toile posé sur le sol. Nous avons creusé dans un rayon de cinquante mètres autour de la chambre froide. J'ai dit aux gars de laisser pour l'instant les bois en lisière du mur du fond. Avec les ombres que font les projecteurs on y voit mal.

Walsh s'accroupit et se mit à fouiller de la pointe de son stylo le tas hétéroclite, remuant des emballages de gâteaux, des papiers de bonbons, deux balles de tennis râpées et d'autres objets du même genre. Il isola trois préservatifs usagés, un slip défraîchi et plusieurs cartouches vides.

– On va faire examiner ça. Je ne crois pas que le reste nous serve beaucoup.

Il se releva.

– Bien, je crois que ça suffit pour aujourd'hui. Jones, vous reprendrez les recherches demain matin. Occupez-vous des bois au fond du parc et de la zone autour de la grille. Prenez une équipe pour vous aider. Andy, finissez d'interroger nos hôtes jusqu'à ce que je vous rejoigne. Demandez à Fred Phillips s'il s'est récemment servi d'un fusil de chasse. On vérifiera au commissariat s'il possède un permis, lui ou quelqu'un de la maison. Que le sergent Robinson et ses hommes aillent questionner les gens du village.

Il indiqua les préservatifs et le slip.

– Il semble peu probable qu'un habitant du manoir ait abandonné de tels objets dans la propriété, aussi procédez avec tact, dit-il en regardant McLoughlin.

Il se tourna vers Jones.

– Vous les avez trouvés au même endroit ?

– Non, çà et là, patron. Nous avons marqué les emplacements.

– Parfait, mon vieux. On dirait qu'un don Juan du coin a pris l'habitude d'amener ici ses conquêtes. Dans ce cas, il se pourrait qu'il ait quelque chose à nous apprendre. Robinson va s'occuper de lui.

McLoughlin avait un air renfrogné. L'idée d'avoir à discuter de préservatifs usagés avec les femmes du manoir ne l'enchantait guère.

– Et vous, patron ? demanda-t-il.

– Moi ? Il y a un ou deux dossiers que j'aimerais revoir, notamment celui de notre amie Miss Cattrell. C'est une dure à cuire. Ne croyez pas que ça m'amuse.

Il pinça les lèvres et les tirailla avec le pouce et l'index.

– A la Sûreté, ils ont sur elle un dossier gros comme le bras, datant de l'époque où elle était étudiante. J'ai pu en consulter une partie au moment de la disparition de Maybury. Ce qui m'a permis d'apprendre qu'elle se trouvait à Greenham Common. Depuis, elle a jeté quelques pavés dans la mare. Vous vous souvenez de ce scandale il y a deux ans, à propos des comptes du ministère de la

Défense ? Quelqu'un avait ajouté un zéro à un appel d'offres et le ministère a payé dix fois la valeur du contrat. Un scoop signé Anne Cattrell. Des têtes sont tombées. Pour faire tomber les têtes, elle est très douée.

Il se frotta la joue d'un air pensif.

– Tâchez de vous en souvenir, Andy.

– Vous ne croyez pas que vous exagérez un peu ? Si elle avait autant de talent, pourquoi serait-elle allée s'enterrer dans la cambrousse ? Elle travaillerait pour un canard à Londres.

Le ton d'admiration amusée de Walsh l'avait piqué au vif.

– Oh ! elle ne manque pas de talent, répliqua Walsh d'une voix hargneuse, et elle écrivait pour un journal de Londres avant de tout laisser tomber et de venir s'installer ici en free-lance. Vous avez tort de la sous-estimer. J'ai relevé quelques passages dans son dossier. Drôlement culottée, la garce, et elle n'y va pas avec le dos de la cuiller. C'est une vieille gauchiste, et elle connaît sur le bout du doigt tout ce qui concerne les droits civiques et les limites du pouvoir de la police. Elle a été attachée de presse du Mouvement pour le désarmement nucléaire, militante féministe, déléguée syndicale, plus ou moins activiste dans un groupe d'intervention, et même durant une période membre du parti communiste...

– Merde alors ! s'écria McLoughlin, indigné. Alors qu'est-ce qu'elle fiche dans ce château à la noix ? Et avec deux larbins pour assurer le service !

– Curieux, n'est-ce pas ? Qu'est-ce qui l'a poussée à plaquer son boulot, en même temps que ses principes ? Vous devriez le lui demander demain. C'est l'occasion ou jamais de le savoir.

Le vieux empestait le whisky. Assis à la porte d'un buraliste de Southampton, il ressemblait à une enseigne publicitaire, avec son étrange pantalon rose bonbon et son chapeau cabossé posé de travers sur son crâne chauve. Il fredonnait un air gai. Il n'était pas loin de minuit. Entre deux bribes de sa chanson, comme tous les ivrognes, il interpellait les passants. Ceux-ci changeaient de trottoir ou allongeaient le pas.

Un agent de police s'approcha et s'arrêta devant lui en se demandant ce qu'il pourrait bien faire de ce pauvre idiot.

– Tu es vraiment le roi des casse-pieds! fit-il, patelin.

Le clochard leva la tête.

– Tu l'as dit, poulet!

Une lueur brilla dans ses yeux chassieux.

– Sacrediou, mais c'est le sergent Jordan!

Des replis de son manteau, il tira une bouteille enveloppée de papier brun, la déboucha avec ses dents noirâtres et la tendit au policier.

– Tiens, bois un coup, mon pote.

Le sergent secoua la tête.

– Pas ce soir, Toto.

Le vieux inclina la bouteille et la vida d'un trait. Son chapeau tomba et roula sur le trottoir. Le sergent se pencha, le ramassa et le remit fermement sur la tête du clochard.

– Allons, viens, bougre d'imbécile!

Il saisit un bras malodorant et le tira pour remettre le tas de loques sur ses pieds.

– Tu m'embarques?

– Ça te dirait?

– Un peu, fiston, fit-il d'un ton geignard. J'en ai ras le bol. Ça me plairait de dormir dans un plumard.

– Et moi, ce qui me plairait, c'est de ne pas avoir à désinfecter la cellule après.

Il sortit une carte de sa poche et lut l'adresse marquée dessus.

– Je vais te faire un cadeau comme tu n'en as pas eu depuis longtemps, mais ça ne sera pas pour te rincer la dalle. Amène-toi, ce soir tu couches au Hilton.

George Walsh laissa Robinson et McLoughlin au pub de Winchester Road, où ils allèrent prendre une bière avant la fermeture, puis continua vers le commissariat de Silverborne. Il remonta la grand-rue, passa devant le monument aux morts et l'ancienne halle aux blés, occupée à présent par une banque. Plus encore qu'à sa rapide expansion, Silverborne devait essentiellement sa renommée à sa proximité avec Streech Grange et le mystère entourant la disparition de David Maybury. Pour Walsh, le fait que le manoir eût à nouveau attiré l'attention de la police n'avait rien d'une coïncidence. Il existait, croyait-il, dans toute affaire d'homicide, une sorte de loi inexorable si bien qu'on finissait presque toujours par découvrir la vérité. Et la foudre ne frappait jamais deux fois au même endroit. En poussant la porte d'entrée, il sifflotait un air discordant.

Bob Rogers était de service. Assis derrière le bureau, il leva la tête à l'arrivée de Walsh.

– Bonsoir, patron.

– Salut, Bob.

– Paraît que vous avez trouvé Maybury ?

– Un peu de patience. Cela fait dix ans que je cavale après cette ordure, j'attendrai bien encore vingt-quatre heures pour sabler le champagne. Webster a appelé ?

Rogers secoua la tête.

– Il y a du mouvement, ce soir ?

– Pas plus que d'habitude.

– Alors rendez-moi un service. Établissez-moi une liste de toutes les personnes, hommes ou femmes, portées disparues dans la région, disons, depuis ces six derniers mois. Je serai là-haut.

Walsh grimpa l'escalier, et son pas résonna dans le couloir désert. Il aimait se retrouver la nuit dans le silence des locaux vides, sans sonneries de téléphone ni bruits de voix gênants devant sa porte. Il pénétra dans son bureau et alluma. Il y avait deux ans de ça, pour Noël, sa femme lui avait offert un tableau afin de mettre un peu de gaieté sur les murs blancs et ternes. Il l'avait accroché en face de la porte, et c'était la première chose qu'il voyait en entrant. Il en avait horreur. Elle adorait ce style, pas lui : des chevaux noirs au poil lustré, la crinière flottante, galopant dans une forêt en automne. Pour le même prix il aurait préféré avoir une reproduction d'un Van Gogh, mais quand il lui en avait parlé, elle s'était moquée de lui. « Voyons, mon chéri, des reproductions ça traîne partout; tu ne veux pas plutôt une chose originale ? » Il considéra la toile hideuse et se demanda, une fois de plus, pourquoi il ne pouvait rien refuser à sa femme.

Il s'approcha du classeur et se mit à inspecter les « C », « Cairns », « Callaghan », « Calvert », « Cambridge », « Cattrell ». Il poussa un grognement de satisfaction, sortit le dossier et le posa sur le bureau. Il l'ouvrit, s'installa, puis desserra sa cravate et envoya balader ses chaussures.

Le dossier se composait d'un CV, donnant sur le passé d'Anne Cattrell des détails recueillis par la police de Silverborne au moment de la disparition de Maybury. A la dernière page, on avait ajouté, au fur et à mesure, des renseignements plus récents. Tout en lisant, il se tripotait les lèvres pour réfléchir. Ce fatras ne présentait aucun intérêt. Il avait espéré découvrir le défaut de la cuirasse, une faille à laquelle s'accrocher. Mais il n'y avait rien de semblable. Hormis le fait que les neuf dernières années de la vie d'Anne Cattrell occupaient une seule page, alors que les dix années précédentes en remplissaient plusieurs. Pourquoi donc avait-elle renoncé à une carrière aussi prometteuse ? A Londres, elle serait devenue une vedette. En neuf ans, son plus grand exploit avait été ce scoop concernant le ministère de la Défense, publié dans une revue mensuelle et aussitôt repris par la presse quotidienne. Au total, l'affaire ne lui avait guère profité. Walsh aurait même ignoré qu'elle en était l'instigatrice, s'il n'avait trouvé son nom associé à celui de Maybury. Elle se serait mariée, que ce brusque abandon aurait été compréhensible, mais... – il fronça les sourcils. Était-ce aussi simple ? Les trois femmes avaient-elles contracté une sorte de mariage pervers, dès qu'elles avaient recouvré leur liberté ? Curieusement, l'idée n'était pas pour lui déplaire. Si Mrs. Maybury avait toujours été lesbienne, cela expliquait bien des choses. Il rassemblait le dossier quand Bob Rogers entra.

– Je vous ai apporté cette liste de noms, et une tasse de thé.

– Merci, mon vieux.

Il prit la tasse avec reconnaissance.

– Vous en avez combien ?

– Cinq. Deux femmes et trois hommes. Les deux femmes ont manifestement fugué... des adolescentes dont une est presque adulte. Toutes les deux sont parties de chez elles après une dispute avec leurs parents et n'ont pas reparu. La plus jeune, Mary Lucinda Phelps, surnommée Lucy, avait quatorze ans. On l'a cherchée un peu partout, si vous vous en souvenez, mais sans résultat.

– Oui, je m'en souviens. Sur sa photo, on lui aurait donné vingt-cinq ans.

– Exact. Ses parents ont juré leurs grands dieux qu'elle était vierge, mais on a découvert qu'elle s'était fait avorter à l'âge de treize ans. La pauvre gosse doit être en train de tapiner à Londres. L'autre, une certaine Suzie Miller, âgée de dix-huit ans, a été aperçue pour la dernière fois début mai faisant de l'auto-stop sur la A31 avec un homme plus âgé. Un témoin a affirmé qu'elle était aux petits soins pour lui. Ses parents ont essayé de nous convaincre qu'il s'agissait d'un meurtre, mais rien ne le laissait supposer et nous n'avons pas retrouvé le corps. En ce qui concerne les trois hommes, l'un s'est sans doute suicidé, bien que nous n'ayons pas retrouvé de corps non plus, l'autre, à moitié sénile, était parti se promener, et le dernier a pris la tangente. Le premier, Mohammed Mirahmadi, un jeune Oriental de vingt et un ans, depuis longtemps dépressif, avait déjà fait cinq tentatives de suicide, toutes par noyade. Disparu de chez lui il y a trois mois. Nous avons dragué les marais environnants, sans succès. Le deuxième, Keith Chapel, un vieillard, a quitté à la mi-mars, il y a donc environ cinq mois, le foyer où il logeait et ne l'a pas réintégré. Bizarrement, personne ne l'a aperçu. Il portait, paraît-il, un pantalon rose. Et le troisième, Daniel Clive Thompson, cinquante-deux ans, a été porté disparu par sa femme il y a deux mois, deux mois et demi. L'inspecteur Staley a mené une enquête. Le type venait de faire faillite et laissait un tas de mécontents, pour la plupart des employés de la boîte. D'après l'inspecteur, il aurait filé à Londres. Il a été vu pour la dernière fois descendant d'un train à la gare de Waterloo.

– L'un d'eux habite près de Streech ?

– Oui, ce Daniel Thompson. Adresse : Larkfield, East Deller. C'est le village voisin.

– Vous avez son signalement ?

– Un mètre quatre-vingts, cheveux gris, yeux noisette, costaud, vêtu d'un costume brun, tour de poitrine cent douze, chaussures marron, pointure quarante-deux. Autres renseignements : groupe sanguin O, cicatrice d'appendicectomie, denture complète, tatouages sur les deux avant-bras. Aperçu pour la dernière fois le 25 mai, à Waterloo. Vu pour la dernière fois par sa femme le même jour, alors qu'elle le déposait à la gare de Winchester. Je n'ai rien d'autre, mais l'inspecteur Staley possède tout un dossier. Vous voulez que je vous l'apporte ?

– Non, fit Walsh d'un air maussade. C'est Maybury.

Il regarda Bob Rogers se diriger vers la porte.

– Nom d'un chien ! C'est comme d'oublier son parapluie en été quand il va se mettre à pleuvoir. Donnez-moi cette liste. D'après ces renseignements, c'est sûrement Maybury.

Walsh attendit que la porte se fût refermée et relut d'un œil morne le signalement de Daniel Thompson. Il paraissait dix ans de plus.

8

En entrant dans la bibliothèque le lendemain matin, Anne trouva McLoughlin debout près de la fenêtre, qui observait d'un regard sombre l'allée de gravier. Il se retourna. Il avait les yeux cernés comme s'il avait passé une nuit blanche, et des entailles au cou et au menton indiquaient un rasage expéditif. Il avait l'air mécontent, désabusé et sentait la bière de la veille. Il lui fit signe de s'asseoir, attendit, puis s'assit à son tour. Des grains de poussière dansaient, scintillants, dans les rayons de soleil qui hachuraient l'espace entre eux. Ils se regardèrent en chiens de faïence.

– Je ne vous garderai pas longtemps, Miss Cattrell. Le commissaire Walsh sera bientôt là, et je sais qu'il a plusieurs questions à vous poser. Nous nous bornerons donc, si vous le voulez bien, à la découverte du cadavre et à deux ou trois points annexes. Peut-être pourriez-vous me raconter ce qui s'est passé durant l'après-midi d'hier, en commençant par l'arrivée du jardinier.

Elle s'exécuta, sachant qu'il n'aurait servi à rien de lui rappeler qu'elle en avait déjà fait la veille le récit à l'agent Williams. De temps à autre, elle levait la tête mais la détournait rapidement tandis qu'il s'obstinait à la dévisager. Une lueur nouvelle brillait dans le regard du sergent, ce qui signifiait sans doute qu'il en savait davantage. Eh bien, ça promet! songea Anne. Hier, il la méprisait et aujourd'hui il la défiait. Avec un soupir intérieur, elle se prépara à subir l'attaque.

– Et, naturellement, vous ignorez de qui il s'agit, comment il a atterri là et depuis quand. Vous aviez déjà jeté un coup d'œil dans la chambre froide avant la journée d'hier ?

– Non.

– Alors pourquoi nous avoir dit que vous l'aviez débarrassée en compagnie de Mrs. Goode il y a six ans ?

Grâce à Diana, elle était fin prête.

– Parce que cela me semblait une bonne idée.

Elle exhuma une cigarette de sa poche et l'alluma.

– Cela vous aurait évité de gaspiller votre temps et votre énergie. Vous seriez allés chercher ailleurs votre victime et vos suspects. Nous ne sommes absolument pour rien dans cette histoire.

Il resta impassible.

– Ce n'est jamais une bonne idée de mentir à la police. Votre expérience aurait dû vous l'apprendre !

– Mon expérience ? fit-elle d'une voix doucereuse.

– Je vous en prie, ne jouons pas sur les mots, Miss Cattrell. Cela ira beaucoup plus vite.

– Bien sûr, vous avez raison, dit-elle avec détachement. Nous ne sommes plus des enfants !

Il la regarda d'un air méfiant.

– Avez-vous menti parce que vous saviez l'importance de cette chambre froide et qu'il était indispensable de connaître son emplacement ?

Elle resta un instant silencieuse.

– Je savais sûrement l'importance que vous lui donniez. Il vous reste à en fournir la preuve. Je pense, comme Mrs. Goode, que n'importe qui pouvait être au courant ou que le hasard a très bien pu faire qu'on ait abandonné le cadavre à cet endroit.

– Nous avons trouvé non loin de là des préservatifs usagés, dit-il, changeant brusquement de sujet. Avez-vous une idée de qui a pu les jeter là ?

Anne eut un grand sourire.

– Sûrement pas moi, sergent. Je ne me sers pas de ce genre d'ustensiles.

– Avez-vous eu des relations sexuelles avec quelqu'un qui en utiliserait ? demanda-t-il avec une irritation non dissimulée.

– Avec un homme, vous voulez dire ?

Elle éclata de rire.

– Drôle de question à poser à une gouine !

Avec une rage soudaine, il étreignit ses genoux de ses mains tremblantes. Il se sentait affreusement mal. Il avait les yeux brûlants en raison du manque de sommeil et un sale goût dans la bouche. Quelle petite salope ! se dit-il. Il avala quelques goulées d'air et posa ses mains sur le bureau. Elles se remirent à trembler malgré lui.

– Oui ou non ? reprit-il.

Elle le regarda bien en face.

– Non, répondit-elle calmement. Ni moi, ni personne dans cette maison, du moins à ma connaissance.

Elle se pencha en avant et secoua l'extrémité de sa cigarette contre le rebord d'un cendrier. McLoughlin ramena ses mains sur ses genoux.

– Un détail nous intrigue, le commissaire Walsh et moi. Peut-être pourriez-vous nous éclairer ? Vous habitez ici depuis plusieurs années, et Mrs. Goode aussi. Comment se fait-il qu'aucune de vous deux n'ait jamais pénétré dans cette chambre froide ?

– Comme des tas d'habitants de la capitale ne sont jamais entrés dans la Tour de Londres. On a parfois tendance à négliger ce qui se trouve à sa porte.

– Mais vous en connaissiez l'existence ?

– J'imagine.

Elle réfléchit un instant.

– Sans doute. En tout cas, cela ne m'a pas surprise quand Fred m'en a parlé.

– Vous saviez où elle se trouvait ?

– Non.

– Cette butte, c'était quoi, selon vous ?

– Je me souviens d'avoir parcouru le domaine une seule fois, à mon arrivée. Cette butte était probablement pour moi une butte.

Il la regarda d'un air incrédule.

– Vous n'allez jamais vous promener ? Avec les chiens, ou vos amies ?

Elle tourna sa cigarette entre ses doigts.

– J'ai une tête à faire de l'exercice, sergent ?

Il l'observa un instant.

– Pourquoi pas ? Vous êtes plutôt mince.

– Je mange très peu, je ne bois jamais d'alcool et je fume comme un pompier. C'est excellent pour la ligne, mais très mauvais pour grimper les escaliers.

– Et vous ne jardinez pas non plus ?

Elle leva un sourcil.

– Ce serait un désastre. Je suis incapable de faire la différence entre un laurier-rose et une reine-marguerite. De toute façon, je me demande où je trouverais le temps. Je suis une femme studieuse. Je travaille du matin au soir. La décoration florale, c'est la spécialité de Phoebe.

Il se souvint des plantes en pot qui ornaient sa salle de séjour. Pourquoi ce nouveau mensonge ? Et à propos de jardinage ! Il promena sa main sur ses joues piquantes, tâtant, palpant, explorant. Soudain une angoisse l'envahit, et il eut un trou de mémoire. S'était-il rasé ? Où avait-il dormi ? Avait-il pris un petit déjeuner ? Sa vue se brouilla, et il lui sembla que son regard glissait à travers Anne Cattrell comme à travers une créature d'un autre monde pour aller se perdre dans des ténèbres derrière elle.

Sa voix lui parvint, lointaine.

– Cela ne va pas ?

Le malaise se dissipa, lui laissant la nausée.

– Pourquoi habitez-vous ici, Miss Cattrell ?

– Pour la même raison, probablement, que vous habitez chez vous. C'est le plus joli toit que j'aie trouvé.

– Ce n'est pas une réponse. Comment votre conscience s'accommode-t-elle d'un manoir et de deux domestiques ? Ou seriez-vous passée du côté des... nantis ? demanda-t-il avec une ironie grinçante.

Anne écrasa sa cigarette.

– Je ne peux tout simplement pas répondre à cette question. Elle repose sur trop de fausses prémisses. En outre, elle est hors de propos.

– Qui vous a donné l'idée de venir ici ? Mrs. Maybury ?

– Personne. Je l'aie eue toute seule.

– Pourquoi ?

– Parce que, répéta-t-elle patiemment, cela me semblait un bel endroit.

– Sans blague ! s'exclama-t-il, furieux.

Elle sourit.

– Vous oubliez quelle femme je suis, sergent. On prend son plaisir où l'on peut. Phoebe ne voulait... ne pouvait pas quitter la maison pour aller à Londres, alors il m'a bien fallu venir. En réalité, c'est très simple.

Il y eut un long silence.

– Le plaisir ne dure pas, murmura McLoughlin.

Il avait affreusement mal au crâne. « Le plaisir est comme le coquelicot, récita-t-il à part soi, cueillez-le, ses pétales sont perdus. Ou comme la neige tombant dans l'eau, blanche une seconde, puis à jamais fondue. »

Il y eut un nouveau silence.

– Dans votre cas, Miss Cattrell, l'hypocrisie semble être le prix du plaisir. C'est bien cher payé. Mrs. Maybury en valait-elle la peine ?

Ce fut comme si elle avait reçu un coup de couteau. Elle se réfugia dans la colère.

– Laissez-moi vous dire en bref ce que je pense de ce genre d'interrogatoire. Quelqu'un, sans doute Walsh, vous a dit que j'étais une féministe, une gauchiste, une pacifiste, une ex-communiste et Dieu sait quoi encore. Et, fort de votre supériorité de mâle hétérosexuel, vous n'avez pas pu résister à l'envie de me faire un petit cours de morale. La vérité, McLoughlin, vous vous en moquez bien. Tout ce qui vous importe c'est de satisfaire votre énorme ego en m'en faisant voir de toutes les couleurs. Mais croyez-moi, lui jeta-t-elle à la figure, j'en ai vu d'autres !

Il se pencha à son tour, si bien qu'ils étaient à présent tout proches.

– Qui sont Fred et Molly Phillips ?

Elle ne s'y attendait pas et il le savait, si bien qu'elle ne put dissimuler une lueur d'inquiétude. Elle se recula et prit une autre cigarette.

– Ils font le jardin et le ménage pour Phoebe.
– Mrs. Goode nous a dit que c'était vous qui les aviez engagés. De quelle façon ?
– On me les a présentés.
– Qui ? Des collègues, des relations politiques ? Vous vous intéressez peut-être à la réforme du code pénal ?
Ce bon Dieu de flic n'était pas totalement idiot, se dit-elle.
– Je fais partie d'un comité pour la réinsertion des anciens détenus. C'est là que je les ai rencontrés.
Elle s'attendait à le voir jubiler, mais il ne laissa rien paraître.
– Ils s'appellent Phillips ?
– Non.
– Quel est leur vrai nom ?
– Vous devriez le leur demander.
Il se passa une main sur le front d'un geste las.
– Naturellement, rien ne me serait plus facile, Miss Cattrell, simplement ce seraient des tracas pour tout le monde. Nous finirons bien par le savoir, d'une manière ou d'une autre.
Elle regarda par la fenêtre, au-dessus de l'épaule de McLoughlin, en direction de Phoebe qui enlevait les roses fanées des buissons bordant l'allée. Elle semblait avoir perdu sa nervosité de la veille et souriait, accroupie en plein soleil, des serpents de feu s'enroulant dans sa chevelure étincelante, ses doigts brisant d'un coup sec les tiges des fleurs. Benson était couché tout près d'elle, tandis que Hedges s'abritait à l'ombre d'un rhododendron nain. Le soleil, encore timide, faisait miroiter le gravier chaud.
– Jefferson, dit Anne.
Le sergent fit tout de suite le rapprochement.
– Cinq ans chacun pour le meurtre de leur logeur, Ian Donaghue.
Anne hocha la tête.
– Et savez-vous pourquoi le tribunal s'est montré aussi clément ?
– Oui. Donaghue avait violé et tué leur fils de douze ans. Ils l'ont attrapé avant la police et l'ont pendu.

Elle hocha de nouveau la tête.

– Vous approuvez la vengeance, Miss Cattrell ?

– Je la comprends.

Il sourit subitement et, durant quelques secondes, elle lui trouva un air presque humain.

– Eh bien, nous sommes au moins d'accord sur une chose.

Avec son stylo, il donna de petits coups sur le bureau.

– Les Phillips s'entendent bien avec Mrs. Maybury ?

Elle se mit à ricaner de façon inattendue.

– Fred la traite comme une reine et Molly comme de la merde. Cela forme un ensemble assez cocasse.

– Ils devraient lui être reconnaissants.

– C'est exactement l'inverse. Phoebe leur en a encore plus de gratitude.

– Pourquoi ? Elle leur a fourni un nouveau gîte et un nouvel emploi.

– Vous voyez le manoir aujourd'hui, mais il y a neuf ans, lorsque je suis arrivée, cela faisait déjà un an que Phoebe se débrouillait toute seule. On la traitait comme une pestiférée. Personne au village, ni même à Silverborne, n'aurait accepté de travailler pour elle. Elle devait s'occuper du jardin, du ménage, des travaux d'entretien, et c'était un vrai dépotoir.

Des souvenirs se pressèrent dans son esprit. Elle se rappela soudain une odeur écœurante. Une odeur d'urine. Cela sentait partout. Sur les murs, les tapis, les rideaux. De sa vie elle n'oublierait cette puanteur.

– Fred et Molly sont arrivés deux mois après nous, et la vie de Phoebe a complètement changé.

McLoughlin promena son regard autour de lui. Beaucoup de choses paraissaient anciennes : les étagères sculptées, les moulures en plâtre, les lambris de la cheminée, mais d'autres avaient été ajoutées récemment : les peintures, le radiateur sous la fenêtre, le double vitrage, probablement depuis moins de dix ans.

– Et les habitants n'ont pas modifié leur attitude ?

Elle suivit son regard.

– Non. Ils ne veulent toujours pas travailler pour elle.

Elle fit tomber la cendre de sa cigarette.

– Il lui arrive encore d'essayer, malgré tout. A Silverborne, ça ne vaut même pas la peine. Elle est allée jusqu'à Winchester et Southampton, mais sans plus de résultat. Le manoir a acquis une solide réputation, sergent, je ne vais pas vous l'apprendre.

Elle eut un sourire railleur.

– Ils s'imaginent tous qu'ils vont être assassinés dès qu'ils auront passé la grille. Ce qui ne semble pas totalement absurde, à en juger d'après la petite trouvaille d'hier.

Il fit un signe de tête en direction de la fenêtre.

– Alors qui a installé le chauffage central et le double vitrage ? Fred ?

– Phoebe.

Il fut pris d'une franche gaieté.

– Bonté divine ! Écoutez, je sais bien que vous vous êtes mis en tête de démontrer que les femmes étaient les plus merveilleuses créatures de la terre, mais vous n'espérez pas que je vais avaler ça !

Il se leva et s'approcha de la fenêtre.

– Vous savez ce que pèse ce genre de glace ?

Il tapa sur le panneau vitré, et Phoebe, dehors, se redressa d'un air mécontent. Elle le regarda un instant avec curiosité puis, voyant qu'il se détournait, elle reprit son travail.

Il revint s'asseoir.

– Elle ne pourrait même pas la porter, encore moins l'appliquer correctement dans le cadre. Cela nécessiterait au moins deux hommes, sinon trois.

– Ou trois femmes, dit Anne que cette démonstration n'avait guère émue. En cas de besoin, tout le monde s'y met. Et nous sommes cinq, huit le week-end quand les enfants rentrent à la maison.

– Huit ? fit-il d'un ton acerbe. Je croyais qu'il y avait seulement deux enfants.

– Trois. Avec Elizabeth, la fille de Diana.

Il se passa une main dans les cheveux et se retrouva avec un épi pointé vers le plafond.

– Elle n'a jamais mentionné qu'elle avait une fille, dit-il

avec aigreur, tout en se demandant quelles surprises l'attendaient encore.

– Vous ne lui avez peut-être pas posé la question.

Il ignora cette remarque.

– D'après vous, Mrs. Maybury aurait également installé le chauffage central. Comment ?

– Comme n'importe quel plombier. Je me souviens qu'elle préférait des conduites capillaires si bien qu'il y avait de la laine de verre, de la soudure et des outils partout. Et aussi des tubes en cuivre de quinze et de vingt-deux millimètres, de longueurs différentes. Elle a même loué une cintreuse pendant plusieurs semaines, avec diverses positions pour faire des S et des angles droits. Cela m'a permis d'écrire un bel article sur les femmes et le bricolage.

Il secoua la tête.

– Qui lui a montré ? Qui a fait le raccordement à la chaudière ?

– Elle.

L'expression de McLoughlin la fit sourire.

– Elle a emprunté un livre à la bibliothèque. Il contenait absolument tout.

Andy McLoughlin était on ne peut plus sceptique. Pour lui, une femme capable de raccorder une chaudière de chauffage central ne pouvait tout simplement pas exister. Sa mère, qui avait une vision plutôt rétrograde du rôle que doit occuper une femme dans une maison, ne décollait pas de sa cuisine : elle frottait, lavait, nettoyait, cuisinait, et n'aurait même pas voulu apprendre à changer une prise électrique parce que c'était, selon elle, la tâche d'un homme. Sa femme, qui affichait au contraire des idées modernes, avait choisi de travailler comme secrétaire intérimaire, afin de préserver son indépendance, comme elle disait. En réalité, elle passait ses journées à se vernir les ongles, à s'arranger les cheveux et à se plaindre qu'elle s'ennuyait, sans rien faire pour y remédier. A part se défouler quand il rentrait, en l'accablant de reproches sous prétexte qu'il passait trop de temps au bureau, qu'il la négligeait, qu'il ne lui faisait jamais de compliments et qu'il n'avait pas pour elle ces soins constants et idolâtres que réclamait sa nature instable. Le plus drôle, c'est qu'elle lui avait surtout plu parce qu'il était épouvanté par l'esprit étroit de sa mère, alors que celle-ci avait sans doute dix fois plus de bon sens. Dans l'un et l'autre cas, il en avait conclu que la faute ne venait pas de lui mais d'elles. Il avait recherché l'égalité et n'avait trouvé qu'une dépendance insupportable.

– Et qu'a-t-elle fait à part ça ? demanda-t-il sèchement en contemplant les peintures impeccables sur les murs. La décoration ?

– Non, c'est surtout l'œuvre de Diana, mais nous l'avons aidée. Elle s'est aussi occupée de la tapisserie et des rideaux. Voyons, qu'est-ce que Phoebe a fait à part ça ?

Elle réfléchit un instant.

– Elle a changé l'électricité, installé deux autres salles de bains et posé les cloisons pour séparer les deux ailes. A présent, elle a décidé de s'attaquer à la toiture avec Fred.

Devant la mine dubitative de McLoughlin, elle haussa les épaules.

– Phoebe n'a rien à prouver, sergent, ni moi non plus en l'occurrence. Elle a fait comme tout le monde, elle s'est adaptée à la situation. C'est une battante. Elle n'a pas l'habitude de baisser les bras quand les choses vont mal.

Il ne put s'empêcher de songer à sa propre situation. Il avait horreur de la solitude.

– Étiez-vous inquiète, Mrs. Goode et vous, pour la santé mentale de Mrs. Maybury après l'année qu'elle avait passée seule dans la maison ? Est-ce pour cette raison que vous êtes venue habiter ici ?

La réalité pouvait-elle se résumer en une phrase, se demanda Anne, de même que la vérité ? Répondre oui à une telle question venant d'un tel individu aurait constitué une trahison. Il était trop bourré de préjugés pour pouvoir comprendre.

– Non, sergent, répondit-elle. Diana et moi n'avons jamais craint pour la santé mentale de Phoebe, comme vous dites. Elle est bien plus équilibrée que... vous, par exemple.

Il fronça les sourcils, furieux.

– Seriez-vous psychiatre, Miss Cattrell ?

– Prenez-le comme vous voudrez, dit-elle en se penchant et en le dévisageant avec calme. Mais je sais reconnaître un éthylique chronique quand j'en vois un.

La main de McLoughlin partit comme l'éclair, et il saisit Anne à la gorge. Il l'attira impitoyablement à lui, de l'autre côté du bureau, ses doigts meurtrissant la chair, son esprit agité d'émotions confuses. Le baiser, si l'on peut appeler ainsi le choc brutal d'une bouche contre une autre, fut aussi imprévu que l'attaque. Il la lâcha soudain et considéra les marques rouges qu'elle avait sur le cou. De la sueur froide lui mouillait le dos, et il regretta de s'être montré aussi vulnérable.

– Je ne sais vraiment pas ce qui m'a pris, dit-il. Je suis désolé.

Mais il savait qu'il n'aurait pas hésité à le refaire dans les mêmes circonstances. Il se sentait enfin soulagé.

Elle essuya la salive sur sa bouche et remonta le col de son chemisier.

– Vous aviez autre chose à me demander ? murmura-t-elle comme si de rien n'était.

Il secoua la tête.

– Pas pour l'instant.

Il la regarda se lever.

– Vous avez le droit de porter plainte, Miss Cattrell.

– Cela va sans dire.

– Je ne sais pas ce qui m'a pris, répéta-t-il.

– Moi si. C'est que vous n'êtes qu'un pauvre petit connard !

9

Le sergent Nick Robinson leva la tête et vit avec satisfaction qu'il ne lui restait plus que deux maisons avant d'arriver au pub. A sa droite se dressait la colline dominant l'entrée de Streech Grange ; derrière lui, à quelques kilomètres, se trouvait Winchester ; et devant lui le mur de brique qui entourait au sud la propriété, et que longeait la route menant à East Deller. Il regarda sa montre. Le pub ouvrirait dans dix minutes et il pourrait enfin avaler une bière. S'il y avait bien une chose qu'il détestait, c'était de faire du porte à porte. D'un pas alerte, il remonta l'allée de la villa *Clementine*. Il consulta sa liste : Mrs. Amy Ledbretter. Il sonna.

Il attendit quelques instants. Une chaîne qu'on décroche fit un bruit de ferraille, puis la porte s'écarta de quelques centimètres. Un regard vif se mit à l'examiner.

– Oui ?

Il tendit sa carte.

– Police, Mrs. Ledbetter.

Une main percluse de rhumatismes s'empara de la carte et disparut à l'intérieur.

– Attendez, s'il vous plaît, dit la voix. J'appelle le commissariat pour vérifier.

– Très bien.

Il s'adossa au porche et alluma une cigarette. C'était la troisième fois en deux heures qu'on téléphonait pour s'assurer de son identité. Il se demanda si les flics en uniforme connaissaient le même problème.

Trois minutes plus tard la porte s'ouvrit en grand et Mrs. Ledbetter le fit entrer. Elle avait dans les soixante-dix ans, le teint hâlé et l'air nullement comique. Elle lui rendit sa carte et l'invita à s'asseoir.

– Vous avez un cendrier sur la table. Eh bien, sergent qu'est-ce qui vous amène ?

Pas besoin de tourner autour du pot avec cette vieille bique, se dit-il. Ce n'était pas comme avec la chochotte d'à côté, qui prétendait que les meurtres à la télé lui donnaient des palpitations.

– Nous avons découvert les restes d'un homme assassiné dans le parc de Streech Grange, hier après-midi, dit-il tout à trac. Nous enquêtons dans le village pour essayer de recueillir des informations.

– Oh ! non, s'exclama Amy Ledbetter. La pauvre Phoebe !

Nick Robinson la regarda avec intérêt. C'était bien la première fois que quelqu'un réagissait de cette façon. Les autres habitants qu'il avait rencontrés en avaient profité pour déverser leur venin.

– Vous êtes bien la première personne à exprimer de la sympathie à l'égard de Mrs. Maybury, dit-il à la vieille dame. Cela vous surprend ?

Elle fit la grimace.

– Sûrement pas. Ces gens sont d'une bêtise sidérante. J'aurais déménagé depuis longtemps s'il n'y avait pas le jardin. C'est David ?

– Nous ne savons pas encore.

– Je vois.

Elle le regarda d'un air bienveillant.

– Allez-y. Que désirez-vous savoir ?

– Vous connaissez bien Mrs. Maybury ?

– Depuis le jour de sa naissance. Gerald Gallagher, le père de Phoebe, était un vieil ami de mon mari. Je la voyais très souvent quand elle était gamine et que mon mari vivait encore.

– Et maintenant ?

– Pas beaucoup. C'est ma faute.

Elle leva une de ses mains noueuses.

– Avec ces rhumatismes, c'est toute une histoire. Il vaut encore mieux rester tranquillement chez soi, que de s'obliger à sortir et s'énerver pour un rien. Elle est encore passée me voir il n'y a pas bien longtemps, mais je ne l'ai pas revue depuis. Cela doit faire un an. C'est ma faute, répéta-t-elle.

Plutôt bavarde, la vieille, se dit-il, et sûrement plus crédible que toutes ces pécores, avec leurs ragots et leurs allusions perfides.

– Vous avez entendu parler de ses deux amies, Mrs. Goode et Miss Cattrell ?

– Je les ai rencontrées, et je les voyais même assez souvent à un moment. Phoebe revenait du collège avec elles. Des chics filles, intéressantes, beaucoup de caractère.

Robinson consulta son calepin.

– Une villageoise a déclaré – il leva rapidement la tête –, je cite : « Ces femmes sont des dangers publics. Elles ont essayé à plusieurs reprises de débaucher des adolescentes des environs et ont même tenté d'entraîner ma propre fille dans une de leurs orgies lesbiennes. »

Il leva de nouveau la tête.

– Vous savez quelque chose là-dessus ?

Du revers de sa main arquée, elle ramena une mèche de cheveux tombée sur son front.

– Cela sent la Dilys Barnes. Sauf qu'elle n'apprécierait guère qu'on la traite de villageoise. C'est une affreuse snob qui joue les aristocrates de province.

Il la regarda, intrigué.

– Comment avez-vous deviné ?

– Que c'était Dilys Barnes ? Parce qu'elle a une cervelle de moineau et qu'elle ment comme elle respire. Le manque d'éducation, naturellement. Elle ferait n'importe quoi pour se mettre en valeur. Son mari et elle ont démoli leurs enfants avec des idées extravagantes. Ils ont envoyé leur fils dans une école privée et il en est revenu méchant comme une teigne. Quant à la fille, Emma, continua-t-elle avec un sourire désabusé, j'ai bien peur qu'elle ait viré sa cuti depuis longtemps, la pauvre. Probablement pour se venger de sa mère.

– Je comprends, dit-il, totalement désorienté.

Elle ne put s'empêcher de rire.

– Elle va forniquer dans les bois de Streech Grange, expliqua-t-elle. C'est le meilleur endroit pour ça.

Elle rit de nouveau tandis que le sergent l'observait, bouche bée.

– On l'a vue un soir, tard, sortant furtivement du parc, et le lendemain, sa mère a inventé ce bobard qu'elle vous a servi.

Elle secoua la tête.

– Bien sûr, ça ne tient pas debout, et les gens ne l'ont pas crue, mais ils ont marché quand même parce qu'ils détestent Phoebe. Elle fait d'ailleurs tout pour ça. Elle ne rate pas une occasion de leur marquer son mépris. C'est toujours une erreur. Quoi qu'il en soit, demandez à Emma. Ce n'est pas une mauvaise fille, et si vous vous montrez discret, elle vous dira probablement la vérité.

Il nota quelques mots.

– Merci. Je n'y manquerai pas. Vous disiez que les bois étaient le meilleur endroit pour... euh... forniquer.

– Et comment! Reggie et moi y allions souvent avant notre mariage. C'est surtout gentil au printemps. Vous savez, avec toutes ces campanules. Oui, vraiment, très gentil.

Il n'en revenait pas.

– Eh bien, dit-elle d'une voix paisible, je vois que ça vous épate. Les jeunes de maintenant ignorent tout de la sexualité. De mon temps, les gens n'avaient pas moins de tempérament qu'on en a aujourd'hui, et, grâce à mère prudence, nous n'étions pas sans protection. Quand vous aurez mon âge, jeune homme, vous comprendrez que la nature humaine ne change guère. Pour la plupart d'entre nous, la vie est une quête du plaisir.

Très juste, se dit-il, en songeant à sa bière. Il abandonna toute inhibition.

– Justement, nous avons trouvé dans le parc de Streech Grange des préservatifs usagés qui corroborent tout à fait votre point de vue, Mrs. Ledbetter. Hormis Emma Barnes, connaissez-vous quelqu'un qui aurait pu avoir des relations sexuelles là-bas ?

– Précisément, non. En devinant un peu, oui. Si vous me promettez d'agir avec le plus grand tact, je vous donnerai deux autres noms.

– Je vous le promets.

– Paddy Clarke, le patron du pub. Il est marié à une espèce de harpie qui se soucie comme d'une guigne des exigences viriles de son mari. Elle s'imagine qu'il part promener le chien après la fermeture pendant qu'elle range à l'intérieur, mais il m'est trop souvent arrivé de voir le cabot se balader tout seul au clair de lune pour y croire une seconde. J'ai du mal à dormir, ajouta-t-elle comme pour s'excuser.

– Et le second ?

– Eddie Staines, un ouvrier agricole de Bywater Farm. Un jeune vaurien, plutôt beau garçon, qui change de petite amie toutes les semaines. Je l'ai vu plusieurs fois grimper la colline, en face.

Elle indiqua le manoir d'un signe de tête.

– Merci beaucoup, dit-il.

– Vous avez autre chose ?

– Oui.

Il la regarda d'un air penaud.

– Avez-vous vu des étrangers dans les environs ? Disons ces six derniers mois ?

La question avait rempli d'hilarité tous ceux auquels il l'avait posée.

Mrs. Ledbetter se mit à pouffer de rire.

– Vous m'auriez demandé cela il y a vingt-cinq ans, j'aurais encore pu vous faire une réponse sensée, aujourd'hui c'est impossible.

Elle haussa les épaules.

– La région regorge d'étrangers, surtout en été. Des touristes, des gens de passage qui s'arrêtent au pub pour casser la graine, des campeurs installés à East Deller. Nous avons même eu plusieurs caravanes qui se sont retournées dans le fossé au carrefour, des Français la plupart du temps, des conducteurs exécrables. Demandez à Paddy. Il les a remontés de là avec sa Jeep. Non, pour ça, malheureusement, je ne peux pas vous aider.

– Vous en êtes sûre ? s'empressa-t-il d'ajouter. Peut-être un passant, quelqu'un que vous auriez connu jadis ?

Elle le considéra d'un air amusé.

– Vous pensez à David Maybury ? Pour ça, soyez tranquille. Si je l'avais aperçu ces derniers mois, je l'aurais dit. La dernière fois que j'ai vu David, c'était une semaine avant sa disparition. A Winchester, quand je conduisais encore. Je l'ai croisé dans un supermarché où il était entré pour acheter un ours en peluche à Jane. C'était un drôle de type. Odieux un jour, charmant le lendemain. Un vrai mufle, aurait dit mon mari. Le genre d'homme dont les femmes raffolent.

Elle resta un instant silencieuse.

– Il y a bien ce clochard, dit-elle enfin.

– Quel clochard ?

– Il est passé dans le village, il y a quelques semaines. Un petit vieux rigolo avec un chapeau incliné sur la tête. Il chantait *Molly Malone*, je m'en souviens. Très joliment, d'ailleurs. Demandez à Paddy, je suis sûr qu'il est entré au pub.

Elle posa la tête contre le dossier de son fauteuil.

– Je me sens fatiguée. C'est tout ce que je puis faire pour vous, jeune homme. Vous connaissez la sortie, et n'oubliez pas de tirer la grille.

Elle ferma les yeux.

Robinson se leva aussitôt.

– Merci de m'avoir consacré une partie de votre temps, Mrs. Ledbetter.

Elle ronflait paisiblement lorsqu'il quitta la pièce sur la pointe des pieds.

Le commissaire Walsh raccrocha le téléphone et se mit à regarder dans le vague. Les réponses du docteur Webster l'avaient agacé.

– Je ne peux pas affirmer qu'il s'agit de Maybury, mais

je ne peux pas non plus affirmer le contraire, lui avait-il déclaré au bout du fil. Personnellement, je dirais que ce n'est pas lui.

– Pourquoi ça, grands dieux ?

– Parce qu'il y a trop de choses qui clochent. Je n'ai rien pu obtenir avec les cheveux, mais je n'ai pas dit mon dernier mot. J'en ai envoyé des échantillons à un ami qui se prétend spécialiste en la matière, mais je ne me fais guère d'illusions. Il m'a prévenu que les restes que vous aviez trouvés sur le crâne de Maybury risquaient d'être beaucoup trop abîmés. Je ne vois pas ce que je peux faire de plus.

– Et à part ça ?

– Les dents. Aviez-vous remarqué que votre cadavre n'avait pas de dents ? Ni incisives, ni molaires. Il semble qu'il avait des fausses dents, mais elles ont toutes disparu. Comme si on les lui avait enlevées. Maybury, pour sa part, avait encore toutes ses dents il y a dix ans, et, d'après ses fiches, elles étaient en excellent état ; quatre seulement portaient des plombages. Ça change le topo, George. Il aurait fallu qu'il attrape une sacrée maladie des gencives pour se retrouver édenté en dix ans.

Walsh resta un instant silencieux.

– A moins que, pour une raison quelconque, il ait préféré changer d'identité. Auquel cas il aurait lui-même demandé à se les faire arracher.

Webster partit d'un rire jovial.

– C'est possible, mais drôlement entortillé. Et, dans ce cas, pourquoi Mrs. Maybury lui aurait-elle retiré ses fausses dents, si elle était la meurtrière ? Elle savait mieux que personne qu'on ne pourrait pas l'identifier. A vrai dire, George, je serais plutôt d'avis de prendre les choses par l'autre bout. Celui qui a tué notre homme dans la chambre froide a fait disparaître tout ce qui pouvait donner à penser qu'il ne s'agissait pas de Maybury. Ainsi, le cadavre a tous les doigts des mains et des pieds mutilés comme si on avait voulu nous empêcher de relever des empreintes. Or, au manoir tout le monde sait bien qu'il y a dix ans vous n'aviez pas pu relever la moindre empreinte utilisable.

– Bon sang! s'écria Walsh. Et moi qui croyais tenir enfin ce salaud! Vous êtes sûr de ce que vous avancez, Jim? Et les doigts manquants?

– Tout ce qu'il y a de plus manquant, vous avez raison. A croire qu'on s'est servi d'un couperet. J'ai comparé avec les descriptions des amputations de Maybury, et ça n'a rien à voir. Maybury avait perdu les deux premières phalanges de deux doigts. Notre cadavre a les doigts tranchés ras.

– Cela ne prouve pas que ce ne soit pas Maybury.

– Non, mais cela prouve peut-être que le meurtrier savait seulement que Maybury avait perdu deux doigts et qu'il a voulu nous faire croire qu'il s'agissait de lui. Franchement, George, je ne suis même pas certain, à la minute présente, que le responsable soit un être humain. Des dents très aiguisées auraient fort bien pu, même si cela paraît un peu bizarre, occasionner de telles mutilations. Quant à ce désossage qui vous a frappé, j'ai pris des clichés des entailles sur les côtes mais je serais bien en peine de vous dire ce que c'est. Je n'exclus pas des traces de dents.

– Le groupe sanguin?

– Pour une fois ça tombe juste. O positif tous les deux comme cinquante pour cent de la population. Et à propos de sang, vous devriez chercher ses vêtements. Cette bouillasse sur le sol ne contenait pas grand-chose.

– Merveilleux, prononça Walsh avec un grognement. Maintenant passons aux bonnes nouvelles.

– Je suis en train de faire taper le rapport, mais je vous en résume le contenu. Sexe masculin, race blanche, un mètre soixante dix-huit – à un ou deux centimètres près; comme les fémurs étaient en miettes, je ne peux pas être catégorique – fortement charpenté avec une légère tendance à l'embonpoint, poils sur la poitrine et les omoplates, traces d'un ancien tatouage sur l'avant-bras droit, pointure quarante-deux. Aucune idée de la couleur des cheveux, mais probablement châtain foncé avant de virer au gris. Age : la cinquantaine passée.

– Pour l'amour de Dieu, Jim, vous ne pourriez pas être un peu plus précis?

– Plus les gens prennent de l'âge, plus ça devient difficile, George, et quelques dents m'auraient bien aidé. Ça dépend de l'état des sutures du crâne, mais je dirais pour l'instant, entre cinquante et soixante. Je vous appellerai dès que j'aurai du nouveau.

– Très bien, dit Walsh d'une voix résignée. A quand remonte la mort ?

– J'ai pris conseil auprès de plusieurs personnes. De l'avis général, en faisant une moyenne entre la chaleur de l'été et la fraîcheur de la chambre froide – sans oublier que la température intérieure a pu s'élever considérablement si la porte est restée ouverte – et compte tenu d'une accélération de la décomposition après le carnage effectué par les charognards, à quoi il faut ajouter une possible mutilation par un agent humain, mais en considérant que les asticots n'ont pas pu proliférer en raison du petit nombre de mouches, encore que j'aie envoyé quelques larves pour un examen plus complet...

– Bon, d'accord, je ne vous ai pas demandé de me faire un cours de biologie. Depuis quand est-il mort ?

– Huit à dix semaines, ou deux à trois mois, comme vous voudrez.

– Merci, je n'ai pas de préférence. Seulement c'est beaucoup trop vague. Ça laisse un mois de différence. D'après vous, huit ou douze ?

– Probablement entre les deux, mais ne dites pas que ça vient de moi.

– N'y comptez pas trop ! dit Walsh en le quittant.

Il reposa brutalement le combiné, puis appela sa secrétaire par l'interphone.

– Mary, pouvez-vous m'apporter tout ce que vous trouverez sur un type porté disparu voilà deux mois ? Nom : Daniel Thompson, adresse : quelque part à East Deller. L'inspecteur Staley a dû s'occuper de ça. S'il est libre, demandez-lui de venir me voir cinq minutes, voulez-vous ?

– Bien sûr, répondit-elle sans hésitation.

Il promena son regard sur l'énorme dossier de David Maybury qu'il avait remonté le matin des archives et qui, posé sur le bord du bureau, propre et net dans sa chemise flambant neuve, semblait renaître telle la nature au printemps.

Fumier ! s'exclama Walsh.

10

Appelés d'urgence, Jonathan Maybury et Elizabeth Goode arrivèrent en début d'après-midi dans la vieille Mini Austin rouge de Jonathan. Comme ils passaient les grilles, puis le pavillon du gardien, Elizabeth se tourna vers Jonathan, l'air inquiet.

– Tu ne diras rien, n'est-ce pas?

– Dire quoi?

– Tu le sais très bien. Promets-le-moi, Jon.

Il haussa les épaules.

– D'accord, mais tu es complètement folle. Tu ferais mieux de cracher le morceau maintenant.

– Non, dit-elle énergiquement. Je sais ce que je fais.

Il regarda par la vitre les rangées d'azalées et de rhododendrons, qui avaient depuis longtemps perdu leurs fleurs.

– Je me le demande. A mon avis, pour ça, ta mère et toi êtes aussi paranoïaques l'une que l'autre. Tôt ou tard, il faudra bien que tu le dises, Lizzie.

– Ne fais pas l'idiot! lança-t-elle.

Il ralentit en abordant la vaste étendue de gravier située devant la maison. Deux voitures étaient déjà garées.

– Des voitures de flics en civil, fit-il observer avec un humour grinçant en venant se ranger le long de l'une d'elles. J'espère que tu es prête pour le passage à tabac.

– Pour l'amour du ciel, arrête un peu ces gamineries! dit-elle, furieuse, tout en s'efforçant de surmonter son appréhension. Il y a des jours où je te tuerais avec plaisir, Jon.

– Nous avons trouvé une paire de chaussures.

L'agent Jones déposa un sac en plastique transparent aux pieds de Walsh. Assis sur une souche à la lisière du bois entourant la chambre froide, il se pencha vers le sac pour en étudier le contenu. C'étaient des chaussures de bonne qualité, en cuir marron, couvertes de taches irrégulières là où l'humidité avait pénétré. L'une avait un lacet marron, l'autre un lacet noir. Walsh retourna le sac pour examiner les semelles.

– Intéressant, dit-il. On a refait les talons en utilisant des clous. Elles ont été à peine portées. Quelle pointure ?

– Quarante-deux.

Jones désigna la chaussure au lacet marron.

– Ça se voit tout juste sur celle-là.

Walsh hocha la tête.

– Envoyez un de vos hommes à la villa. Qu'il se renseigne sur la pointure des chaussures de Fred Phillips et de Jonathan Maybury, puis qu'il aille rejoindre Robinson et son équipe au village pour savoir où ils en sont. S'ils ont fini, qu'ils viennent me retrouver.

– Entendu, répondit Jones avec une pointe de familiarité.

Walsh se leva.

– Je serai dans la chambre froide avec le sergent McLoughlin.

Le sergent Robinson retourna au pub au moment où le dernier client en sortait.

– Désolé, mon gars, dit avec amabilité le patron en le reconnaissant pour lui avoir déjà servi une bière. C'est l'heure de la fermeture. On ne sert plus.

Robinson déclina son identité.

– Sergent Robinson, Mr. Clarke. J'interroge les gens du village. Il ne me reste plus que vous.

Paddy Clarke s'accouda au comptoir avec un petit rire.

– Le cadavre du manoir, je suppose ? On n'a parlé que de ça au déjeuner. Saperlipopette ! C'est tout ce que je peux vous dire.

Nick Robinson se jucha sur un tabouret et lui offrit une cigarette avant d'en prendre une.

– Vous seriez surpris. Les gens en savent souvent beaucoup plus qu'ils ne le croient.

Il jugea rapidement son interlocuteur et décida une fois encore de ne pas y aller par quatre chemins. Paddy était un gros homme jovial, spontané, aux yeux malins. Mais il ne semblait pas du genre à se laisser enquiquiner, se dit Robinson. Il avait des mains énormes de catcheur.

– Nous aimerions savoir si vous avez vu des étrangers à Streech ces derniers mois, Mr. Clarke.

Paddy éclata d'un gros rire.

– Qu'est-ce que vous croyez ? Des étrangers, j'en vois tous les jours. Ils empruntent des petites routes pour aller dans le Sud-Ouest et ils s'arrêtent pour déjeuner sur le pouce. Je ne peux pas vous aider davantage.

– Très bien, mais quelqu'un nous a dit avoir vu un vieux clochard il n'y a pas longtemps, qui serait peut-être entré chez vous. Cela vous rappelle quelque chose ?

Paddy le regarda du coin de l'œil à travers la fumée de sa cigarette.

– C'est marrant mais si vous ne m'en aviez pas parlé, je ne m'en serais jamais souvenu. Ouais, il est venu ici, il prétendait qu'il avait fait le chemin à pied depuis Westminster. Il était ficelé comme l'as de pique ; il s'est assis dans le coin là-bas.

Il désigna une table près de la cheminée.

– La patronne voulait que je le fiche dehors, mais il n'y avait pas de raison. Il avait de l'argent et il avait plutôt l'air tranquille. Il a bu deux bières, qu'il a fait durer jusqu'à la fermeture, puis il est reparti en traînant la patte le long du mur du manoir. Vous croyez qu'il a quelque chose à voir là-dedans ?

– Pas nécessairement. Pour l'instant, nous en sommes à chercher des pistes. Quand était-ce ? Vous vous en souvenez ?

Le gros homme réfléchit.
– Il pleuvait à torrents. Je pense qu'il était entré s'abriter. La patronne s'en souviendra sûrement. Je lui demanderai et je vous passerai un coup de fil si vous voulez.
– Elle est sortie ?
– Elle est allée chez le grossiste. Elle ne va pas tarder à rentrer.
Nick Robinson consulta son carnet.
– Il paraît aussi que vous jouez les bons Samaritains avec les caravanes qui se retournent.
– Au moins deux fois par an, quand des connards ratent le croisement. Notez, ça fait marcher le commerce. Ensuite ils se sentent obligés d'entrer et de prendre quelque chose.
Il désigna la fenêtre avec un hochement de tête.
– C'est la faute de la municipalité. Ils ont collé un énorme panneau indiquant le camping d'East Deller tout en haut de la colline. Je me suis déjà plaint plusieurs fois, mais tout le monde s'en fout.
– Il n'y a rien qui vous ait frappé chez les gens que vous avez aidés ? Un détail inhabituel ?
– Un jour, je suis tombé sur un Allemand tout petit avec une jambe de bois et une femme qui ressemblait à Raquel Welsh. Je me suis dit que c'était pas banal.
Nick Robinson griffonna quelques mots en souriant.
– Détrompez-vous.
– Vous me direz que ça ne vous avance pas à grand-chose.
– Ça dépend.
Il baissa machinalement la voix.
– Il y a quelqu'un avec vous ?
Paddy plissa légèrement les yeux.
– Personne. Pourquoi ?
– J'ai une confidence à vous faire, mais je préférerais que ça reste entre nous, dit Robinson en regardant les vastes paluches.
Paddy pressa le bout incandescent de sa cigarette dans un cendrier avec des doigts gros comme des saucisses.
– Allez-y, dit-il d'un ton encourageant.

– On a découvert le cadavre dans la vieille chambre froide du manoir. Vous l'avez déjà vue, cette chambre froide ?

– Je sais qu'il y en a une. Mais je ne pourrais pas vous y emmener.

– Qui vous en a parlé ?

– Probablement la même personne qui m'a raconté qu'il y avait un chêne vieux de deux siècles dans le parc, dit Paddy avec un haussement d'épaules. A moins que j'aie lu ça dans la brochure de David Maybury. Je ne pourrais pas vous dire.

– Quelle brochure ?

– Je dois en avoir des exemplaires quelque part. Une idée à David pour attirer les touristes. Il voulait aménager le manoir comme si c'était le palais de Buckingham. Il a dressé une carte du domaine, avec une brève histoire des bâtiments, qu'il a fait imprimer à une centaine d'exemplaires. Le bide complet ! Il ne voulait pas dépenser un sou en publicité. Comme si tout le monde connaissait Streech Grange...

Paddy grogna d'un air désapprobateur.

– Quelle andouille ! Et radin avec ça, il lui fallait toujours tout pour rien.

Une lueur d'intérêt s'alluma dans le regard de Robinson.

– Savez-vous s'il a donné cette brochure à quelqu'un d'autre ?

– Ça fait maintenant douze ou treize ans, sergent. Pour autant que je m'en souvienne, David en a déposé à tous ceux qui pouvaient en refiler aux touristes. Histoire de tâter le terrain, comme il disait. Est-ce que quelqu'un l'a toujours, ça je n'en sais rien.

– Vous pourriez retrouver les vôtres ?

Paddy eut une expression dubitative.

– Ça, c'est une autre paire de manches. J'irai jeter un coup d'œil. La patronne saura peut-être.

– Merci. Apparemment, vous connaissiez bien Maybury.

– Comme ma poche.

– Quel genre de type était-ce? De quel milieu venait-il?

Paddy considéra le plafond en s'efforçant de rassembler ses souvenirs.

– De la haute bourgeoisie, je dirais. Son père était commandant; il a été tué durant la guerre. Je ne sais pas si David l'a vraiment connu, mais le vieux colonel Gallagher sûrement. C'est sans doute pour ça qu'il a poussé Phoebe à se marier, il a dû penser que le fils se montrerait digne du père.

Sa bouche se tordit en un sourire sardonique.

– Manque de pot, David était un salaud de première. On raconte que, quand sa mère est morte, il avait le choix entre assister à son enterrement ou aller jouer aux courses. Il a préféré les courses parce qu'il avait misé un paquet sur le favori.

– Vous ne l'aimez pas beaucoup?

Paddy accepta une nouvelle cigarette.

– C'était une canaille – le genre de type à adorer écraser les autres –, à part qu'il me procurait un bon petit pinard, et que c'était un de mes meilleurs clients. Il achetait toute sa bière chez moi et passait ici ses soirées à picoler.

Il tira lentement sur sa cigarette.

– Personne n'a regretté sa disparition, sauf moi. Il est parti en me laissant une ardoise d'une centaine de livres. Je l'aurais eu moins mauvaise si je ne lui avais pas déjà réglé sa facture.

– Vous dites qu'il est parti. Vous ne croyez pas qu'on l'a assassiné?

– Aucune idée. Parti, assassiné, c'est tout comme. Les ventes ont doublé du jour au lendemain. Avec le raffut qu'ont fait les media, Streech est devenu célèbre. Les fouille-merde descendaient ici s'imprégner de la couleur locale avant d'aller se dévisser la tête en haut de la colline pour apercevoir quelque chose par-dessus les grilles du manoir.

Il vit la mine dégoûtée du sergent et haussa les épaules.

– Moi, je suis un commerçant. Ça va être pareil cette

fois-ci, c'est pourquoi j'ai envoyé ma femme chez le grossiste. Croyez-moi, ce soir ça va pulluler de journalistes. Je plains ces pauvres femmes. Elles ne vont plus pouvoir mettre un pied dehors sans avoir une meute à leurs trousses.

– Vous les connaissez bien ?

Le gros homme prit un air soupçonneux.

– Assez.

– Vous êtes au courant de leurs activités lesbiennes ?

Paddy Clarke éclata de rire.

– Qui est-ce qui vous a raconté ces fariboles ?

– Plusieurs personnes, répondit timidement Robinson. Alors, c'est une invention ?

– Des langues de vipère ! dit Paddy avec dégoût. Trois femmes qui habitent ensemble, qui restent entre elles et qui ne se mêlent jamais des affaires des autres, vous pensez si ça fait jaser. Il y en a deux avec des enfants. Ça ne ressemble pas à du lesbianisme.

– Anne Cattrell a avoué à un de mes collègues être lesbienne.

Paddy eut un gigantesque éclat de rire qui le fit s'étouffer avec la fumée de sa cigarette.

– Pour votre information, dit-il, les yeux larmoyants, Anne pourrait en remontrer au rapport Kinsey en matière de sexualité. Mon vieux, elle a eu plus d'amants que vous de repas chauds. Qu'est-ce que c'est que ce collègue ? Un sale petit crâneur, j'imagine. Elle adore se payer la tête de ces types-là.

Robinson préféra ne pas se laisser embarquer dans une discussion sur Andy McLoughlin.

– Comment se fait-il que personne ne m'en ait parlé ? A moins que le lesbianisme ne paraisse plus excitant aux gens.

– Parce qu'elle est discrète et qu'elle ne va pas le crier sur les toits. Vous ne chiez pas sur votre perron, pas vrai ? De toute façon, elle ne voudrait jamais d'un de ces ploucs. Il lui faut des types avec de la cervelle et pas seulement des gros bras.

– Comment savez-vous tout cela, Mr. Clarke ?

Paddy le dévisagea.

– Aucune importance. Vous m'avez dit que ça restait entre nous, alors ça reste entre nous. Je vous explique les choses telles qu'elles sont. Ce qu'on a pu raconter comme bobards sur ces femmes, ce n'est pas pensable. Bientôt vous allez me dire qu'elles se rendent la nuit au sabbat, l'autre chanson habituelle, avec le vieux Fred comme bouc lubrique à cause de son séjour en prison.

– Confidence pour confidence, lança Robinson après une brève hésitation, le temps d'imaginer Fred Phillips en bouc lubrique, on m'a assuré, de différentes sources, que vous auriez des lumières concernant des préservatifs usagés que nous avons trouvés près de la chambre froide du manoir.

Clarke prit un air carrément outragé.

– Quelles sources ?

– Plusieurs, répondit Robinson d'un ton ferme, mais je ne saurais pas plus vous dire lesquelles que répéter sans votre autorisation les propos que vous venez de me tenir. Malheureusement, nous tâtonnons. Nous avons besoin d'informations.

– Eh bien, allez les chercher ailleurs ! jeta Paddy d'un ton outré, son visage tout près de celui de Robinson. Je suis patron de bistrot, pas flic. Vous êtes payé pour ça. Alors vous n'avez qu'à faire votre sale boulot.

Après dix ans passés dans la police, Nick Robinson avait acquis un certain doigté. Il glissa son stylo dans sa veste et descendit du tabouret.

– C'est votre droit le plus strict, mais dans l'état actuel, tout désigne Mrs. Maybury et ses amies. Apparemment, elles sont les seules à connaître suffisamment le domaine pour avoir dissimulé le cadavre dans la chambre froide. Si nous n'obtenons pas d'autres renseignements, il y a de grandes chances pour qu'elles écopent d'une inculpation.

Il y eut un long silence durant lequel policier et patron de bistrot s'observèrent. Robinson aurait dû éprouver de la répugnance à l'égard de Clarke – d'après Amy Ledbetter, c'était un menteur et un obsédé –, mais il le trouvait plutôt sympathique. Quelle que fût sa morale, le bonhomme avait le mérite de vous regarder en parlant.

– Bon Dieu ! s'écria soudain Paddy en abattant un poing massif sur le bar. Asseyez-vous. Je vais vous donner une bière, mais si vous dites un mot à ma femme, je vous jure que je vous pends par les couilles !

McLoughlin attendait à l'entrée de la chambre froide quand Walsh arriva avec le sac en plastique contenant les chaussures.

– Il paraît que vous vouliez me voir.

Walsh ôta sa veste, la posa, soigneusement pliée, à côté de lui et s'installa à même le sol chauffé par le soleil.

– Asseyez-vous, Andy. Je ne tiens pas à ce qu'on nous entende de la maison. Cette histoire ne cesse de se compliquer, et je me méfie des oreilles indiscrètes.

Il considéra le visage las du sergent avec une brusque irritation.

– Qu'est-ce que vous avez encore ? lança-t-il. Vous en faites une tête !

McLoughlin retira son portefeuille ainsi que de la petite monnaie de ses poches arrière et s'assit non loin de son supérieur.

– Rien du tout, dit-il en s'efforçant de trouver une position confortable pour ses jambes.

Il regarda Walsh à travers ses paupières mi-closes. Il n'arrivait jamais à décider s'il détestait ce type ou s'il l'appréciait. En dépit de son caractère irascible, le commissaire pouvait faire preuve d'une délicatesse surprenante. Mais ce n'était manifestement pas le jour.

Pour l'heure, McLoughlin trouvait qu'il avait l'air d'un avorton qui se plaît à jouer les durs parce que le système le lui permet. Il fut tenté de lui raconter ce qu'il avait fait le matin à Anne Cattrell, histoire de voir sa réaction. Est-ce qu'il se mettrait à gueuler ? Ou à rire ? A gueuler, se dit McLoughlin avec un amusement mêlé de mépris. Walsh était comme tout le monde, il avait horreur des complications. Évidemment, ce serait une autre affaire quand elle aurait officiellement porté plainte. Les rouages de la justice se mettraient en branle, de façon aussi mécanique qu'inexorable. Cette certitude le soulageait plus qu'elle ne l'accablait. Le coup partirait aussi net et définitif que s'il l'avait tiré lui-même. Il en voulait même à la jeune femme de ne pas l'avoir déjà donné.

Walsh finit de résumer le rapport du médecin légiste.

– Eh bien ? demanda-t-il.

La migraine de McLoughlin avait recommencé à le faire souffrir. Il considéra un instant Walsh avec un regard sans expression, puis secoua la tête.

– Vous dites qu'il examine la possibilité d'une mutilation. Il n'en est pas encore sûr ?

Walsh eut un sourire sarcastique.

– Il n'en a jamais pratiqué lui-même. Il prétend qu'il manque d'expérience en la matière, et que le cadavre a pu être dévoré par des animaux. Ce serait tout de même surprenant qu'un rat ait justement choisi de bouffer ce qui restait des deux doigts de Maybury.

– Vous avez intérêt à insister auprès de Webster, fit-il observer d'un air songeur. Si le cadavre n'a pas été mutilé, ça fait une sacrée différence.

Une horrible séquence se mit à défiler devant ses yeux. Des images en noir et blanc montrant le cadavre de Mussolini pendu par les pieds à un réverbère après avoir été émasculé par une foule en colère. Des visages de brutes, haineux, hystériques, assoiffés de vengeance.

– Oui, une sacrée différence, dit-il calmement.

– Et pourquoi ?

– Que ce soit Maybury devient moins vraisemblable.

– Vous êtes aussi bouché que Webster, grommela Walsh. Prêt à sauter à pieds joints sur la première conclusion venue. Laissez-moi vous dire, Andy, qu'il est bien plus vraisemblable que ce soit le cadavre de Maybury plutôt que celui de quelqu'un d'autre. Statistiquement, il est hautement improbable que cette maison ait été en dix ans le théâtre de deux meurtres sans aucun lien entre eux, alors qu'il est infiniment probable, comme je n'ai cessé de le répéter, que sa femme l'ait assassiné.

– Sauf qu'elle n'a pas pu le tuer deux fois. Si elle l'a fait il y a dix ans, alors ce n'était pas Maybury dans la chambre froide. Et si c'était lui, elle a été victime d'une fameuse mise en scène.

– Montée par elle-même, repartit sèchement Walsh.

– Peut-être, mais ce n'est pas parce que vous voyez Maybury partout que nous devons nous crever les yeux pour vous faire plaisir.

Walsh se mit à fouiller dans sa veste à la recherche de sa pipe. Il la bourra en silence.

– C'est lui, j'en ai la conviction, Andy, dit-il finalement en tenant une allumette au-dessus du tabac et en tirant quelques bouffées. Je l'ai su dès que j'ai vu ce bazar, hier. Je me suis dit : « Cette fois, je te tiens, mon salaud ! »

Il regarda McLoughlin.

– Ça va, je ne suis pas tombé sur la tête. Je n'essaie pas de vous convaincre à cause d'une simple intuition, mais il n'en demeure pas moins que ce cadavre est impossible à identifier. Et pourquoi ? Parce que quelqu'un, quelque part, ne voulait pas qu'il le soit, voilà la raison. Qui a pris les vêtements ? Où sont les fausses dents ? Pourquoi n'y a-t-il pas d'empreintes ? D'accord, on a mutilé le cadavre, mais on peut aussi bien l'avoir fait parce que c'est Maybury que parce que ce n'est pas lui.

– Bon, et quelle est la suite du programme ? Les personnes disparues ?

– Je m'en suis occupé. Du moins, pour notre secteur. On ira voir plus loin s'il le faut, et pour autant que cela concerne notre affaire. Nous avons un candidat possible. Un certain Daniel Thompson, d'East Deller. Les signalements ont l'air de concorder et il a disparu à peu près à l'époque où Webster pense que notre homme a été tué.

Il désigna d'un signe de tête les chaussures enfermées dans le sac en plastique.

– Il portait des chaussures marron au moment de sa disparition. Jones a trouvé celles-ci dans les bois avoisinant la ferme.

McLoughlin siffla entre ses dents.

– Au cas où ce serait les siennes, vous avez quelqu'un pour les identifier ?

– Sa femme.

Walsh vit qu'il essayait de se relever.

– Hé là ! fit-il avec humeur. Voyons comment vous vous en êtes tiré. Vous avez parlé à Miss Cattrell ? Elle vous a appris quelque chose ?

McLoughlin arracha quelques brins d'herbe à côté de lui.

– Les Phillips s'appellent en réalité Jefferson. Ils ont récolté cinq ans chacun pour le meurtre de leur logeur, Ian Donaghue, qui avait abusé de leur fils et l'avait tué ensuite. C'était un gamin de douze ans, que Mrs. Jefferson avait eu à quarante ans. Mrs. Cattrell les a placés au manoir.

Il leva la tête.

– C'est possible, patron. S'ils l'ont fait une fois, ils ont très bien pu recommencer.

– Ce n'était pas le même truc. Si je me souviens bien, ils n'ont jamais caché l'exécution de Donaghue. Ils se sont même livrés à une parodie de justice en présence de sa petite amie et l'ont pendu après qu'il eut avoué. Celle-ci a été le témoin vedette de la défense. Ça ne cadre pas avec ce meurtre.

– Peut-être, dit McLoughlin, mais ils ont montré qu'ils savaient se venger, et ils sont très attachés à Mrs. Maybury. Difficile de ne pas en tenir compte.

– Vous les avez interrogés ?

McLoughlin fit la grimace.

– Jusqu'à un certain point. J'ai vu Mrs. Jefferson après en avoir fini avec Miss Cattrell. Autant parler à un mur. C'est une vraie tête de mule.

Il tira son carnet de la poche de sa chemise et le feuilleta.

– Elle a tout de même glissé une chose qui m'a paru intéressante. Je lui demandais si elle se plaisait ici et elle m'a répondu : « La seule différence entre une forteresse et une prison, c'est que dans une forteresse les portes sont fermées de l'intérieur. »

– En quoi est-ce intéressant ?

– Vous compareriez l'endroit où vous vivez à une forteresse ?

– Des balivernes!

Walsh eut un geste d'impatience.

– Diana Goode a une fille, Elizabeth, qui passe presque tous ses week-ends ici. Elle a dix-neuf ans, est propriétaire d'un appartement à Londres que lui a donné son père et travaille comme croupier dans un grand casino du West End. Elle est un peu sauvage, à en croire sa mère.

Walsh poussa un grognement.

– Phoebe Maybury possède un permis pour un fusil de chasse, poursuivit McLoughlin, toujours en lisant ses notes. C'est elle qui a laissé ces cartouches vides. Selon Fred, le domaine est infesté de chats errants qui prennent son potager pour des toilettes publiques. Il arrive que Mrs. Maybury leur expédie une giclée de plomb histoire de les effrayer, mais Fred prétend qu'elle a renoncé depuis peu parce que ça leur fait autant d'effet, selon lui, que de cracher en l'air.

– Quelqu'un est au courant pour ces préservatifs?

McLoughlin leva un sourcil d'un air sardonique.

– Non, répondit-il avec hargne. Mais tout le monde a bien rigolé à mes dépens. Fred a dit qu'il en avait déjà trouvé il y a pas mal de temps, en ratissant le jardin. Je l'ai à nouveau questionné sur la manière dont il avait découvert le cadavre. Il m'a servi la même histoire, mot pour mot.

Il la reprit pour Walsh.

En arrivant à la chambre froide, Fred avait trouvé la porte complètement obstruée par les ronces. Il était reparti chercher une lampe et une faux, et il s'était appliqué à piétiner les ronces parce qu'il voulait se servir d'une brouette pour sortir les briques et qu'il fallait ménager un passage. Après bien des efforts il avait réussi à ouvrir la porte à moitié. Rien n'indiquait que quelqu'un fût entré récemment. Après avoir découvert le cadavre, il avait repoussé la porte aussi complètement que possible et avait pris ses jambes à son cou.

– Vous l'avez bousculé un peu? demanda Walsh.

– Je suis revenu à la charge trois ou quatre fois, mais il est comme sa femme. Buté, et pas bavard avec ça. C'est sa version, il n'en démord pas. Même s'il a aplati les ronces après avoir découvert le cadavre, il ne voudra jamais l'admettre.

– Qu'est-ce que vous en pensez, Andy ?

– La même chose que vous. Il y a de fortes chances pour qu'il se soit aperçu qu'on rentrait là-dedans comme dans un moulin et qu'il ait fait disparaître les traces à cause du cadavre.

McLoughlin jeta un coup d'œil à l'amoncellement de branches tordues, de chaque côté du chemin.

– Du bon boulot. Il est maintenant impossible de savoir combien de personnes sont passées par là et à quel moment.

Elizabeth et Jonathan trouvèrent leur mère en train de boire du café avec Anne au salon. Benson et Hedges, couchés sur le tapis, se levèrent aussitôt et se mirent à leur lécher les mains, à se frotter contre eux et à se rouler joyeusement par terre. En comparaison, l'accueil des trois femmes sembla beaucoup plus réservé. Phoebe tendit une main vers son fils. Diana tapota le siège à côté d'elle en signe d'invitation. Anne eut un hochement de tête.

Phoebe parla la première.

– Bonjour, mon chéri. Vous avez fait bon voyage ?

Jonathan se jucha sur le bras du fauteuil et se pencha vers elle pour lui donner une bise sur la joue.

– Excellent. Lizzie a obtenu de son patron sa soirée de libre et elle est venue me retrouver à l'hôpital. J'ai séché les cours de l'après-midi. Et en milieu de journée nous étions sur l'A3. Nous n'avons rien mangé, ajouta-t-il comme s'il venait seulement de s'en apercevoir.

Diana se leva.

– Je vais vous chercher quelque chose.

– Pas tout de suite, dit Elizabeth en la saisissant par le bras et en l'obligeant à se rasseoir. Cela attendra bien encore un peu. Qu'est-ce qui se passe ? Nous avons échangé quelques mots avec Molly dans la cuisine, mais elle ne nous a pas vraiment donné de détails. Les flics ont identifié le cadavre ? Ils vous ont dit ce qu'il fichait là ?

Elle avait parlé d'une traite, sans s'occuper des autres, les yeux scintillants.

Ses questions tombèrent dans un silence où perçait de l'étonnement. Durant ces dernières vingt-quatre heures, les trois femmes s'étaient laissé gagner par l'atmosphère de suspicion. Toute question méritait réflexion, toute réponse un examen soigneux.

Comme de bien entendu, ce fut Anne qui rompit le silence.

– C'est incroyable. Vous avez perdu la tête ou quoi ?

Elle jeta sa cendre de cigarette dans la cheminée.

– Qu'est-ce que ce serait si vous viviez dans un état policier ! Vous ne parleriez jamais à personne.

Diana lui lança un regard de gratitude.

– Dis-leur, toi. Je ne suis pas douée pour ce genre-là. Je préfère les anecdotes avec une chute amusante. Je peux ensuite les peaufiner, en exagérer les détails les plus croustillants et égayer les convives pendant les repas.

Elle secoua la tête.

– Mais pas dans ce cas. Ce n'est pas très drôle.

– Je n'en sais rien, dit Phoebe de manière inattendue. Je me suis bien amusée ce matin, quand Molly a surpris le sergent McLoughlin furetant dans le placard en bas de l'escalier. Elle l'a chassé à coups de balai. Le malheureux avait l'air terrorisé. Il cherchait, paraît-il, les toilettes.

Elizabeth se mit à rire nerveusement.

– Il est comment ?

– Glauque, dit sèchement Anne en tirant sur le col de son chemisier. Qu'est-ce que tu nous as demandé ? S'ils avaient identifié le cadavre ? Non. S'ils savaient ce qu'il fichait là ? Non.

La tête penchée, elle énumérait chaque point sur ses doigts.

– Apparemment, la situation se présente ainsi.

Elle lui fit, lentement et avec clarté, le récit des événements, depuis la découverte du cadavre, son enlèvement, les fouilles effectuées par la police dans la chambre froide et le reste de la propriété jusqu'aux interrogatoires qui avaient suivi.

– A mon avis, la prochaine fois, on ne coupe pas à la perquisition.

Elle se tourna vers Phoebe.

– Ce serait logique. Ils vont vouloir passer la maison au peigne fin.

– Je me demande pourquoi ils ne l'ont pas déjà fait hier soir.

Anne fronça les sourcils.

– Je me suis aussi posé la question. Ils attendent sans doute les résultats de l'autopsie. Ils veulent savoir ce qu'ils cherchent. A certains égards, ça risque d'être pire.

Jonathan se tourna vers sa mère.

– Tu as dit au téléphone qu'ils souhaitaient nous interroger. Sur quoi ?

Phoebe ôta ses lunettes et les frotta contre le bord de son chemisier.

– Ils désirent que vous leur donniez les noms de tous ceux auxquels vous avez montré la chambre froide.

Elle le regarda, et il se demanda une fois de plus pourquoi elle avait besoin de lunettes. Quand elle ne les portait pas, elle avait vraiment un joli visage ; mais avec, elle avait une expression tout à fait ordinaire. Un jour, quand il était gamin, il les avait essayées. Il s'était senti trahi en découvrant que c'étaient des verres neutres.

– Et Jane, dit-il aussitôt, ils vont l'interroger également ?

– Oui.

– Tu dois absolument les en empêcher, lança-t-il d'un ton fébrile.

Elle lui prit la main et la garda dans les siennes.

– Je ne vois pas comment, mon chéri, et quand bien même je le pourrais, cela risquerait d'aggraver les choses. Elle arrive demain. Anne est d'avis de laisser faire.

Jonathan se leva, hors de lui.

– Anne, tu es complètement folle ! Elle se foutra en l'air et maman avec.

Anne haussa les épaules.

– Nous n'avons pas beaucoup le choix, Jonny.

Elle l'avait appelé par son nom d'enfant.

– Je te suggère d'avoir davantage confiance en ta sœur et de croiser les doigts. Franchement, c'est encore la solution la plus sensée.

11

Peu à peu, à mesure qu'on leur avait transmis l'ordre de Walsh, les hommes s'étaient rassemblés devant la chambre froide pour faire leur rapport. C'était l'heure la plus chaude de la journée et, heureux de tomber la veste, ils s'étaient assis ou étendus dans l'herbe comme de braves pères de famille sur une plage. Au milieu du groupe, McLoughlin, maintenant couché sur le ventre, fronçait les sourcils comme un géniteur inquiet surveillant de loin sa marmaille. Le sergent Robinson, plus préoccupé de lui-même que des autres, s'empiffrait allègrement de sandwiches, conférant ainsi à la scène un faux air de pique-nique improvisé.

Non loin, les ronces, qui formaient peu de temps auparavant un splendide rideau de verdure, laissaient s'écouler lentement la sève au bout de leurs rameaux brisés et se desséchaient au soleil.

Walsh sortit un mouchoir et essuya la sueur sur son front.

– Je vous écoute ! lança-t-il dans un silence réticent, comme s'il répétait la phrase pour la seconde fois.

Assis, jambes écartées, il avait posé un carnet entre ses genoux. Il entama une nouvelle page.

– D'abord les chaussures, dit-il en donnant un léger coup sur le sac de plastique à côté de lui. Qui est allé se renseigner ?

– Moi, fit quelqu'un de l'équipe de Jones. Fred Phillips

chausse du quarante-cinq, et il a les pieds aussi larges que longs. Il a enlevé ses bottes pour me les montrer.

Ce souvenir le remplit d'hilarité.

– Le pachyderme intégral !

Il vit l'expression de Walsh et s'empressa d'examiner les chaussures dans le sac.

– Impossible, dit-il en secouant la tête. Il ne rentrerait même pas le gros orteil. Jonathan Maybury chausse du quarante-trois.

Il releva la tête.

– A ce propos, il vient d'arriver, en compagnie de la fille de Mrs. Goode. Ils se trouvent en ce moment avec leur mère.

Walsh grommela un remerciement tout en notant les pointures.

– Bon, Robinson, vous avez dégotté quelque chose ?

Le sergent enfourna son dernier sandwich et tira son calepin de sa poche.

– C'est la promo ! souffla-t-il à l'oreille de son voisin.

– Qu'est-ce qu'il y a ? demanda Walsh d'un ton glacial.

– Rien, excusez-moi, patron, murmura Robinson en tournant des pages. Je suis tombé sur une véritable mine de renseignements. Je mettrai tout ça dans mon rapport, mais voilà pour l'essentiel : un, ces bois sont le refuge des amoureux du coin, et cela depuis des temps immémoriaux, semble-t-il. Deux, Maybury avait fait imprimer à une centaine d'exemplaires une brochure contenant une carte du domaine et un bref historique des lieux.

Il regarda Walsh.

– Il espérait attirer ainsi les touristes et en a remis à tous les gens du village qui pouvaient leur en donner.

– Flûte ! s'exclama le commissaire. Vous en avez récupéré une ?

– Pas encore. C'est le patron du pub qui m'a raconté ça et il va regarder chez lui. Il m'appellera dès qu'il aura remis la main dessus.

– Et à part ça ?

– Pardon, mais je n'ai pas terminé, murmura Robinson d'un ton plaintif. Je me suis renseigné sur les étrangers.

Plusieurs personnes affirment avoir vu un vieux clochard se balader dans le village il y a environ deux ou trois mois, mais je n'ai pas pu obtenir de date précise. En tout cas il avait de l'argent, et il a bu deux verres au pub.

– Moi j'en ai une, intervint d'une voix fébrile l'agent Williams. Il est allé frapper à la porte de deux maisons communales. D'abord chez une vieille dame, Mrs. Hogarth, qui lui a donné un sandwich ; ensuite chez une certaine Mrs. Fowler, qui l'a envoyé sur les roses parce qu'il tombait en plein milieu de l'anniversaire de son fils. C'était le 27 mai, conclut-il, d'un air triomphant. J'ai aussi un assez bon signalement. Ça ne devrait pas être sorcier de lui mettre le grappin dessus. Il porte un vieux chapeau en feutre marron, une veste verte et, accrochez-vous, un pantalon rose.

Walsh prit une expression dubitative.

– Aucun rapport, sans doute. Des clochards par ici, l'été, il y en a treize à la douzaine. Ils vont vers le soleil en prenant les petites routes, comme les touristes. Autre chose ?

Robinson surprit une étincelle d'ironie dans les yeux de Walsh, ce qui le confirma dans l'idée que le vieux était d'une humeur de chien. Qu'il aille au diable ! se dit-il. Avec lui, c'était un vrai jeu de yo-yo. Un coup en haut, un coup en bas. En temps ordinaire, le boulot qu'il avait abattu le matin lui aurait valu une grande tape dans le dos. Telles que les choses se présentaient, il aurait de la chance de s'en tirer avec un coup de pied aux fesses.

Il reprit son calepin.

– Grâce à un tuyau qu'on m'a refilé, j'ai parlé à un des utilisateurs de préservatifs. Il se pointe ici avec sa petite amie, quand il fait beau, généralement vers onze heures...

– Son nom ? jeta Walsh.

– Désolé, mais je lui ai promis de ne pas le révéler, sauf si les suites de l'enquête l'exigent, et avec sa permission.

Il n'avait pas pris à la légère les menaces de Paddy Clarke. Le gros homme n'avait fourni à Robinson aucune explication pour justifier ses parties de jambes en l'air, mais de voir débarquer Mrs. Clarke au moment où il s'apprêtait à sortir avait largement suffi au sergent. C'était une montagne de chair flasque, à la voix autoritaire, au sourire crispé et au regard de glace. Une Gorgone en pantalon. Doux Jésus, on ne pouvait pas en vouloir à Paddy d'avoir envie de se payer de temps en temps un joli brin de fille aimant les câlins.

– Continuez, fit Walsh.

– Je lui ai demandé s'il avait remarqué quelque chose d'anormal dans le coin ces six derniers mois. Il m'a répondu : « Vu, non, mais entendu, oui. » D'après lui, l'endroit est plutôt silencieux d'habitude, à part les cris d'oiseaux, les aboiements au loin, ce genre de trucs.

Il consulta son carnet.

– A deux reprises en juin, durant la première quinzaine, sa petite amie et lui ont eu – je cite – « une trouille bleue en entendant des cris horribles, à vous faire dresser les cheveux sur la tête. On aurait dit des hurlements de damnés ». La première fois, la fille a eu si peur qu'elle a filé sans demander son reste. Il l'a suivie aussi vite qu'il a pu, et quand ils se sont retrouvés au bord de la route, elle lui a déclaré qu'elle avait laissé sa culotte là-bas.

Un rire étouffé agita l'assistance comme un souffle de brise dans les hautes herbes. Walsh ne put s'empêcher de sourire.

– Ils ont su ce que c'était ?

– La seconde fois. Ils y sont retournés la semaine suivante, et ça a recommencé, mais un peu moins fort. Cette fois, mon type a empoigné la fille et l'a obligée à écouter. C'étaient des chats qui miaulaient et crachaient, en se battant ou autre chose – d'après lui on distinguait aussi des grognements. Il n'a pas pu me dire d'où ça venait, mais c'était très près.

Il lança un regard à Walsh.

– Ils ont fait plusieurs virées depuis, mais ils n'ont plus rien entendu.

McLoughlin se tourna.

– Sans doute la bande de chats du manoir se disputant le cadavre, dit-il. Si c'est le cas et que la date est juste, cela nous donne une première indication de temps. Notre victime aurait été tuée durant ou avant la première semaine de juin.

– Votre type est certain de la date ? demanda Walsh à Robinson.

– A peu près. Il va vérifier auprès de sa copine, mais il se souvient que cela se passait durant la grosse chaleur du début du mois de juin : le sol était sec comme du parchemin et il n'avait rien emporté pour étaler par terre.

Walsh prit quelques notes.

– Et pour le reste ?

– Les avis divergent concernant les trois femmes. Presque tout le monde affirme que ce sont des lesbiennes et qu'elles ont essayé d'attirer des gamines du village dans des orgies. Mais selon deux personnes – à mon avis les plus sensées –, il ne s'agit que de racontars. L'une d'elles, une vieille dame ayant entre soixante-dix et quatre-vingts ans, dit qu'elle les connaît très bien. L'autre, mon informateur, prétend qu'Anne Cattrell a des tas d'amants, de quoi faire pâlir le rapport Kinsey.

Il tira une cigarette, l'alluma, et jeta un regard à McLoughlin à travers la fumée.

– Si c'était vrai, cela nous ouvrirait des perspectives. Le crime passionnel, par exemple. Quand on pense à tout le mal qu'elle s'est donné pour nous faire croire qu'elle n'aimait que les femmes. Et pourquoi ? Elle s'est peut-être débarrassée d'un amant jaloux et elle ne tient pas à ce que nous fassions le rapprochement.

– Cet informateur raconte des conneries ! dit brutalement McLoughlin. Tout le monde sait bien que ce sont des gouines. Merde alors ! des blagues là-dessus, je pourrais en raconter jusqu'à demain !

Jack Booth aussi en connaissait pas mal.

– Si Miss Cattrell a voulu nous raconter un bobard, elle n'est pas allée le chercher loin. Et si c'en est un, pourquoi les gens soutiennent-ils le contraire ? Qu'ont-ils à y gagner ?

Walsh tira une bouffée de sa pipe.

– L'ennui avec vous, Andy, c'est que vous avez trop tendance à généraliser, dit-il d'un ton acide. Ce que tout le monde croit savoir n'est pas forcément vrai. Tout le monde croyait que mon frère était un sale rapiat. Et puis à sa mort, on a découvert qu'il s'était fendu de deux cents livres par an pendant près de quinze ans pour l'éducation des petites Noires d'Afrique.

Il se tourna vers Robinson et hocha la tête.

– Vous tenez peut-être quelque chose, Nick. Personnellement, je me fiche pas mal de leur vie sexuelle et, d'après ce que j'ai compris, elles se moquent bien de ce que les autres peuvent dire ou penser. C'est pourquoi elles ne se donneraient pas le mal de nier ou d'accréditer quoi que ce soit. Mais, continua-t-il d'un air songeur en rallumant sa pipe, il me paraît intéressant qu'Anne Cattrell nous ait, depuis le début, rebattu les oreilles de son lesbianisme. Pour quel motif ?

Il se tut.

Robinson attendit un instant.

– Laissez-moi lui parler. Voir un nouveau visage l'incitera peut-être à se montrer plus loquace. Cela ne coûte rien d'essayer.

– J'y réfléchirai. Quoi d'autre ?

Un agent leva la main.

– Deux personnes auxquelles j'ai parlé ont entendu une femme sangloter un soir, mais elles ne se souviennent pas quand.

– Deux personnes vivant sous le même toit ?

– Non, c'est pourquoi j'ai cru devoir le mentionner. Elles habitent dans deux maisons différentes. Deux villas de l'autre côté de la route d'East Deller, à Grange Farm. Chacune prétend avoir entendu la femme pleurer mais n'avoir rien fait parce qu'elle croyait à une dispute d'amoureux. Elles ont oublié le jour.

– Retournez les voir, dit Walsh d'un ton brusque. Williams, accompagnez-le. Demandez-leur s'ils regardaient la télé à ce moment-là, quelle émission, et s'ils dînaient. Ou s'ils étaient couchés, depuis quand, et s'ils ne dormaient pas parce qu'il faisait trop chaud ou bien parce qu'il pleuvait. Bref, ce que vous voudrez qui puisse nous renseigner sur la date et l'heure. La femme en question pleurait peut-être parce qu'elle venait de tuer un homme, ou parce qu'elle l'avait vu se faire tuer.

Il se releva, engourdi, et ramassa son carnet et sa veste.

– McLoughlin, venez avec moi. Nous allons faire un brin de causette avec Mrs. Thompson. Jones, vous et votre équipe, laissez tomber les recherches dans le parc et emportez tout ce que vous avez trouvé au commissariat. Vous avez une heure de battement, ensuite je veux vous voir ici avec vos hommes pour fouiller la maison. Vous trouverez les papiers sur mon bureau. Prenez-les avec vous.

Il se tourna vers Robinson.

– Très bien, Nick, allez donc discuter sexualité avec Miss Cattrell. Gentiment. Ne lui flanquez pas la frousse. Si elle a désossé notre cadavre, je veux pouvoir le prouver.

– Faites-moi confiance, patron.

Walsh lui sourit, de son sourire railleur.

– Et n'oubliez pas. Des types de la Sûreté, jadis, elle en bouffait tous les matins au petit déjeuner. Alors à côté, vous ne pesez pas plus qu'un paquet de cacahuètes.

La porte s'ouvrit au bout d'un moment sur une petite femme terne, vêtue d'une robe noire à manches longues boutonnée jusqu'au col. Elle avait des yeux tristes et une bouche pincée. Une croix en or pendait au bout d'une longue chaîne sur sa poitrine creuse, et il ne lui manquait plus qu'une coiffe et un livre de prières pour ressembler à une image pieuse.

Walsh tendit sa carte.

– Mrs. Thompson ? demanda-t-il.

Elle hocha la tête mais ne prit pas la peine de regarder la carte.

– Commissaire Walsh, et voici le sergent McLoughlin. Pouvons-nous entrer ? Nous aimerions vous poser quelques questions concernant la disparition de votre mari.

Elle pinça les lèvres en une moue peu aguichante.

– Mais j'ai déjà dit à la police tout ce que je savais, murmura-t-elle tandis que ses yeux tristes se mouillaient de larmes. Je ne veux plus y penser.

Walsh grogna tout bas. Voilà comment serait sa femme, s'il lui arrivait quelque chose. Désemparée, pleurnicharde et horripilante. Il sourit gentiment.

– Cela ne prendra qu'une minute, l'assura-t-il.

A contrecœur elle ouvrit la porte en grand et leur indiqua la salle de séjour, bien que salle de séjour, se dit McLoughlin, ne fût pas tout à fait le terme adéquat. La pièce luisait de propreté, une propreté maladive, et ne comportait aucun objet personnel : ni livres, ni bibelots, ni gravures, pas même un poste de télévision. McLoughlin la compara mentalement avec l'endroit, gai et coloré, où habitait Anne Cattrell. Si les murs des deux femmes reflétaient leur personnalité, alors il préférait encore la gouine, et de loin. Vivre avec Mrs. Thompson devait être aussi excitant que de passer ses jours en compagnie d'une coquille vide.

Ils s'installèrent sur des chaises aseptisées. Mrs. Thompson se blottit au bord du canapé, ses doigts pétrissant un mouchoir dont elle se tamponnait les paupières de temps à autre. Walsh tira sa pipe de sa poche, parcourut la pièce du regard comme s'il la voyait pour la première fois, puis remit sa pipe dans sa poche.

– Votre mari chausse du combien ? demanda-t-il à la femme toute menue.

Elle ouvrit de grands yeux et le dévisagea comme s'il lui avait fait des avances.

– Je ne comprends pas, murmura-t-elle.

Walsh sentit la moutarde lui monter au nez. Que Thompson ait plié bagage, personne ne pouvait l'en blâmer. Cette femme était grotesque.

– Votre mari chausse du combien ? répéta-t-il patiemment.

– Chausse ? fit-elle en écho. Vous l'avez retrouvé ? J'étais persuadée qu'il était mort.

Elle s'anima soudain.

– Il a perdu la mémoire, n'est-ce pas ? C'est la seule explication. Il ne m'aurait pas abandonnée, vous savez.

– Non, nous ne l'avons pas retrouvé, Mrs. Thompson, dit le commissaire d'une voix ferme, mais vous nous avez signalé sa disparition et nous nous efforçons de vous donner des nouvelles. Le rapport indique du quarante-deux. C'est bien ça ?

– Je ne sais pas, fit-elle d'un ton niais. Il achetait toujours ses chaussures lui-même.

Elle le regarda à la dérobée et lui sourit avec une expression pitoyable.

McLoughlin se pencha vers elle.

– Pouvons-nous monter, Mrs. Thompson, pour voir s'il n'en a pas laissé ?

Elle eut un mouvement de recul.

– C'est impossible, répondit-elle. Je ne vous connais pas. La fois précédente, j'ai vu une jeune femme de la police. Où est-elle ? Pourquoi n'est-elle pas venue avec vous ?

Walsh compta jusqu'à dix, puis décida que ce Thompson devait être un saint.

– Depuis combien de temps êtes-vous mariée ? demanda-t-il avec curiosité.

– Trente-deux ans, murmura-t-elle.

C'était bien un saint !

– Pourriez-vous aller nous chercher une de ses paires de chaussures ? Le sergent McLoughlin et moi vous attendrons ici.

Elle accepta sans difficulté et se glissa hors de la pièce en refermant soigneusement la porte comme si c'était un obstacle suffisant au cas où ils tenteraient de la violer dans la chambre.

Walsh leva les yeux au ciel.

– Elle a besoin d'un bon psychiatre.

– C'est une femme malade, dit McLoughlin d'un ton grave. La disparition de son mari a dû la déboussoler complètement. Nous devrions peut-être l'aider.

Walsh réfléchit un instant.

– Il me semble qu'il y a un pasteur pas loin. Nous ferons un arrêt avant de retourner au manoir.

Ils levèrent la tête en entendant la porte s'ouvrir. Mrs. Thompson tenait serrée sur sa poitrine une paire de chaussures en cuir noir impeccablement cirées.

– C'est ça, du quarante-deux, dit-elle, et pas très larges.

Je ne m'étais jamais rendu compte qu'il avait le pied aussi mince. C'était un homme plutôt grand, vous savez.

Walsh ouvrit la serviette sans grand enthousiasme et en sortit le sac en plastique transparent contenant les chaussures marron. Il le posa dans la paume de sa main et l'avança vers la femme pour qu'elle puisse l'examiner.

– Ces chaussures appartiennent-elles à votre mari, Mrs. Thompson ? Vous souvenez-vous de l'avoir vu avec ?

Elle répondit sans hésiter.

– Sûrement pas. Mon mari n'aurait jamais mis des chaussures de zazou.

– Les taches claires proviennent de l'humidité, Mrs. Thompson. A l'origine, ces chaussures étaient entièrement marron.

– Ah! fit-elle.

Elle s'approcha, puis secoua la tête.

– Non. Je ne les ai jamais vues. Ce ne sont sûrement pas les siennes. Il avait une seule paire de chaussures marron, celles qu'il portait le jour – elle étouffa un sanglot – de sa disparition.

Elle s'essuya les yeux avec un coin de son mouchoir.

– C'étaient des chaussures italiennes, très chères, avec des bouts pointus. Pas comme celles-là. Il était très soigné de sa personne, conclut-elle.

Walsh remit les chaussures dans sa serviette.

– Lorsque vous avez signalé sa disparition, vous avez déclaré qu'il avait eu récemment quelques soucis professionnels. Qu'entendiez-vous par là ?

Elle s'écarta comme s'il avait voulu la toucher.

– Il ne m'aurait pas abandonnée, murmura-t-elle de nouveau.

– Bien sûr que non, Mrs. Thompson, mais la pression du travail conduit parfois les hommes à des actes irrationnels. Peut-être n'arrivait-il plus à se sortir de ses problèmes et éprouvait-il le besoin de prendre un peu de champ pour réfléchir à des solutions. Est-ce à cela que vous pensiez ?

Ses yeux tristes s'emplirent de larmes. Elle portait son chagrin comme un vieux cardigan auquel on s'est habitué et qui vous donne une impression de confort en dépit de sa laideur. Elle se laissa retomber contre le canapé.

– Son entreprise a fait faillite, expliqua-t-elle. Il doit de l'argent partout. Son associé est en train de régler les dettes, mais on n'arrête pas de me téléphoner. Des fournisseurs. Je ne peux rien faire. Je leur ai dit qu'il était mort.

– Comment le savez-vous ? demanda Walsh d'une voix douce.

– Il ne m'aurait pas abandonnée, s'il était vivant.

Walsh regarda McLoughlin et indiqua la porte d'un signe de tête. Ils se levèrent.

– Pardonnez-nous d'avoir abusé de votre temps, Mrs. Thompson. Encore une chose. Votre mari s'est-il déjà rendu à Streech Grange et avait-il des contacts avec les gens du manoir ?

Sa bouche s'amincit en une expression scandalisée.

– Là où habitent ces trois horribles femmes ? lui lança-t-elle à la figure.

Walsh acquiesça.

– Daniel aurait préféré se jeter dans la fosse aux lions, dit-elle en tripotant sa croix, plutôt que d'aller respirer cette atmosphère de luxure.

– Merci beaucoup, dit Walsh avec un certain embarras. Inutile de nous reconduire.

Andy McLoughlin s'arrêta au seuil de la pièce et tourna la tête.

– Nous allons demander au pasteur de passer vous voir, Mrs. Thompson. Cela vous fera peut-être du bien de bavarder avec lui.

Le pasteur écouta les paroles des policiers avec une inquiétude manifeste.

– Je ne vois pas ce que je pourrais faire de plus. Croyez-moi, notre petite communauté s'est déjà mise en quatre pour aider cette pauvre Mrs. Thompson. Nous avons sollicité le concours de son médecin et d'une assistante sociale, mais ils sont impuissants à moins qu'elle ne réclame elle-même l'aide d'un psychiatre. Elle n'est pas folle, ni même dépressive, dans l'acception habituelle du terme. En fait, extérieurement, elle se porte à merveille.

Il avait une grosse pomme d'Adam qui tressautait dans son cou.

– C'est surtout lorsque des gens vont la voir, en particulier des hommes, qu'elle a ce comportement... euh... bizarre. Le docteur estime qu'elle a besoin de temps pour se remettre.

Il se tordait les mains.

– A vrai dire, ni lui ni moi n'avons très envie d'y retourner. Elle semble avoir fait du sexe et de la religion une véritable idée fixe. J'enverrai ma femme, bien que, pour être tout à fait franc, sa dernière entrevue avec Mrs. Thompson se soit assez mal passée. Celle-ci prétend m'avoir aperçu dans l'église avec, en tout et pour tout, mes chaussettes et mes chaussures aux pieds.

Sa pomme d'Adam grimpa brusquement sous son menton.

– La malheureuse. Quelle tragédie ! Laissez-moi faire, commissaire. C'est une question de temps, j'en suis sûr. Il faut qu'elle s'habitue à la disparition de Daniel. Nous trouverons bien les prières qui conviennent. Je m'en charge.

Le sergent Robinson pressa la sonnette d'Anne Cattrell et attendit. La porte était entrouverte et une voix lui parvint de l'intérieur.

– Entrez.

Il suivit le couloir jusqu'à la pièce du fond. Anne était à sa table, un crayon sur l'oreille, un pied botté marquant le rythme sur un tiroir ouvert tandis que *Jumping Jack Flash* s'élevait doucement de sa platine stéréo. Elle leva la tête et lui désigna un siège.

– Je suis Anne Cattrell, dit-elle en ôtant le crayon de son oreille et en portant une correction sur une page de tapuscrit. « L'orgasme vaginal, mythe ou réalité » avait fini par prendre corps, si l'on peut dire, sous la forme de cinq feuilles de format A4.

Il s'assit.

– Sergent Robinson.

Elle lui sourit.
– Que puis-je faire pour vous?
Bon sang! elle était pas mal... mieux que ça même! Avec ses cheveux courts et ses yeux écartés, elle lui rappelait Audrey Hepburn. D'après le portrait qu'avait fait McLoughlin la veille, il s'attendait à trouver une furie.
– C'est deux fois rien. Un petit détail qui ne colle pas.
– Allez-y. La musique ne vous gêne pas?
– Pas du tout. C'est un de mes airs favoris, ajouta-t-il sans arrière-pensée. Voyez-vous, Miss Cattrell, vous avez prétendu, et presque tout le village nous l'a confirmé, que vos amies et vous étiez lesbiennes.
Il marqua une pause.
– Continuez.
– Pourtant, quand j'en ai parlé à Mr. Clarke, au pub, ce matin, il m'a ri au nez et m'a déclaré, bien qu'en des termes légèrement différents, que vous étiez, sans aucun doute possible, hétérosexuelle.
– Il vous a vraiment dit ça? demanda-t-elle avec curiosité.
Il aperçut un cendrier sur la table.
– Cela ne vous dérange pas si je fume?
Elle lui tendit son paquet.
– Je vous en prie.
Elle le regarda allumer la cigarette en silence.
– Il a prétendu que vous aviez eu plus d'amants que moi de repas chauds, lâcha-t-il d'un ton précipité.
Elle éclata de rire.
– Effectivement, cela ressemble tout à fait à Paddy. Vous voulez donc savoir si je suis lesbienne, et dans le cas contraire, pourquoi je me suis efforcée d'en donner l'impression.
Il pouvait presque entendre ses pensées se bousculer en elle.
– Pourquoi une femme donnerait-elle aux gens une raison de la mépriser, sinon pour leur cacher quelque chose?
Elle dirigea son crayon vers lui.
– Vous croyez que j'ai tué un de mes amants et que je l'ai laissé pourrir dans la vieille chambre froide.

Ses mains étaient petites et délicates, des mains d'enfant.

– Non, dit-il résolument. En réalité, dans un cas comme dans l'autre, ce n'est pas très important, simplement ça nous intrigue. En outre, dit-il en se fiant à son flair, j'ai trouvé ce Mr. Clarke beaucoup plus sympathique que les autres, et je n'arrive pas à imaginer qu'il se soit trompé.

– Vous êtes futé, dit Anne d'un ton élogieux. Pour tout ce qui ne concerne pas le sexe, Paddy a plus de bon sens à lui seul que tout le village réuni.

– Eh bien ? demanda-t-il.

– Sa femme était présente quand vous lui avez parlé ?

Il secoua la tête.

– Nous avons discuté entre nous, et je ne devais même pas répéter ce qu'il m'a dit sur vous. A l'en croire, il en avait assez de toutes les co... bêtises qu'on raconte sur votre compte.

– Conneries ? dit-elle d'un ton encourageant.

– Oui.

Il lui lança un regard puéril.

– J'ai rencontré sa femme en sortant. Elle a l'air d'une terreur.

Anne alluma une cigarette.

– Elle s'était faite nonne, jadis, et elle était d'une beauté incroyable. Paddy l'a rencontrée à l'église, il lui a tourné la tête et l'a persuadée de rompre ses vœux. Elle ne le lui a jamais pardonné. Avec le temps, elle s'est mise à grossir. Elle croit que si elle n'a pas d'enfants c'est parce que Dieu l'a punie.

L'étonnement de Robinson la fit sourire.

– Vous blaguez ?

Que Mrs. Clarke ait pu être belle lui paraissait tout simplement impensable.

Elle le regarda, les yeux pétillants.

– C'est la pure vérité, m'sieur.

Elle expédia un rond de fumée vers le plafond.

– Il y a quinze ans, elle était folle amoureuse de Paddy. Aujourd'hui, le feu couve encore sous la cendre. Cela se voit parfois, quand elle se laisse aller, mais Paddy ne remarque plus rien. Il s'est habitué à l'image qu'elle donnait en surface et a oublié ce qui se cachait dessous.

– Ça vaut pour tout le monde, fit observer Robinson.

– Bien sûr.

Jumping Jack Flash avait cédé la place à *Mother's Little Helper*. Anne Cattrell s'était mise à battre du pied sur ce nouveau rythme.

Il attendit, mais elle demeurait silencieuse.

– Les renseignements de Mr. Clarke sont-ils exacts, Miss Cattrell ?

– Entièrement faux sur bien des points, à moins que votre mère ne vous ait privé de repas chauds, mais assez justes de manière générale.

– Dans ce cas, pourquoi avoir déclaré au sergent McLoughlin que vous étiez lesbienne ?

Elle fit une nouvelle correction au crayon.

– Je n'ai rien déclaré de ce genre, dit-elle sans relever la tête. Il a compris ce qu'il a voulu.

– Ce n'est pas un mauvais type, murmura-t-il, gêné, tout en se demandant pourquoi il éprouvait le besoin de défendre McLoughlin. Il a eu pas mal d'ennuis ces derniers temps.

Elle le regarda.

– C'est un de vos amis ?

Robinson eut un haussement d'épaules.

– Si l'on veut. Il m'a rendu plusieurs fois des services. Nous prenons souvent un verre ensemble.

Anne trouva cette réponse déprimante. Qui donc, se demanda-t-elle, écoutait les hommes quand ils avaient besoin de parler ? Les femmes avaient des amies ; les hommes, apparemment, des compagnons de beuverie.

– Quels qu'aient été mes propos, dit-elle au sergent, cela ne change strictement rien. Que nous nous éclations toute la nuit avec des hommes ou des femmes n'a rien à voir dans l'affaire. Ou même – elle agita son crayon en direction des étagères – que nous allions nous coucher pour le seul plaisir de lire un bouquin avant de dormir. Quand vous aurez élucidé ce meurtre, vous verrez que j'ai raison.

Elle se replongea dans ses corrections.

12

Le commissaire Walsh avait regroupé ses hommes à l'entrée de la propriété et les avait répartis en quatre équipes dont trois devaient passer les appartements au peigne fin, et la quatrième les dépendances situées derrière la cuisine, à savoir le garage, les serres et les caves. Robinson avait quitté la maison pour les rejoindre.

– Qu'est-ce qu'on cherche ? demanda un agent.

Walsh distribua quelques feuilles tapées à la machine.

– Lisez ça, et utilisez vos méninges. Si quelqu'un a commis un meurtre dans cette maison, il ne va pas s'empresser de vous le dire, aussi restez attentifs et ouvrez l'œil. Souvenez-vous bien de ceci : un, notre homme est mort il y a environ dix semaines ; deux, on l'a poignardé ; trois, on a fait disparaître ses vêtements et ses prothèses dentaires ; enfin quatre, et le plus important, cela nous arrangerait bien de savoir qui est ce type. David Maybury et Daniel Thompson semblent de bons candidats ; vous trouverez dans cette notice un résumé de leur signalement.

Il attendit que les hommes l'aient parcourue.

– Vous remarquerez qu'en ce qui concerne la taille, la couleur des cheveux et la pointure, les deux descriptions concordent à peu près, mais rappelez-vous que Maybury aurait dix ans de plus que dans ce signalement. Je dirigerai la perquisition chez Mrs. Maybury, McLoughlin chez Miss Cattrell, Jones chez Mrs. Goode et Robinson se chargera des dépendances. Si l'un de vous découvre quelque chose, je veux qu'il m'en informe aussitôt.

Non sans une certaine répugnance, McLoughlin se présenta avec ses deux agents à la porte d'Anne Cattrell et sonna. Robinson lui avait conté d'un petit air suffisant la discussion qu'il avait eue avec elle, et le crâne de McLoughlin avait recommencé à tambouriner.

– Mon petit vieux, tu es tombé sur un os, lui avait soufflé Nick à l'oreille. Si je pouvais, je tenterais bien ma chance avec cette gonzesse. On dit toujours que les plus intelligentes sont les moins inhibées.

McLoughlin, privé d'alcool, avait enfoncé deux doigts dans la bedaine du buveur de bière, histoire de le voir s'étrangler.

– Et si tu n'es pas à la hauteur, tu te retrouveras avec un couteau dans le lard.

Robinson avait accusé le coup et marmonné en reprenant son souffle :

– Je ne sais pas, je n'ai jamais eu ce problème.

McLoughlin aurait aimé se souvenir du temps où il n'avait ni maux de tête, ni éblouissements, ni malaises. Il se sentait partagé entre sa profonde aversion à l'égard d'Anne Cattrell, jointe à la certitude qu'elle était responsable du cadavre en charpie dans la chambre froide, et la honte intense qu'il éprouvait, et qui lui mettait les aisselles en sueur, en repensant à sa conduite du matin. Il avait serré le poing si violemment que ses articulations avaient blanchi.

– Mais bon Dieu, pourquoi a-t-elle raconté qu'elle était lesbienne ?

Robinson avait lorgné ce poing d'un œil circonspect et s'était reculé d'un pas.

– Elle prétend le contraire. Il n'y a pas de doute, Andy, elle t'a pris pour un ballot et elle s'est fichue de toi.

Et ça te fera les pieds, mon pote, avait-il ajouté mentalement. Il aimait bien McLoughlin, du moins il n'avait rien contre lui, mais ce type avait un peu trop tendance à se croire meilleur que les autres. Ce qui faisait qu'il n'arrivait pas à avaler le départ de sa femme. Le plus drôle, c'est qu'au commissariat, on connaissait la nouvelle depuis un bout de temps. Jack Booth avait lâché le morceau à Bob Rogers, mais on avait attendu avec tact que McLoughlin aborde le sujet de lui-même. Il n'en avait pas dit un mot. Pendant quinze jours, il était arrivé tous les matins avec une gueule de bois en racontant des histoires sans queue ni tête sur ce que Kelly avait dit ou fait la veille. C'était une blessure d'amour-propre, rien de plus, tout le monde le savait, et qui ne tarderait pas à se refermer, dans la mesure où la plupart des femelles du service n'attendaient que l'occasion de se fourrer dans son lit. La plus chouette, c'était l'agent Brownlow. Et Nick, avec son embonpoint et sa calvitie précoce, en pinçait pour l'agent Brownlow. Aussi la froideur d'Anne Cattrell à l'égard de son collègue lui avait-elle mis du baume au cœur.

Anne Cattrell ouvrit la porte et les invita à entrer. McLoughlin tira de sa serviette le mandat de perquisition et le lui tendit. Elle l'examina attentivement et le lui rendit avec un haussement d'épaules. Il n'y avait rien de changé dans son attitude. Rien, selon McLoughlin, qui pût trahir aux yeux de ses collègues qu'il avait franchi la frontière si ténue de l'illicite.

– Allez-y, dit-elle en désignant d'un signe de tête le petit escalier menant aux pièces du haut. Si vous avez besoin de moi, je serai au salon.

Et elle retourna à sa table, dans la grande pièce inondée de soleil. *I Can't Get No Satisfaction* s'échappait doucement des haut-parleurs.

Rien dans la chambre d'ami. Elle n'avait pas servi depuis longtemps, se dit McLoughlin, des mois, peut-être des années. Un creux sur la courtepointe d'un des lits jumeaux indiquait que Benson ou Hedges avait dû trouver là un confortable abri, mais il n'y avait pas trace de présence humaine. Ils passèrent dans la chambre.

– Pas mal! lança un des hommes d'un ton admiratif. Ma femme a dépensé une fortune en volants roses, plaquages blancs et miroirs. Je ne mets même plus les pieds dans ce machin. Je parie que pour la moitié, on aurait pu s'arranger un truc dans ce goût-là.

Il passa la main sur une commode en chêne.

La chambre paraissait spacieuse parce qu'elle ne contenait aucun meuble, à l'exception de la commode, d'une fine chaise en osier et d'un grand lit bas garni d'un duvet vert bouteille et d'un tas de coussins. Il y avait aussi une armoire encastrée dans un renfoncement. Une moquette blanche couvrait le sol, formant avec les plinthes également blanches une surface ininterrompue. De grandes photos de fleurs éclatantes sur un fond noir de jais déroulaient sur les murs comme une ceinture de couleurs. La pièce excitait le regard et l'apaisait en même temps.

– Vous deux, fouillez la commode et l'armoire, dit McLoughlin. Je vais jeter un coup d'œil dans la salle de bains.

Il se retrouva avec soulagement dans une salle de bains banale, rose pâle, mais ne remarqua rien d'extraordinaire, à moins de considérer deux boîtes de mousse à raser, un grand paquet de rasoirs jetables et deux brosses à dents usagées comme des objets n'ayant pas leur place chez une célibataire. Il se tourna vers la porte et distingua un mouvement derrière lui. Il pivota, le cœur cognant dans sa poitrine, et se reconnut à peine dans l'homme tendu et courroucé qui scrutait la glace. Il ouvrit le robinet, s'aspergea la figure et s'essuya avec une serviette qui sentait la rose. Son crâne lui faisait un mal atroce. Il se sentait en proie à une terrible lutte intérieure, et l'énergie qu'il mettait à essayer d'accorder chaque partie de lui-même le détruisait peu à peu. Cela n'avait rien à voir avec Kelly. Cette pensée, surgie spontanément, l'étonna. C'était en lui, depuis longtemps, une colère frémissante qu'il ne pouvait ni diriger ni retenir et que le départ de Kelly avait exacerbée.

Il rentra dans la chambre.

– J'ai trouvé quelque chose, sergent, dit l'agent Friar.

Allongé sur le lit, le dos contre les coussins, il faisait penser, de façon absurde, à l'*Olympia* de Manet. Il tenait un petit livre relié en cuir et s'esclaffait.

– Bonté divine, mais c'est obscène !

– Descendez de là ! fit McLoughlin en secouant la tête.

L'homme se remit debout avec mauvaise grâce.

– Qu'est-ce que c'est ?

– Son journal. Écoutez ça ! « Je ne peux pas voir un pénis, muni d'un préservatif, après l'éjaculation sans avoir envie de rire. Cela me rappelle mon enfance, lorsque mon père s'était infecté un doigt. Il s'était confectionné un doigtier avec un bout de plastique – “ pour protéger cette saloperie ” – et nous avait conviées, ma mère et moi, à assister à cette scène pathétique où l'abcès, après moult pressions, avait fini par crever. Joli spectacle. » Non mais, c'est dingue !

Il écarta l'agenda à bonne distance de McLoughlin.

– Et ça ! – Il tourna rapidement une page. – « Aujourd'hui, Phoebe et Diana prennent un bain de soleil, toutes nues, sur la terrasse. Elles sont si belles que je ne me lasserais pas de les contempler. »

Friar avait un sourire jusqu'aux oreilles.

– Quelle petite vicieuse ! Je me demande si les deux autres se doutent qu'elle les mate.

Il leva la tête et fut surpris par l'air dégoûté de McLoughlin. Il l'attribua à de la pruderie.

– Ça, c'était pour fin mai et début juin, dit-il en lui tendant l'agenda. Regardez les 2 et 3 juin.

McLoughlin tourna les pages. Le texte était rédigé à l'encre noire, d'une écriture ferme mais peu lisible par endroits. Il s'arrêta au samedi 2 juin. Elle avait écrit : « J'ai regardé dans la tombe et l'éternité m'effraie. J'ai rêvé que nous demeurions conscients après la mort. J'étais seule, flottant dans une nuit épaisse, incapable de parler ni de faire un geste, mais sachant (le mot était souligné trois fois) qu'on m'avait abandonnée là jusqu'à la fin des temps, sans amour ni espoir. Il ne me restait que l'attente, et cette attente me causait une horrible souffrance. Ce soir, je laisserai la lumière. En ce moment, j'ai peur dans l'obscurité. » Il poursuivit sa lecture. 3 juin : « La pauvre Di. “ Savoir fait de nous des lâches. ” Aurais-je dû lui dire ? » 4 juin : « P. est une énigme. Il prétend qu'il se tape cinquante femmes par an, et je le crois, pourtant c'est le plus attentionné des amants. Pourquoi, alors qu'il pourrait très bien considérer les femmes comme son dû ? »

McLoughlin referma l'agenda avec un claquement sec.

– A part ça? Les vêtements?

Les deux hommes firent un signe négatif.

– On va s'occuper du salon.

Anne releva la tête en les entendant descendre. Elle aperçut l'agenda dans la main de McLoughlin et ses joues pâlirent. Bon sang, pourquoi, entre mille choses, avait-elle oublié ça?

– C'est indispensable? demanda-t-elle.

– J'en ai bien peur, Miss Cattrell.

Les Stones firent entendre un dernier accord qui se prolongea quelques secondes puis se fondit dans le silence.

– Il n'y a rien dedans, dit-elle. Du moins, rien qui puisse vous servir.

L'agent Friar chuchota quelque chose à l'oreille de son collègue, assez fort pour que McLoughlin l'entende.

– Tu parles qu'y a rien! C'est bourré de renseignements juteux, oui!

Il n'avait pas prévu la réaction de McLoughlin. Les doigts de celui-ci agrippèrent le dessous de son bras et s'y enfoncèrent comme des poinçons, taraudant et broyant la chair avec sadisme. Sans le vouloir, ce crétin lui avait soudain rappelé Jack Booth.

McLoughlin, d'une tête plus grand que Friar, le regarda en souriant et prononça d'une voix suave :

– « Sale petit monstre rampant. Que redoutent et haïssent dévots et mécréants. Comment oses-tu t'attaquer à une si noble dame! Allons, va-t'en chercher ton dîner, sur quelque malheureux quidam. »

Son visage maussade ne trahissait aucune émotion, mais les jointures de ses doigts étaient blanches.

– Ça vous dit quelque chose, Friar?

L'agent fit un effort pour se libérer et se frotta le bras. Il avait l'air ahuri.

– Vous fatiguez pas, sergent, j'entrave que couic.

Il se tourna vers son collègue dans l'espoir que celui-ci lui viendrait en aide, mais Jansen contemplait ses pieds. Il habitait depuis peu à Siverborne et Andy McLoughlin lui collait les jetons.

McLoughlin posa sa serviette sur le coin de la table d'Anne et l'ouvrit.

– Robert Burns, dit-il à Friar d'un ton affable. « A un pou ». Voyez-vous, Miss Cattrell, continua-t-il en se tournant vers elle, nous enquêtons sur un meurtre. Ce document nous permettra de reconstituer votre emploi du temps au cours de ces derniers mois.

Il sortit un carnet de reçus et écrivit sur le premier : « Cet agenda sera rendu dès que nous n'en aurons plus besoin. » Il arracha le morceau de papier et le lui donna. Durant un bref instant, il plongea son regard dans celui d'Anne Cattrell et crut y voir une lueur amusée. Il en fut soulagé et sa solitude lui parut soudain moins pesante. Elle pencha la tête pour examiner le reçu. Des mèches soyeuses autour de sa nuque dessinaient à l'envers de minuscules points d'interrogation, comme autant de symboles des problèmes qu'elle lui posait. Il eut envie de les toucher.

– Je ne note pas mes déplacements dans cet agenda, dit-elle après un moment. Uniquement mes pensées.

Elle releva la tête. Ses yeux riaient toujours.

– Cela ne présente guère d'intérêt, sergent, si ce n'est celui de m'embêter. Ce sont mes petites marottes. Je crains que vous n'ayez pas grand-chose à vous mettre sous la dent.

Il avança le pied et attira une chaise pour s'asseoir. Elle avait un visage si menu, mais si expressif, se dit-il. Trop expressif ? Exprimait-il la douleur aussi facilement que la joie ?

– Néanmoins, vous avez consigné quelques pensées intéressantes en date du 2 juin. Vous affirmez... – il se reporta mentalement au passage en question – « J'ai regardé dans la tombe et l'éternité m'effraie. »

Il l'observa avec attention.

– Pourquoi avez-vous écrit cela, Miss Cattrell, et pourquoi justement à cette date ?

– Pour rien. J'écris souvent sur la mort.

– Avez-vous vraiment regardé dans une tombe ?

– Non.

– La mort vous effraie-t-elle ?

– Pas du tout. Elle m'ennuie.
– En quel sens ?
Les yeux d'Anne Cattrell exprimaient de la gaieté. Ils la trahiraient toujours, songea-t-il.
– Parce que je ne connaîtrai jamais la fin de l'histoire. Or je tiens à lire le livre en entier, pas seulement le premier chapitre. Et vous ?
Moi aussi, répondit-il pour lui-même.
– Elle vous effrayait pourtant au début du mois de juin. Pourquoi ?
– J'ai oublié.
– « J'ai rêvé que nous demeurions conscients après la mort », enchaîna-t-il. Vous écrivez ensuite que vous laisserez la lumière cette nuit-là parce que vous ne voulez pas rester dans le noir.
Elle réfléchit.
– J'avais eu un cauchemar. Mes cauchemars sont toujours très violents. Celui-là l'était particulièrement. Je me suis réveillée en pleine nuit, et je ne savais plus où j'étais. J'ai mis un moment à comprendre que j'avais rêvé.
Elle eut un haussement d'épaules.
– Voilà pourquoi j'ai eu peur.
– Le 3 juin, vous avez dit à Mrs. Goode quelque chose qui l'a troublée. Qu'est-ce que c'était ?
– J'ai fait ça ?
Il ouvrit l'agenda et lui lut la phrase. Elle secoua la tête.
– Il s'agissait probablement d'une bêtise quelconque. Di est très sensible.
– Peut-être aviez-vous décidé de lui parler du cadavre que vous aviez découvert dans la chambre froide ?
– Non, certainement pas.
Une lueur malicieuse dansa dans ses yeux.
– Je m'en souviendrais.
Il se tut un instant.
– Vous semblez n'éprouver aucun regret à l'égard de ce malheureux.
Elle se détourna pour prendre une cigarette.
– Je suis désolée pour lui.
– Vraiment ?

Il prit le briquet qu'elle avait laissé sur la table, l'alluma et le lui tendit.

– Vous n'en avez jamais rien montré. Pas plus, d'ailleurs, que Mrs. Maybury ou Mrs. Goode. Ce n'est pas très naturel. La plupart des gens auraient exprimé de la compassion, ou au moins plaint ce pauvre homme. Vous n'avez manifesté, toutes trois, que de l'agacement.

Oui, se dit-elle. Elles s'étaient conduites comme des idiotes.

– Nous préférons garder notre compassion pour nous, répliqua-t-elle d'une voix calme. La compassion est une fleur fragile qui meurt aux premiers froids. Quand vous aurez vécu à Streech Grange, vous saurez de quoi je parle.

– Vous me décevez. Je pensais que la compassion était une de vos muses favorites.

Il posa les mains à plat sur la table, puis se leva.

– Un inconnu vous aurait sans doute émue davantage. Mais vous le connaissiez et il ne vous inspirait aucune sympathie, n'est-ce pas ?

Il recula sa chaise qui racla le sol.

– Bon, Friar, Jansen, au travail ! Nous ferons le plus vite possible, Miss Cattrell. Quand nous aurons fini, je vous demanderai de bien vouloir monter avec une de nos collègues afin qu'elle s'assure que vous n'avez rien dissimulé dans vos vêtements. Vous pouvez rester ici durant la perquisition, mais si vous désirez attendre dehors, un agent vous tiendra compagnie.

Elle tira une bouffée de fumée.

– Merci, sergent, je préfère rester. Les fouilles de la police sont pour moi un régal. Je pourrai en tirer deux ou trois feuillets et les placer dans un canard à la rubrique féminine. Je vois d'ici le titre : LE DROIT DE PERQUISITION OU LE TRIOMPHE DES FOUILLE-MERDE. Qu'en pensez-vous ?

Sale petite garce, se dit-il, en observant la fumée qui s'échappait de ses lèvres. La pièce empestait le tabac.

– Comme vous voudrez, Miss Cattrell.

Il lui tourna le dos. Le sang affluait dans son crâne,

s'enflait, puis s'élançait comme un mer houleuse. Il aurait voulu crier pour atténuer son supplice.

Ils regardèrent partout avec une infinie patience ; à l'intérieur des livres, derrière les tableaux, sous les fauteuils, à travers les rideaux ; ils plongèrent de longues aiguilles dans la terre des plantes en pot, palpèrent la moquette, renversèrent le canapé et secouèrent les coussins. A la fin, la pièce avait exactement le même aspect que lorsqu'ils avaient commencé. Anne, qu'on avait courtoisement priée de quitter sa table, semblait impressionnée.

– Du vrai travail de professionnel, dit-elle. Mes félicitations.

– Il n'y a pas de quoi, répondit McLoughlin. Auriez-vous l'amabilité de nous ouvrir le coffre ?

Elle lui jeta un regard étonné.

– Qu'est-ce qui vous fait croire que j'en ai un ?

Il s'approcha du panneau en chêne couvrant le manteau de la cheminée. Celui de la bibliothèque possédait un revêtement identique. Il pressa la partie centrale et tira, dévoilant un petit coffre-fort mural, en métal gris sombre, muni d'une poignée et d'une serrure chromées.

– J'ai trouvé celui de la bibliothèque ce matin, lança-t-il à Friar et à Jansen. Pas bête, hein ?

Il ne se décidait pas à regarder Anne Cattrell. La panique de celle-ci, même à peine marquée, lui avait causé un choc.

Elle fit quelques pas jusqu'à la table, tout en s'efforçant de rassembler ses pensées. Elle avait toujours cru que Phoebe savait mieux que quiconque juger un caractère, mais c'était Diana qui avait peur de McLoughlin.

– Voulez-vous l'ouvrir, je vous prie ? demanda-t-il à nouveau.

Du tiroir du haut, elle sortit un paquet de cigarettes neuf, prélevé sur une cartouche. McLoughlin attendit patiemment, sans rien dire.

– Vous vous prenez pour qui ? rugit l'inspecteur Friar. Vous avez entendu le sergent. Ouvrez cette saloperie !

Elle ignora son intervention, d'une pichenette ôta le

couvercle, renversa le paquet et agita une clé dans le creux de sa main.

– Vous connaissez Spenser ? lança-t-elle à McLoughlin avec un sourire fuyant. « Un homme ne se révèle jamais mieux que par ses manières. » Cette phrase a dû être écrite pour votre ami.

Elle essaie de gagner du temps, se dit-il. Elle a la trouille et elle m'écœure. Bon Dieu, ce qu'elle m'écœure !

– Le coffre, s'il vous plaît, Miss Cattrell.

Elle s'approcha avec un léger haussement d'épaules, fit tourner la clé et ouvrit le coffre. Il était vide, à l'exception d'un couteau à découper dont le manche était entouré d'un chiffon sanglant. La lame était noire et portait des dépôts. McLoughlin se sentit chavirer. Il avait beau détester cette punaise, il n'aurait jamais voulu ça. Quelque part, dans une autre partie de son cerveau, il se demanda s'il n'était pas malade. Il avait le front brûlant comme sous l'effet de la fièvre. Il s'appuya à la cheminée pour ne pas tomber.

– Avez-vous une explication ?

Sa voix lui parut lointaine, criarde, étrangère.

– Une explication à quoi ? demanda-t-elle en prenant une nouvelle cigarette et en l'allumant.

Bien sûr, à quoi ? La migraine martelait son crâne, bing ! bang ! Il regarda le paquet de cigarettes sur le bureau.

– En premier lieu, pourquoi vous êtes-vous donnée autant de mal pour cacher cette clé ?

– Une habitude.

– Vous mentez, Miss Cattrell.

La crispation avait tiré la peau autour du nez et de la bouche de McLoughlin, lui donnant un air curieusement hébété. Anne se souvint de ce filin qu'elle avait vu un jour dans les docks de Shanghai, reliant un énorme treuil à un vieux conteneur. Quand le treuil avait démarré, le filin s'était soulevé du quai, dégageant un nuage de poussière. Puis, mince et roide, il s'était rompu en raison de la traction et, instant horrible, avait fouetté l'air à une vitesse fulgurante en direction du cou sans défense d'un homme qui se trouvait là. Celui-ci l'avait pourtant vu arriver et avait levé les mains pour se protéger. Elle jeta un coup d'œil à McLoughlin et éprouva soudain le besoin d'en faire autant.

– Je désire appeler mon avocat. Je ne répondrai plus à vos questions qu'en sa présence.

McLoughlin sembla s'animer.

– Friar, allez demander au commissaire Walsh de venir chez Miss Cattrell, voulez-vous? Dites-lui que c'est urgent, qu'elle veut passer un coup de fil. Jansen – il indiqua les portes-fenêtres d'un signe de tête –, ramenez-moi une femme pour fouiller Miss Cattrell. Brownlow doit se trouver dehors.

Il attendit le départ des deux hommes, puis se tourna vers la cheminée et resta là à contempler le coffre béant. Au bout d'un moment il le referma et posa les mains sur la tablette, la tête inclinée vers le feu éteint. C'était un foyer à gaz imitant du feu, et les charbons artificiels disparaissaient sous une couche de cendres et de mégots.

– Vous devriez les vider, murmura-t-il. Ou vous aurez des marques.

Elle tendit le cou pour voir de quoi il parlait.

– Oh, ça. J'oublie toujours de passer l'aspirateur.

– Je croyais que Mrs. Phillips s'en chargeait.

– A l'exception de certaines saletés, ou plutôt des auteurs de certaines saletés. Et elle ne les prendrait pas avec des pincettes.

Il la considéra, un coude posé sur la tablette. Il tremblait comme une feuille.

– Je vois.

Il ne voyait rien, naturellement. Pourquoi Molly exerçait-elle une discrimination? Sur quels critères? raciaux? religieux? sociaux?

– Elle s'appuie sur des critères moraux.

Avait-il pensé à haute voix? Il aurait été incapable de le dire, il avait trop mal à la tête.

– C'est une brave puritaine qui n'est jamais aussi heureuse que quand elle souffre. Elle n'arrive pas à comprendre que nous ne partageons pas ce point de vue.

– Comme ma mère, dit-il.

Elle rit, de son rire de gorge.

– Je veux bien vous croire. Dieu merci, la mienne me fiche la paix. Je n'aurais pas l'énergie d'en affronter deux.

– Elle habite près d'ici ?

Anne secoua la tête.

– La dernière fois que j'ai eu de ses nouvelles, elle se trouvait à Bangkok. Elle s'est remariée après la mort de mon père, et elle sillonne le monde avec le successeur. A vrai dire, j'ai un peu perdu leur trace.

Cette migraine lui faisait un mal de chien !

– Quand l'avez-vous vue pour la dernière fois ?

Elle ne répondit pas tout de suite.

– Une éternité.

Elle pianota sur la table dans un geste d'impatience.

– Donnez-moi une seule raison qui m'oblige à attendre le commissaire pour téléphoner.

Sa voix vibrait d'énervement. McLoughlin fut pris d'un brusque fou rire. Une vague d'hilarité démente, irrésistible, qui le submergea de la tête aux pieds. Il porta une main à ses yeux noyés de larmes.

– Je suis désolé, dit-il. Vraiment désolé. Il n'y a aucune raison. Je vous en prie, faites comme chez vous.

Les mots, effroyablement confus, sonnèrent à ses oreilles comme des paroles d'ivrogne. Il lui sembla que le sol se dérobait sous ses pieds et il se cramponna à la cheminée.

– Il ne vous est sans doute pas venu à l'idée, dit Anne près de l'épaule de McLoughlin, tout en approchant une chaise et en le forçant à s'asseoir d'une pression de sa main délicate sur la nuque du sergent, que vous aviez peut-être besoin de manger quelque chose.

Elle l'abandonna pour farfouiller dans le tiroir du bas.

– Tenez, dit-elle au bout d'un moment en lui tendant une barre de chocolat. Je vais vous donner à boire.

Elle prit une bouteille d'eau minérale dans un placard et remplit un verre qu'elle lui apporta.

McLoughlin tenait son chocolat entre ses genoux. Il n'essaya pas de le manger. Il n'aurait pas pu faire un geste même s'il l'avait voulu.

– Et merde! s'exclama-t-elle en posant le verre sur la table et en s'accroupissant devant lui. Écoutez, McLoughlin, vous commencez à me courir. Si vous tenez à picoler comme ça jusqu'à ce qu'on vous colle à la retraite anticipée, c'est votre affaire. Qu'est-ce qui vous a poussé à entrer dans la police, Dieu seul le sait. Vous pourriez être en train d'écrire une biographie de Francis Bacon ou de Robert Burns, un truc dans ce goût-là. Mais si vous ne tenez pas à vous retrouver dans le pétrin, soyez gentil. Dans une minute, le petit morveux que vous avez envoyé chercher votre chef va se repointer ici. Et il en pissera dans son froc quand il vous verra dans cet état. Croyez-moi, je connais ce genre de zigoto. Et si vous êtes encore vivant après ce que vous aura passé le commissaire, votre copain ne vous oubliera pas. Il n'arrêtera pas de se payer votre tête, et chaque fois en prenant un pied d'enfer. Ça m'étonnerait que ça vous plaise beaucoup.

A sa façon, c'était une chic fille. Il se serait bien noyé dans l'eau calme et sombre de ses yeux. Il mordit dans la barre de chocolat d'un air songeur.

– Vous êtes une sacrée menteuse, Cattrell!

Il secoua légèrement la tête.

– Vous m'avez dit que la compassion était une fleur fragile, mais qu'est-ce que vous m'avez balancé!

13

Une atmosphère étrange régnait dans la pièce. Walsh le sentit tout de suite en entrant. McLoughlin, debout devant la fenêtre, les mains appuyées sur le rebord, contemplait la terrasse et la longue étendue de pelouse. Miss Cattrell, assise à sa table, griffonnait quelque chose, les pieds posés sur le tiroir du bas, la bouche agressive. Elle leva la tête en l'entendant arriver.

– Enfin, Dieu merci ! lança-t-elle. Je désire téléphoner à mon avocat, commissaire, immédiatement, et je ne répondrai plus à aucune question avant qu'il soit là.

Elle semblait à cran.

De la colère ? se dit Walsh, surpris. Non, ce n'était pas tout à fait le ton.

– J'ai entendu, dit-il tranquillement. Mais pourquoi donc voulez-vous l'appeler ?

McLoughlin ouvrit les portes-fenêtres pour laisser entrer Jansen et Brownlow. Ses jambes en coton lui donnaient l'impression d'appartenir à quelqu'un d'autre. Son estomac, mis en appétit par le Mars, réclamait la suite. Et son cœur sautait dans sa poitrine anémiée comme un cabri au printemps. A part ça, il se sentait plutôt bien.

– Miss Cattrell, dit-il d'une voix relativement ferme, accepteriez-vous que l'inspecteur Brownlow vous fouille maintenant, pendant que j'explique la situation au commissaire Walsh ?

– Non ! lança-t-elle de nouveau. Certainement pas. Je

me refuse à coopérer davantage tant que mon avocat ne sera pas ici.

Elle tapa son crayon sur la table d'un geste rageur.

– Et je n'ai pas l'intention de dire un mot de plus, ni devant vous, ni devant vos larbins.

Elle décocha à Walsh un regard furieux.

– Je proteste vigoureusement. Avoir à déballer sa vie privée devant les autres est déjà pénible, mais devant des hommes c'est encore pire. Vous avez bien des femmes qui travaillent avec vous ? Je ne parlerai désormais qu'à des femmes.

Walsh ne laissa rien paraître, mais McLoughlin, nanti de sa lucidité toute neuve, vit qu'il jubilait intérieurement.

– Dois-je en déduire que vous portez plainte contre le sergent McLoughlin et son équipe ?

Elle tourna la tête vers Friar.

– Je n'en sais rien. J'attendrai l'arrivée de mon avocat.

Elle s'approcha du téléphone et se mit à composer un numéro.

– Mais je n'en démordrai pas. Si vous voulez que je coopère, débrouillez-vous pour m'envoyer des femmes.

Le commissaire indiqua la porte d'un signe de tête.

– Friar, Jansen, attendez-moi dans le couloir. Sergent McLoughlin, prenez ce que vous avez trouvé et apportez-le de l'autre côté. Brownlow, restez-ici.

Il fit un pas en arrière et, plissant les yeux, regarda McLoughlin s'écarter du mur et traverser la pièce d'un pas assuré. Il y avait dans tout cela quelque chose d'étrange, qu'il n'arrivait pas à saisir. Il jeta un coup d'œil inquisiteur tout autour de lui.

Anne chuchotait au téléphone.

– Attends, Bill...

Elle plaça la main sur le récepteur.

– Sergent, dit-elle d'un ton glacial, je tiens à vous rappeler que vous ne m'avez pas donné de reçu pour le contenu du coffre. Le seul que vous m'ayez remis concerne mon agenda.

Seigneur ! se dit McLoughlin, elle ne pourrait pas me laisser le temps de respirer ? Je ne suis pas Superman. Je ne suis que le souffre-douleur de service.

Il inclina la tête avec ironie.

– Je vais vous en faire un tout de suite, Miss Cattrell.

Elle l'ignora, reprit le téléphone et resta un instant à écouter.

– Sapristi, Bill! rugit-elle, avec les honoraires que tu prends, tu pourrais tout de même faire un effort. Tu préfères peut-être tes chers clients de Londres, mais je t'ai toujours payé rubis sur l'ongle. Bon sang, en te dépêchant un peu, tu en as pour deux heures.

Bill Stanley, avocat et ami de longue date, sourit à l'autre bout du fil. D'accord, il avait encore besoin d'une heure pour tout expédier, et ensuite il s'occupait d'elle.

– Comptons trois heures en tout, suggéra-t-il.

– C'est déjà mieux, grommela-t-elle. Attends, je vais lui demander.

Elle se tourna vers Walsh.

– Avez-vous l'intention de m'emmener au commissariat? Mon avocat voudrait savoir où me rejoindre.

– Cela dépend entièrement de vous, Miss Cattrell. Franchement, je n'ai toujours pas compris pourquoi vous souhaitiez sa présence.

McLoughlin pivota et lui indiqua le couteau à découper soigneusement enfermé dans un sac en plastique.

– Ah! fit Walsh avec une satisfaction mal dissimulée. Ma foi, cela prouve au moins que vous pouvez nous être d'une grande utilité dans cette enquête. N'y voyez aucune contrainte, mais je crois qu'il serait plus simple de continuer notre conversation au commissariat.

– Le commissariat de Silverborne, dit-elle à l'avocat. Non, ne te fais pas de souci, je ne dirai rien avant ton arrivée.

Elle raccrocha et arracha le second écouteur des mains de McLoughlin.

– Et il vaudrait mieux qu'il n'y ait rien à moi dans votre serviette, murmura-t-elle d'une voix venimeuse. Je n'ai encore jamais rencontré un flic qui n'ait pas de la poix dans les mains.

– Ça suffit, Miss Cattrell! s'écria Walsh tout en se demandant comment McLoughlin avait pu se montrer aussi patient avec elle.

Mais peut-être qu'il ne l'avait pas été tant que ça, ce qui expliquait l'atmosphère tendue.

– J'accepte de passer sur vos propos blessants et parfaitement injustifiés à l'égard de mes agents. L'inspecteur Brownlow restera avec vous, le temps que j'échange quelques mots avec le sergent McLoughlin dans le couloir.

Il quitta la pièce, le visage impassible.

– Bon, dit-il dès que la porte se fut refermée, voyons ça.

Il avança la main vers le sac en plastique.

– C'est comme je vous ai dit, déclara aussitôt Friar. Elle l'avait caché dans son coffre. Et il y avait aussi son agenda, avec des trucs sur la mort, les tombes et Dieu sait quoi.

– Andy ?

McLoughlin s'appuya au mur.

– Je ne sais pas, dit-il avec un haussement d'épaules.

– Qu'est-ce que vous ne savez pas ? demanda Walsh d'un ton agacé.

– Je crois qu'on tient le mauvais bout.

– Pourquoi ça ?

– Une impression. Elle n'est pas totalement cinglée et c'était trop facile.

– Friar ?

– Mon œil, oui. Pour l'agenda, d'accord, on n'a pas eu trop de problèmes, mais le couteau était drôlement bien planqué. Jansen a examiné le mur et il n'a même pas vu le coffre.

Il désigna avec réticence McLoughlin.

– C'est le sergent qui l'a trouvé.

Walsh réfléchit un instant.

– Bon, de toute façon, ce qui est fait est fait. Si nous nous sommes trompés, essayons de savoir pourquoi. Jansen, emportez ça au commissariat et demandez qu'on relève les empreintes avant que j'arrive avec Miss Cattrell. Friar, allez leur donner un coup de main, dehors. Andy, vous pourriez me relayer chez Mrs. Maybury.

– Si vous n'y voyez pas d'inconvénient, murmura-t-il, il vaudrait peut-être mieux que je jette un coup d'œil à cet agenda. Friar a raison, il contient des allusions bizarres.

Walsh le scruta, puis hocha la tête.

– Oui, c'est sans doute une bonne idée. Bon, notez tout ce qui vous semblera intéressant et arrangez-vous pour que j'aie ça sur mon bureau avant que je l'interroge.

Il rentra dans le salon et referma la porte.

Friar suivit McLoughlin dans le couloir.

– Vous avez du bol !

McLoughlin lui adressa un sourire narquois.

– A tout seigneur tout honneur.

– Vous croyez qu'elle va porter plainte ?

– Ça m'étonnerait.

– Ah ouais ?

Friar s'arrêta pour allumer une cigarette.

– De toute façon, Jansen et moi, on n'a rien à se reprocher.

Il regarda McLoughlin.

– N'empêche, j'aimerais bien savoir d'où viennent les marques qu'elle a sur le cou.

McLoughlin prit sa voiture et fila vers les faubourgs de Silverborne. Il s'arrêta dans un restaurant de routiers et commanda un repas plantureux. Il s'efforça de concentrer son attention sur la nourriture, chassant de son esprit toute pensée vagabonde. Pour la première fois depuis des mois, il se sentait en paix. Lorsqu'il eut fini, il retourna à sa voiture, inclina le siège et s'allongea pour faire un somme.

Jonathan traînait près de l'entrée quand Anne sortit, escortée par Walsh et Brownlow. Il s'avança vers eux d'un air agressif, et Walsh n'eut aucun mal à reconnaître en lui l'adolescent dégingandé qui avait défendu sa mère avec tant d'opiniâtreté autrefois.

– Qu'est-ce qui se passe ? demanda-t-il.

Anne posa une main sur son bras.

– Je serai de retour dans deux ou trois heures, tout au plus. Ne t'inquiète pas, Jon. Préviens Phoebe que j'ai appelé Bill Stanley et qu'il est en route.

Elle marqua un temps d'arrêt.

– Dis-lui aussi de décrocher le téléphone et d'envoyer Fred cadenasser la grille. Tout le monde doit être au courant et les journalistes ne vont pas tarder à rappliquer.

Elle le dévisagea avec insistance.

– Ça ne va pas fort en ce moment, elle reste enfermée dans le salon. Essaie de la distraire un peu, Jon. Trouve-lui de la musique, ou autre chose.

Elle eut le temps d'ajouter, tandis que Walsh l'emmenait à la voiture :

– Tiens, Pat Boone, par exemple, *Love Letters in the Sand*. Il n'y a rien de mieux pour la requinquer. Tu sais combien elle aime Pat Boone. Et ne reste pas là à tourner en rond, veux-tu ?

Il hocha la tête.

– D'accord, Anne. Fais attention à toi.

Accablé, il agita la main tandis que la voiture s'éloignait, puis revint vers l'entrée. A sa connaissance, sa mère n'avait jamais écouté le moindre disque de Pat Boone. « Et ne reste pas là à tourner en rond, veux-tu ? » Il s'approcha de la porte d'Anne, jeta un coup d'œil autour de lui, puis tourna la poignée et s'engagea à pas feutrés dans le couloir. Il se glissa dans la salle de séjour et inspecta la pièce. Il n'y avait personne. Elle avait dit : « Ça ne va pas fort en ce moment, elle reste enfermée dans le salon. » Et aussi : « *Love Letters in the Sand* ». Des lettres d'amour. Il ne lui fallut que quelques secondes pour actionner le dispositif secret, agripper la poignée chromée et tirer le coffre. Il était en aluminium et ne pesait presque rien. Jonathan le cala contre sa hanche, plongea la main dans la cavité sombre et en retira une grande enveloppe brune. Il la jeta sur le fauteuil le plus proche, prit le coffre et le remit en place. Tout en fourrant l'enveloppe dans sa veste, il se dit que quelque chose ou quelqu'un avait dû effrayer Anne au point de lui faire douter de cette cachette. Mais pourquoi s'inquiéter à cause de simples lettres d'amour ? C'était curieux. Il sortait par les portes-fenêtres quand il entendit la porte d'entrée s'ouvrir et se refermer, puis des pas résonner dans le couloir. Il traversa la terrasse sur la pointe des pieds.

Il trouva Phoebe et Diana dans le grand salon. Assises sur le canapé, elles discutaient tout bas, appuyées l'une contre l'autre, les cheveux blonds se mêlant aux cheveux roux comme les fils d'une tapisserie. Il en éprouva soudain de la jalousie. Pourquoi sa mère se confiait-elle toujours d'abord à Diana ? N'avait-elle pas confiance en lui ? Il avait vécu pendant dix ans dans la culpabilité. Cela ne suffisait donc pas ? Parfois, il avait l'impression que seule Anne le traitait en adulte.

– Ils ont emmené Anne, annonça-t-il d'un ton laconique.

Elles hochèrent la tête, sans manifester de surprise.

– On les a vus, dit Phoebe.

Elle adressa à Jonathan un sourire de consolation.

– Ne t'inquiète pas, mon chéri. Je plains surtout la police. Ils vont s'apercevoir que deux heures sur le ring avec Mike Tyson sont de la gnognotte en comparaison. Elle a téléphoné à Bill, j'espère ?

– Oui.

Il s'approcha de la fenêtre et se mit à contempler la terrasse.

– Où est Lizzie ?

– Avec Molly, répondit Diana. Les flics sont en train de fouiller le pavillon.

– Et Fred ?

– Il monte la garde devant la grille, dit Phoebe. Les journalistes ont débarqué en force. Il les tient à distance.

– J'allais oublier. Anne te conseille de décrocher le téléphone.

Diana se leva, marcha jusqu'à la cheminée et retira un bout de cigarette de derrière une pendule. Elle gratta une allumette et l'approcha de l'extrémité racornie.

– C'est déjà fait, dit-elle.

Elle lorgna le ridicule mégot et tira gauchement une bouffée.

Phoebe échangea un regard avec Jonathan et se mit à rire.

– Je vais aller te chercher une cigarette décente chez Anne, dit-elle en s'arrachant du canapé. Elle en laisse toujours traîner partout, et je ne veux pas te voir souffrir ainsi.

Elle quitta la pièce.

Diana expédia le mégot dans la cheminée.

– Elle va m'en apporter une, je vais la fumer, et cela fera la deuxième de la journée. Demain cela en fera trois, et ainsi de suite jusqu'à ce que je sois de nouveau accro. Je suis folle. Jon, toi qui es médecin, tu devrais m'en empêcher.

Il alla vers elle, touché par cet appel à l'aide, et lui passa un bras autour des épaules.

– Je ne le suis pas encore et tu ne m'écouterais pas. Comment dit-on ? « Nul n'est prophète dans son pays et dans sa maison. » Fume si tu veux. Le stress ne vaut pas mieux que la nicotine.

Il avait l'impression de serrer dans ses bras une autre Elizabeth, plus âgée. Elles se ressemblaient tellement, dans leur allure, leur perpétuel désir de réconfort, le regard ironique qu'elles portaient sur toute chose. Ce qui expliquait pourquoi elles ne s'entendaient pas.

Il ôta son bras et retourna à la fenêtre.

– Les policiers sont tous partis ?

– Je pense. A part ceux qui fouillent le pavillon. La pauvre Molly ! il va lui falloir des mois pour se faire à l'idée que les flics ont inspecté ses caleçons longs. Elle va sûrement les laver dix fois avant de s'en resservir.

– Lizzie se chargera de la distraire.

Elle lui lança un regard interrogateur tandis qu'il regardait dehors.

– Tu vois souvent Elizabeth à Londres ?

– De temps à autre. Nous déjeunons quelquefois ensemble. Elle a des horaires impossibles, tu sais. Elle travaille au casino tous les soirs, pratiquement jusqu'à l'aube.

C'était incroyable tout ce qu'on ne pouvait pas dire à une mère à propos de sa fille. Que vous éprouviez un plaisir exquis à sentir son corps chaud et nu s'agiter en cadence contre le vôtre à quatre heures du matin. Qu'il vous suffisait de penser à elle pour bander, et que si elle vous plaisait tellement c'est que chaque fois que vous glissiez les doigts entre ses cuisses, elle était déjà mouillée d'excitation. Au lieu de ça, vous deviez prétendre ne jamais avoir de nouvelles et feindre l'indifférence, afin que sa mère ne se doute pas de la passion qu'éveillait sa fille.

– Elle ne me parle pas beaucoup de sa vie à Londres, dit Diana avec regret. J'imagine qu'elle doit bien sortir de temps en temps, mais je n'en sais rien et je ne lui pose pas de questions.

– Parce que tu préfères ne pas savoir ou parce que tu penses qu'elle ne te répondrait pas ?

– Parce qu'elle ne me répondrait pas, naturellement. Je ne tiens pas à ce qu'elle fasse la même bêtise que moi en se mariant trop jeune, et elle le sait. Si elle était vraiment amoureuse de quelqu'un, je serais la dernière avertie, et je n'aurais plus rien à dire. Tout ça est ma faute. J'en suis bien consciente.

Phoebe revint et lança un paquet de cigarettes entamé à Diana.

– Vous ne le croiriez pas, mais ils ont laissé ce morveux en faction chez Anne. Williams, celui qui a tapé dans l'œil de Molly. Il a ordre de rester là jusqu'à ce qu'on vienne le chercher. Il a vidé tout le paquet pour voir s'il ne contenait rien d'autre.

Elle se dirigea vers le téléphone et raccrocha le combiné.

– Je me demande où j'ai la tête, continua-t-elle. Normalement, Jane doit arriver à Winchester dans l'après-midi ou la soirée. Je lui ai dit de passer un coup de fil dès qu'elle sera à la gare. Il va falloir supporter ces raseurs jusqu'à ce qu'elle appelle.

Jonathan fit la grimace. Il ouvrit les portes-fenêtres et s'avança sur la terrasse.

– Je vais me promener avec les chiens. Je croiserai sans doute Lizzie. Je reviens dans un moment.

Il posa deux doigts sur ses lèvres, siffla un grand coup et s'éloigna dans le jardin.

Au même moment le téléphone sonna. Phoebe décrocha et écouta un instant.

– Je n'ai rien à dire, lança-t-elle avant de raccrocher.

Cinq secondes plus tard, il sonnait de nouveau.

Benson et Hedges sautèrent autour de lui en aboyant et en agitant la queue comme s'ils n'avaient pas pris l'air depuis une éternité. Il mit le cap sur le bois entre le manoir et Grange Farm, lançant de temps à autre un bâton pour faire plaisir aux chiens. Il passa près de la chambre froide, et, non sans une certaine répulsion, les vit filer vers la porte scellée, où ils restèrent à gémir et à gratter le battant. Il poursuivit son chemin, se retournant par intervalles pour regarder derrière lui et siffler les chiens.

Arrivé au chêne bicentenaire qui se dressait, majestueux, dans la clairière au milieu du bois, il ôta sa veste et s'assit, le dos appuyé contre un creux dans l'écorce sèche. Il demeura ainsi une demi-heure, aux aguets, jusqu'à ce qu'il eût acquis la certitude qu'il n'aurait pas d'autres témoins que les deux chiens et les animaux de la forêt.

Il se leva alors, sortit l'enveloppe de sa veste et la glissa rapidement dans une fente étroite que formait avec l'énorme tronc une branche morte qu'on avait élaguée il y a très longtemps. Seule Jane, qui escaladait avec lui la montagne feuillue lorsqu'ils étaient enfants, connaissait cette cachette.

Il appela les chiens et reprit le chemin de la maison.

– Est-ce que je peux te parler, ma chérie ?

Elizabeth, qui montait l'escalier menant à sa chambre, regarda sa mère avec un air d'ennui.

– Je suppose que oui.

Elle revenait du pavillon. Elle se sentait fatiguée et de mauvaise humeur. La douleur muette avec laquelle Molly avait assisté à la perquisition l'avait complètement abattue.

– A quel sujet ?

Diana se força à rire.

– De quel sujet n'aurions-nous pas à parler ? Ce serait plus facile à dire.

Elizabeth la suivit dans la salle de séjour. La pièce ressemblait à celle où travaillait Anne, mais le style en était différent, moins inattendu, plus conventionnel avec une moquette beige et des gravures aux motifs champêtres dans des tons crème et bistre assortis aux couleurs des fauteuils et des rideaux. La lumière du soleil couchant ajoutait une touche fauve.

– Je t'écoute, dit Elizabeth en voyant Jonathan traverser la terrasse avec les chiens et disparaître par la porte-fenêtre de Phoebe.

Diana s'exécuta et, à mesure que les ombres s'épaississaient, Elizabeth se sentait de plus en plus désemparée.

Walsh consulta sa montre. Avec un soupir, il poussa d'un coup d'épaule la porte de la salle d'interrogatoire numéro deux. Il était neuf heures trente. Il promena un regard aigri sur Anne et son avocat.

Bill Stanley était un géant roux, mal peigné, avec du poil partout, jusque sur les doigts, et un air de crève-la-faim. A en croire sa carte, il travaillait pour un important cabinet de Londres, qui s'en mettait sûrement plein les poches, aussi le costume noir à rayures, fripé et élimé aux poignets devait-il constituer une sorte de déclaration d'intention – probablement en signe de solidarité avec les masses laborieuses – même si le débardeur jaune qu'il portait en dessous posait un problème.

Walsh se promit de vérifier plus tard le pedigree de cet énergumène. Cela faisait plus de trente ans qu'il fréquentait la profession, et il n'avait jamais entendu parler d'un B. R. Stanley, licencié en droit. La carte était sans doute une pure invention.

– Vous pouvez rentrer chez vous, Miss Cattrell. Une voiture vous attend.

Elle ramassa ses affaires et les fourra dans son sac.

– Et le reste ?

– On vous les rendra demain.

Bill déplia ses membres, s'étira en essayant de toucher le plafond et étouffa un bâillement.

– Si tu préfères, Anne, je peux te raccompagner.

– Merci. Il est tard. Va plutôt retrouver Polly et les enfants.

Il se redressa, et ses os craquèrent de satisfaction en retrouvant leur position habituelle. Le bruit remplit la pièce exiguë.

– Mon chou, tu risques de le sentir passer... cinq sacs de moins chaque fois que je reprends de l'oxygène, tu y as pensé ? Alors qu'est-ce que tu décides ? On assigne ? Moi je suis partant.

Il lui adressa un sourire épanoui.

– A vrai dire, on n'a que l'embarras du choix : harcèlement, abus de pouvoir, préjudice moral, préjudice professionnel, confiscation arbitraire. En général, je préfère les cas litigieux. Ça met de l'animation.

Elle le regarda d'un air malicieux.

– Je gagnerai ?

– Grands dieux, évidemment ! J'en ai déjà coincé pour moins que ça.

Walsh, que les reparties de Bill avaient déjà sérieusement échauffé, ne se retint plus :

– La loi n'est pas un jeu, Mr. Stanley. Je regrette d'avoir dû déranger Miss Cattrell, mais, vu les circonstances, je ne vois pas comment nous aurions pu agir autrement. Elle a tenu à ce que vous soyez présent pendant l'interrogatoire et, franchement, si vous n'aviez pas mis trois heures pour venir, les choses auraient pris beaucoup moins de temps.

– Je n'ai pas pu faire plus vite, mon vieux, répliqua Bill en grattant sa poitrine velue sous son débardeur. C'est le jour où je garde les mômes. Et ce n'est pas une sinécure, croyez-moi. Dès qu'on les laisse seuls, ils se mettent à s'entre-tuer. J'aime autant faire attention. Je ne tiens pas à être taxé de négligence en plein tribunal.

Il posa sa grosse patte sur l'épaule d'Anne en un geste amical.

– Bon, d'accord, je te ferai une ristourne. Ça ne m'amuse pas, mais c'est peut-être plus raisonnable.

Walsh faillit s'étrangler.

– Et moi, je pourrais bien vous faire payer cher cette petite plaisanterie...

L'avocat éclata de rire, et son énorme carcasse se trémoussa, tandis qu'il ouvrait la porte et poussait Anne dehors.

– Oh non, commissaire. Désolé, mais c'est moi qui facture. Quelle honte, hein ? Dans tous les cas, je pique du pognon au passage.

Il l'escorta jusqu'à la sortie où attendait une voiture de police, lui prit le menton et se pencha vers elle.

– Ça va te coûter cinq sacs pour la recherche sur le sida et quelques mots d'explication.

Elle lui tapota la joue.

– J'avais besoin qu'on me tienne la main.

– Tu parles ! Si je n'avais pas eu envie de savoir ce qui se passait et de voir enfin la tronche de ce Walsh, je t'aurais étripée.

Il changea soudain de ton.

– Passe-moi un coup de fil demain, je viendrai bavarder avec vous trois. Le meurtre est un sport dangereux, Anne. Même quand on le regarde depuis les tribunes. On a vite fait de se retrouver dans la mêlée. Phoebe en sait quelque chose.

Il lui plaqua une main sur les fesses et la poussa vers la voiture.

– Salue-la de ma part. Et Diana aussi.

Il agita la main, puis marcha jusqu'à sa voiture et reprit la route de Londres afin d'assurer son service hebdomadaire dans un refuge pour les sans-abri.

Andy McLoughlin était étendu dans sa voiture, de l'autre côté de la route. Il s'était garé dans un trou d'ombre, entre deux réverbères à l'éclairage orangé, qui lui permettaient d'observer sans être vu. Ses mains, posées sur le volant, tremblaient. Bon sang, il avait besoin d'un remontant ! Est-ce qu'elle l'avait embrassé ? Difficile à dire. D'ailleurs, peu importait. Ce qui l'avait frappé, c'était l'espèce de complicité qu'il avait senti entre eux, la facilité avec laquelle leur deux corps s'étaient joints, sans gêne aucune. Est-ce qu'ils baisaient ensemble ? Il détestait cette idée.

Il se glissa hors de la voiture et alla rejoindre Walsh.

– Comment ça s'est passé ?

Debout devant la fenêtre de son bureau, Walsh scrutait la nuit.

– Vous les avez rencontrés ? Ils sortent d'ici.

– Non.

– Ce maudit avocat nous a fait poireauter trois heures. Il s'était affublé d'un débardeur jaune et avait l'air de sortir tout droit de l'Armée du salut. Franchement, j'ai plutôt des doutes sur son identité.

Il tira une bouffée de sa pipe.

– Vous aviez raison, Andy. C'était de la poudre aux yeux. On nous a fait marcher. Dans quel but ?

McLoughlin se laissa tomber sur une chaise.

– Pour créer une diversion. Détourner notre attention des autres parties de la maison.

Walsh revint à son bureau et s'assit.

– Possible. Dans ce cas, c'était plutôt raté. Nous avons fouillé jusqu'au moindre recoin.

Il y eut un long silence, puis il tapa avec sa pipe sur un paquet de lettres posées devant lui.

– Jones a trouvé ça chez Mrs. Goode.

Il poussa les papiers vers McLoughlin et laissa au sergent le temps de les feuilleter.

– Intéressant, pas vrai ?

– Jones lui a posé des questions ?

– Il a essayé. Elle lui a répondu que ce n'était pas ses oignons, qu'elle s'était fait avoir et qu'elle n'avait pas envie d'en parler.

Il bourra sa pipe.

– Quand il lui a dit qu'il allait être forcé de les emporter, elle a piqué une crise et a tenté de les lui reprendre.

Une lueur amusée passa dans le regard de Walsh.

– Il a fallu que deux agents la maintiennent pendant qu'il regagnait sa voiture.

– Moi qui pensais que c'était la moins excitée des trois. Et Mrs. Maybury ?

– Elle a été sage comme une image. Elle est partie dans sa serre et a passé l'après-midi à s'occuper de ses géraniums tandis que nous retournions son appartement, sans résultat. J'ai envoyé deux hommes se renseigner pour savoir qui avait réparé ces chaussures. Avec un peu de chance, quelqu'un s'en souviendra peut-être. Je me fiche pas mal de ce qu'a raconté Mrs. Thompson : cette vieille chouette ne reconnaîtrait même pas sa binette dans une glace, sauf s'il y avait une auréole autour. Ce sont les chaussures de Daniel. Quarante-deux, couleur marron. Ça fait beaucoup de coïncidences.

McLoughlin relut la première lettre en se forçant à garder les yeux ouverts. Elle ne portait pas de date et tenait en quelques lignes. « Lundi. Ma chère Diana, je regrette naturellement ce qui est arrivé, mais j'ai les mains liées. Si vous le souhaitez, je pourrais venir vour voir jeudi pour discuter de la situation. Votre dévoué, Daniel. » L'adresse : Larkfield, East Deller. Et en travers de la page, tracé d'une main rageuse : « Rendez-vous confirmé. » La lettre précédente, une copie d'une demande de Diana concernant l'état du bilan de l'entreprise de Thompson, était datée du vendredi 20 mai.

– Quand a-t-il disparu ?

– Le jeudi 25 mai, dit Walsh avec contentement. Le jour même de son rendez-vous avec Mrs. Goode.

– Dans ce cas, pourquoi ne pas l'avoir amenée ici, avec Miss Cattrell ?

– Chaque chose en son temps. Cela attendra bien une demi-journée. Pour l'instant, ce qui m'intéresse surtout, c'est de savoir pourquoi Miss Cattrell a tout fait pour qu'on l'embarque.

McLoughlin regarda le plancher et secoua la tête.

14

Anne était exténuée. Elle avait passé plusieurs heures les nerfs tendus à l'extrême, le cerveau fonctionnant à plein régime. Aussi, lorsqu'elle se retrouva sur le siège arrière, dans l'atmosphère tiède de la voiture de police, la réaction fut immédiate. Elle s'endormit, toute droite d'abord, puis s'affala au moment où le conducteur prenait un virage sur les chapeaux de roues. Les photographes, massés devant la grille non éclairée de Streech Grange, en ratèrent le cliché de l'article à sensation pour lequel ils faisaient le pied de grue : ENQUÊTE SUR UN MEURTRE – UNE JOURNALISTE INTERROGÉE. Ils avaient déjà vu trop de voitures de flics entrer et sortir pour s'intéresser à une énième sans passager à l'intérieur. Fred, obstinément enfoncé dans un vieux transat de l'autre côté de la grille cadenassée, se montra moins laxiste. Il dirigea le rayon de sa torche vers le véhicule, puis, satisfait d'apercevoir Anne, ouvrit la grille avant de réintégrer son transat. A présent, la famille était au complet. Quand la voiture serait repartie, il pourrait aller se coucher.

Encore tout ensommeillée, Anne franchit la porte d'entrée et s'avança d'un pas chancelant. Dehors, la voiture de police faisait crisser le gravier, emportant à son bord un nouveau passager, l'agent Williams, relevé de sa faction. Anne s'appuya un instant au mur pour reprendre ses esprits. Elle entendit les chiens aboyer derrière la porte de Phoebe. L'instant d'après, Jane Maybury se précipitait dans le hall, puis s'élançait vers Anne. Elles s'effondrèrent toutes les deux sur le sol, où Anne demeura allongée, les yeux clos et le corps tremblant.

– Mon Dieu! dit Jane en se tournant vers sa mère qui venait d'apparaître à la porte, ça ne va pas! Jon! cria-t-elle d'une voix angoissée. Viens vite, Anne est malade.

– Je ne suis pas malade, répliqua Anne en frissonnant, je suis seulement en train de rire.

Elle s'assit et donna un baiser à l'adolescente.

– Bon sang, je suis complètement vannée. Laisse-moi tranquille, grande bécasse, et apporte-moi un cognac. Je souffre d'un grave traumatisme postopératoire.

Phoebe l'aida à se remettre debout et la conduisit dans le salon pendant que Jane allait lui chercher un cognac. Anne s'étendit avec délices sur le canapé, puis regarda autour d'elle, le visage épanoui.

– Qu'est-ce que vous avez? Vous en faites une tête!

Diana esquissa une grimace.

– Nous étions mortes d'inquiétude, espèce d'idiote!

– Il fallait me faire un peu plus confiance, répondit Anne d'une voix hargneuse en prenant le verre des mains de Jane. Et comment va ma filleule?

Elle examina avec attention la jeune fille, tout en réchauffant le verre d'alcool dans le creux de ses mains.

Jane sourit.

– Très bien.

Elle était encore un peu maigrichonne, mais Anne constata avec plaisir qu'elle avait une figure plus ronde, moins chiffonnée.

– Je vois ça.

Phoebe se tourna vers Jonathan.

– Nous nous étions promis d'arroser ça?

– Bien sûr. Je vais descendre à la cave. Qu'est-ce que vous préférez? Château-lafite 78 ou ce champagne 75 dont il reste quelques bouteilles. A toi de choisir, Anne.

– Le lafite. Après le cognac, le champagne va me mettre le cœur sur le carreau.

Jonathan regarda sa mère avec un air interrogateur.

– Je vais chercher Fred et Molly? Ils ne se sont pas beaucoup amusés non plus.

Phoebe hocha la tête.
– Bonne idée.
Elle tendit la main vers Elizabeth, assise sur une chaise un peu à l'écart.
– Accompagne-le, ma chérie. Molly est capable de tous nous envoyer sur les roses, et elle ne s'en prive pas, mais à toi elle ne dira pas non.
Elizabeth lança à Jonathan un regard significatif.
– Allez, viens, dit-il. Et toi aussi, Jane.
Ils quittèrent la pièce.
Phoebe s'approcha de la cheminée.
– Pourquoi a-t-il fallu que David utilise cette cave pour y entreposer ses fichues bouteilles ?
Anne avala une gorgée de cognac.
– A mon avis, c'est encore ce qu'il a fait de plus intelligent.
– Oui, dit sèchement Phoebe. Pour moi aussi. Et c'est bien ce qui m'embête.
Elle regarda Diana.
– Elizabeth a l'air soucieuse. C'est à cause de Molly et de Fred ?
– Non. De moi, je présume.
– Ah.
Diana s'efforça, mais en vain, de sourire.
– Je lui ai dit que je serai la deuxième à passer à la moulinette de la machine policière.
Elle pivota pour faire face à Anne.
– Pour quelle raison t'ont-ils emmenée ?
– Parce qu'ils ont découvert le coffre et qu'il contenait une preuve accablante.
Elle s'étrangla avec son cognac.
– Un couteau de boucher entouré d'un chiffon plein de sang !
Elle roula son verre entre ses mains.
– Du pur Enid Blynton, mais ça les a beaucoup excités, et j'ai refusé de répondre à leurs questions jusqu'à l'arrivée de Bill.
– Tu as perdu la tête ! dit Phoebe d'une voix sèche. Qu'est-ce qui t'a prise ?

Les prunelles sombres d'Anne s'éclairèrent d'une lueur malicieuse.

– A dire vrai, je n'aurais pas cru qu'ils trouveraient le coffre, et sans le sergent, ils seraient passés à côté.

Elle haussa les épaules.

– Vous me connaissez, j'aime bien conserver quelques garanties, de quoi ménager mes arrières.

– Tu es complètement folle! grogna Diana. Il aurait mieux valu que tu prennes les choses avec un peu moins de désinvolture. Dieu sait ce qu'ils pensent maintenant. Qu'est-ce que tu voulais leur cacher?

– Rien d'important, répondit-elle distraitement. Deux ou trois papiers qui ne devraient probablement pas se trouver en ma possession.

– Eh bien, dit Phoebe, je m'étonne qu'ils ne t'aient pas gardée au commissariat pour te cuisiner. Avec dix fois moins que ça, Walsh ne m'a pas lâchée une seconde.

Anne but du cognac et les regarda alternativement avec des yeux rieurs.

– Vous ne possédez pas mes atouts. Bill s'est surpassé. Vous l'auriez vu. Walsh a failli avoir une attaque en le voyant débarquer. Bill avait mis son débardeur jaune.

Elle se tamponna les yeux et, les cils encore humides, observa Diana. Celle-ci était toujours aussi accablée.

– Tu trouves ça drôle, hein? dit-elle d'un ton de reproche. Ça m'amuserait aussi si je ne risquais pas d'en faire les frais. Tu es insensée!

Anne secoua la tête.

– Qu'est-ce qu'on pourrait te reprocher?

Diana eut un soupir.

– Rien, sinon de m'être fait rouler.

Elle sourit aux deux femmes d'un air contrit.

– J'espérais que vous ne le sauriez pas. C'est une histoire tellement ridicule.

– Eh bien, ça doit être gratiné! lâcha Anne d'un ton désinvolte.

Phoebe s'accroupit, le dos à la cheminée.

– Ça ne peut pas être pire qu'Anne avec son freluquet.

Elle regarda son amie et gloussa de rire.

– Tu te souviens ? Il avait encore de l'acné. Pendant une semaine, tu ne jurais plus que par lui.

Anne, dont l'hilarité couvait sous la surface, recracha son cognac par le nez. Elle suffoqua, moitié de rire, moitié de douleur.

– Tu parles de Wayne Gibbons ? Une erreur de jeunesse. C'était son engagement total pour la cause qui m'avait séduite.

– Oui, mais quelle cause ? Quand il a enfin déguerpi, tu avais l'air harassée.

Anne s'essuya les yeux.

– Tu sais qu'il fait un voyage d'étude en Russie en ce moment ? Il m'a écrit il n'y a pas longtemps. Il me parlait surtout de sa constipation. J'ai cru comprendre qu'il n'avait pas mangé de légumes verts depuis Noël.

Elle eut un frisson.

– Dieu sait l'effet que ça a eu sur son acné.

Elle adressa un sourire à Diana.

– Et le jour où Phoebe s'est crêpé le chignon, près de l'étang du village, avec cette andouille de Dilys Barnes, dont la fille forniquait dans les fourrés du parc ? Ce que Phoebe avait l'air godiche !

Diana ne put s'empêcher de rire.

– Oui, c'était assez comique.

Elle regarda Phoebe qui souriait.

– Tu n'aurais pas dû lui sauter dessus vêtue d'un sarong.

– Comment aurais-je pu me douter qu'elle allait riposter ? protesta Phoebe. En outre, ce n'est pas elle qui l'a arraché. C'est Hedges. Il est devenu tout excité et a piqué un cent mètres avec ce maudit vêtement dans la gueule.

Anne se tordait.

– Je te revois encore remontant l'allée en boitant avec tes bottes en caoutchouc, la figure écarlate, les nichons à l'air et en slip. Dieu que c'était drôle ! Je regrette d'avoir raté le match. Mais aussi, quelle idée de mettre des bottes en caoutchouc avec un sarong !

– Le sarong, c'était à cause de la chaleur, les bottes en caoutchouc parce que je voulais rapporter des potamots de l'étang. Quelle imbécile! Elle a filé en hurlant. Elle croyait sûrement que j'avais retiré ma robe pour pouvoir la violer.

Elle donna à Diana une tape sur le genou.

Alors tu vois, pour le ridicule, tu as de la marge.

– Tu parles! En tout cas, celle-là, je ne suis pas prête de l'oublier. C'est trop vexant. Surtout pour moi qui suis censée avoir une certaine expérience.

Anne et Phoebe échangèrent un regard perplexe.

– Raconte-nous, lui dit Phoebe d'une voix pressante.

Diana posa sa tête dans ses mains.

– Quelqu'un m'a convaincue de lui refiler dix mille livres, murmura-t-elle. La moitié de mes économies envolée en fumée, sans parler du reste!

Anne émit un sifflement.

– Sale coup. Aucune chance de les revoir?

– Aucune. Il s'est fait la paire.

Elle se mordilla les lèvres.

– Vu la façon dont les flics se sont emparés de mes lettres, ils doivent se dire qu'il a échoué dans la chambre froide.

– Mon Dieu! s'exclama Phoebe. Je comprends que Lizzie se fasse du mauvais sang. Qui est-ce?

– Daniel Thompson. Il a eu mon nom par ce type du bureau d'étude de Winchester qui m'a pistonnée auprès des services municipaux. C'est un ingénieur. Il habite East Deller. Tu vois de qui il s'agit?

Phoebe secoua la tête.

– Tu aurais dû aller trouver la police, dit-elle. J'ai l'impression que tu es tombée sur un escroc.

– Non, dit Diana avec lassitude en scrutant ses mains, ce n'était même pas un escroc. J'ai investi dans la société dont il s'occupait, une boîte sérieuse et parfaitement en règle, mais elle a coulé, et mon argent avec. Quand j'y repense, je devais être sonnée, mais sur le moment ça m'avait paru une bonne idée. Si les affaires avaient marché, cela aurait révolutionné l'art de la décoration intérieure.

– Au nom du ciel, pourquoi ne nous en as-tu pas parlé?

– Je l'aurais fait, mais cela se passait durant la semaine de janvier où vous étiez parties et où je gardais la maison. Au dernier moment, un commanditaire a fait faux bond et je n'avais que vingt-quatre heures pour donner ma réponse. Lorsque vous êtes rentrées, je n'y pensais plus, puis les choses ont mal tourné et j'ai préféré garder le silence. J'aurais continué si la police n'avait pas remis cette histoire sur le tapis.

– Et qu'est-ce qu'il fabriquait, ce monsieur ?

Diana eut un grognement.

– Vous allez rire.

– Sûrement pas.

Elle leur jeta un regard féroce.

– Parce que sinon je vous étrangle !

– Mais non.

– Des radiateurs transparents.

Dans le jardin, le guetteur se masturbait avec un frisson d'extase voyeuriste. Combien de fois n'avait-il pas observé ces garces, épié leur manège, dévoré des yeux leur corps nu. Un jour, il s'était même aventuré dans la maison. Le rythme de sa main s'accéléra et, avec des secousses convulsives, il se répandit dans son mouchoir. Il porta le tissu humide à sa bouche pour étouffer un rire nerveux.

– Je vais aller me coucher, dit Anne en posant son verre sur un plateau avec ce soin exagéré des gens un peu ivres. Je ne suis plus bonne à rien. Je me porte volontaire pour faire la vaisselle demain matin, mais ce soir je risque de tout casser, conclut-elle, le regard vague.

– Avez-vous mangé quelque chose au moins, Miss Cattrell ? demanda Molly d'une voix sévère.

– Rien du tout.

– Demain, je vais lui dire deux mots à ce commissaire, maugréa Molly. Ce n'est pas une façon de traiter les gens.

Anne s'arrêta près de la porte.

– Ils m'ont apporté un sandwich au pâté, dit-elle pour

être tout à fait juste. Mais je n'ai pas voulu y toucher. Je ne peux pas encaisser le pâté.

Elle réfléchit un instant.

– Sans doute l'aspect. Mou et dur à la fois. On dirait de la crotte de chien.

Diana scruta le visage de Molly en tenant son verre devant sa bouche pour dissimuler son sourire. Malgré toutes les incongruités dont l'abreuvait Anne depuis huit ans, Molly était toujours aussi susceptible.

Anne avala un grand verre d'eau dans la cuisine, préleva une banane dans une coupe à fruits et traversa le hall et le couloir tout en mangeant. Une fois chez elle, elle alluma, expédia la peau de banane dans une corbeille et se laissa tomber dans un fauteuil. Elle resta là, immobile, la tête vide, tandis que l'eau dissipait peu à peu les effets de l'alcool. Au bout d'une demi-heure, elle commença à se sentir mieux.

Quelle journée! Au commissariat, elle s'était fait un sang d'encre en se demandant si Jon avait bien compris le message, et, à présent, il lui semblait qu'elle avait paniqué inutilement. McLoughlin était-il malin à ce point-là? Sûrement pas. La pièce avait été fouillée de fond en comble par des spécialistes, deux ou trois ans auparavant, quand la Sûreté la soupçonnait de détenir des documents provenant du ministère de la Défense. Ils avaient trouvé le coffre, mais pas la cachette derrière. Elle se frotta les yeux. Jon lui avait murmuré à l'oreille qu'il avait dissimulé l'enveloppe quelque part dehors, là où on ne pourrait pas la trouver. Dans ce cas, elle était tentée de l'y laisser. Elle ne lui avait pas demandé de détails. Chaque fois qu'elle songeait au contenu de l'enveloppe, elle en avait des sueurs froides. Seigneur, quelle folie, mais, à ce moment-là, les clichés de cette affreuse tombe se justifiaient. Elle se frappa la tempe. Et si Jon avait ouvert l'enveloppe? Non, il ne l'avait pas fait, se dit-elle avec fermeté. Cela se voyait à son regard. Et pourtant? Elle chassa cette idée avec mauvaise humeur.

McLoughlin continuait d'occuper son esprit. Il ressurgissait sans cesse dans ses pensées, avec l'obstination d'un mal de dents. Tout ce cinéma devant la cheminée? N'était-ce qu'un faux-semblant pour cacher l'intérêt qu'il portait au coffre? Elle avait scruté son visage et y avait seulement vu une détresse réelle, intense. Mais ce n'était peut-être qu'une ruse, après tout. Elle se frotta de nouveau les yeux. Si seulement, se dit-elle, si seulement... Et ce fut comme un cri intérieur, aussi vaste et silencieux que le vaste silence de la pièce. Sa vie ne serait-elle jamais qu'une suite de « si seulement »?

Soudain, elle perçut un léger coup à la porte-fenêtre. Elle s'y attendait si peu qu'elle eut un geste brusque et se cogna le poignet contre le guéridon tout proche. Elle se retourna en se frottant le bras et observa les ténèbres. Un visage s'écrasait contre la vitre, une main placée en arc de cercle au-dessus des yeux pour les soustraire à la vive lumière des lampes. La peur lui fit monter dans la bouche une bile douceâtre et ses narines s'emplirent de la vieille odeur d'urine fétide.

– Je vous ai fait peur? demanda McLoughlin qui, ne la voyant pas se lever, avait poussé la fenêtre entrouverte.

– Vous m'avez donné un choc!

Et même un sacré choc, songea-t-il.

– Je suis désolé.

– Pourquoi n'avez-vous pas utilisé l'entrée?

Ses lèvres en étaient décolorées.

– Je ne voulais pas déranger Mrs. Maybury.

Il referma la porte-fenêtre.

– Il y a de la lumière dans sa chambre. Elle aurait dû descendre m'ouvrir.

– Nous avons chacune une sonnette. Si vous aviez appuyé sur celle marquée à mon nom, j'aurais été seule à l'entendre.

Mais il le savait déjà.

– Puis-je m'asseoir?

– Non, dit-elle avec brusquerie.

Il haussa les épaules et marcha vers la cheminée.

– Bon, asseyez-vous. Qu'est-ce que vous venez faire ici?

Il resta debout.

– Je désirais vous parler.

– De quoi ?

– De tout. De la vie. De la poésie. Des coffres-forts.

Il marqua un temps d'arrêt.

– Pourquoi avez-vous peur de moi ?

Elle avait le visage tellement livide, remarqua-t-il, qu'il ne devait plus contenir une goutte de sang. Elle ne répondit pas. Il désigna la cheminée.

– Vous permettez ?

Il prit son silence pour un assentiment et retira le panneau de chêne.

– Quelqu'un est passé avant moi, fit-il observer comme pour lui-même. Vous ?

Il la dévisagea.

– Non, pas vous. Quelqu'un d'autre.

Il saisit la poignée chromée et tira violemment. Trop violemment. Jonathan avait oublié de replacer les goupilles, et le coffre sortit d'un coup, tandis que McLoughlin trébuchait en arrière. Avec un petit rire il posa le coffre sur le sol et scruta le trou béant.

– Allez-vous me dire ce qu'il y avait à l'intérieur ?

– Non.

– Ou qui l'a retiré ?

– Non.

Il promena les doigts sur le côté du coffre et trouva les goupilles à ressort.

– Ingénieux.

Il l'ajusta et le poussa dans son logement.

– Mais vous vous en êtes servi plus qu'il n'aurait fallu. Le bord commence à s'user.

Il montra le bas de l'embrasure.

– Il n'est plus parallèle au manteau de la cheminée. Vous auriez dû faire poser un linteau en ciment. La brique est trop tendre, trop friable.

Il remit le panneau en chêne et s'étendit dans le fauteuil en face d'elle.

– Une des réalisations de Mrs. Maybury, je suppose ?

Elle ignora sa question.

– Comment saviez-vous qu'il y avait autre chose derrière ce panneau ?

Ses lèvres avaient repris des couleurs.

– Je l'ignorais jusqu'à la minute présente, mais celui qui a manœuvré le coffre entre-temps s'est donné encore moins de mal que vous pour le remettre. Pour qu'il n'ait même pas rentré les goupilles, il devait être très pressé. Qu'y avait-il ?

– Rien. Vous vous trompez.

Ils se regardèrent en silence.

– Eh bien ? finit par demander Anne.

– Eh bien quoi ?

– Quelles sont vos intentions ?

– Oh, je ne sais pas. Trouver qui a fait le ménage, j'imagine, et lui poser quelques questions. Cela ne devrait pas être trop difficile. L'éventail n'est pas large, n'est-ce pas ?

– Vous allez vous couvrir de ridicule, répliqua-t-elle d'une voix acerbe. Le commissaire a laissé un agent ici jusqu'à mon retour.

Il la préférait combative.

– Dans ce cas, comment aurait-on pu toucher au coffre ? A moins qu'il se soit ouvert tout seul. Ce qui expliquerait la précipitation, se contenta-t-il d'ajouter.

Il s'enfonça dans le fauteuil et posa son menton dans une main.

– Je n'ai rien à vous dire. Vous perdez votre temps.

Il ferma les yeux.

– Au contraire, vous avez beaucoup à me dire, murmura-t-il. Pourquoi vous êtes venue à Streech Grange. Pourquoi Mrs. Phillips qualifie cette maison de forteresse. Pourquoi vous rêvez de la mort.

Il ouvrit les yeux une fraction de seconde.

– Pourquoi vous tremblez chaque fois que l'on parle de ce coffre et pourquoi vous essayez alors de détourner la conversation.

– C'est Fred qui vous a fait entrer ?

– Non. J'ai escaladé le mur.

Elle le regardait avec méfiance.

– Pourquoi avez-vous fait ça ?

Il haussa les épaules.

– Il y avait une meute de photographes devant la grille. Je ne tenais pas tellement à ce qu'ils m'aperçoivent.

– C'est Walsh qui vous envoie ?

Il la sentait tendue comme une corde de violon. Il se redressa, lui prit la main et lui caressa un instant les doigts avant de la lâcher.

– Je ne suis pas votre ennemi, Cattrell.

Elle esquissa un sourire.

– C'est ce qu'a dû dire Brutus en poignardant César. Je ne suis pas ton ennemi, ô César, et tiens, prends ça, mon vieux. Ce n'est pas que je t'en veuille, mais j'aime Rome plus que tout.

Elle se leva et se dirigea vers la fenêtre.

– Si vous n'êtes pas mon ennemi, McLoughlin, alors fichez-moi la paix, fichez-nous la paix, avec votre enquête et allez chercher votre assassin ailleurs !

Le clair de lune faisait miroiter le jardin. Anne pressa son front contre la vitre froide pour goûter l'impressionnante beauté du décor. Les roses sombres bordées d'argent ; la pelouse luisante comme un lac ; un saule pleureur agitant son feuillage comme une dentelle scintillante.

– Mais ce serait trop vous demander, n'est-ce pas ? Vous êtes un flic et vous aimez la justice plus que tout.

– Que vous répondre ? dit-il d'un ton railleur. Vous parlez de choses que vous ne connaissez pas. Je comprends la vengeance, je vous l'ai dit ce matin.

Elle sourit contre la glace d'un air railleur.

– Vous voulez dire que vous n'auriez pas arrêté Fred et Molly pour le meurtre de Donaghue ?

– Si. Je les aurais arrêtés.

Elle se tourna, surprise.

– C'est plus que je n'en espérais.

– Je ne vois pas ce que j'aurais pu faire d'autre, dit-il d'une voix neutre. Ils tenaient à être arrêtés. Ils sont restés à côté du corps en attendant la police.

– Je vois.

Elle le regarda avec un petit sourire.

– Vous arrêtez, tout en versant des larmes de crocodile. C'est votre façon de vous soulager la conscience ?

Il se leva, s'approcha d'elle et plongea son regard dans le sien.

– Vous m'avez aidé, dit-il sans façon en lui touchant l'épaule. J'aimerais vous aider à mon tour. Mais cela m'est impossible si vous ne me faites pas confiance.

Il essayait de jouer au plus fin, ça crevait les yeux, pensa Anne sans s'émouvoir. Elle prit un air aimable. A ce jeu-là on pouvait être deux.

– C'est vous qui ne me faites pas confiance, McLoughlin. Je n'ai aucun besoin de votre aide. Je n'ai pas plus de vengeance ni de meurtre à me reprocher que l'agneau qui vient de naître.

Brusquement, comme si elle n'était qu'une poupée de chiffon, il la mit debout et lui inclina la tête vers la lumière, examinant chaque trait de son visage. Un visage somme toute assez banal. Les coins de ses yeux et de sa bouche étaient marqués de plis rieurs, et les froncements de sourcils avaient strié son front, mais son regard sombre ne contenait aucune menace, aucun rideau tiré sur d'abominables secrets. Sa peau dégageait un léger parfum de rose. Il suivit du bout des doigts la courbe de sa joue, puis la pente délicate de son cou. Il s'écarta brusquement.

– Vous lui avez réglé son compte ?

Elle n'avait pas prévu la question. Elle tira sur ses manches.

– Non.

– Vous pourriez mentir, murmura-t-il, que je ne m'en apercevrais même pas.

– Aussi, je dis la vérité. Pourquoi est-ce si difficile à admettre ?

– Parce que, maugréa-t-il, j'ai la cervelle en ébullition et que le désir est rarement une indication d'innocence.

Anne pencha la tête et gloussa de rire.

– Je vois votre problème. Comment comptez-vous arranger ça ?

– Que me proposez-vous ? La douche froide ?

– Quelle horreur ! Ce serait l'avis de Molly.

– En cas de démangeaison, je conseille de se gratter.

– Ce serait plus agréable si vous le faisiez pour moi.

Elle le regarda gaiement.

– Avez-vous mangé quelque chose ?

– Une saucisse avec des frites il y a cinq heures environ.

– Eh bien moi, j'ai une faim de loup. Je n'ai rien avalé depuis midi. Il y a un restaurant indien un peu plus loin sur la route. Que diriez-vous de discuter de votre traitement devant un poulet au curry ?

Il avança la main pour caresser les boucles dansant autour du cou de la jeune femme. Il était tenaillé par l'envie de la toucher. Une envie insensée, d'autant plus insensée qu'il ne croyait pas un mot de ce qu'elle avait dit, mais qui surpassait tout le reste.

Elle surprit le regard qu'il posait sur elle.

– Je ne suis pas votre genre, McLoughlin, murmura-t-elle. Je suis égoïste, têtue et totalement égocentrique. Indépendante, capricieuse et souvent infidèle. J'ai horreur des enfants, du ménage et je ne sais pas cuisiner. Je suis une intellectuelle snobinarde, à l'esprit anticonformiste et aux idées de gauche. Je ne me plie pas aux conventions, et donc je dérange. Je fume comme un pompier, je dis des gros mots, je ne mets pas de robes du soir et je pète au lit.

Il laissa retomber sa main et sourit.

– Et pour les bons côtés ?

– Rien en ce qui vous concerne, répondit-elle, soudain grave. Je me lasserai, comme je le fais toujours, et dès que j'aurai trouvé mieux, ce qui ne manquera pas de se produire, je vous balancerai, comme les autres. Avec un peu de chance, nous prendrons notre pied une fois de temps en temps, mais vous paierez cher sentimentalement ce que vous auriez sans histoires à Southampton. Est-ce là ce que vous voulez ?

Il la considéra d'un air songeur.

– Vous évincez toujours vos prétendants de cette manière, ou est-ce une fleur que vous me faites ?

Elle sourit.

– De cette manière. Je préfère être honnête.

– Et il en reste combien en course d'habitude ?

– Assez peu, dit-elle d'un ton chagrin. Les plus sensibles déguerpissent. Les autres risquent le tout pour le tout en croyant qu'ils réussiront à me changer. Et ils se ramassent. Ce sera aussi votre cas.

Elle guetta son expression.

– Vous avez le trac ?

– Je dois admettre que ce n'est pas très engageant. Ça ressemble même affreusement à ce que j'ai connu avec ma femme : une relation morne, étouffante et sans avenir. Je ne vous savais pas aussi bornée. Si l'on ajoute la peur de l'inconnu à l'égoïsme, l'entêtement et l'égocentrisme, la copulation à ce stade doit vous paraître une chose horrible.

Il la prit par la main et la tira vers la fenêtre.

– Allons manger. Je n'arrive pas à réfléchir avec l'estomac vide. J'aviserai ensuite si je dois gaspiller ma semence dans une terre stérile.

Elle s'écarta de lui.

– Allez vous faire voir, McLoughlin !

– Vous avez le trac ?

Elle se mit à rire.

– Je vais éteindre les lumières.

Elle se dirigea vers la porte et plongea la pièce dans l'obscurité. McLoughlin sortit sa lampe-torche et attendit près de la fenêtre. Elle revint vers lui en prenant bien soin d'éviter une petite table sur laquelle se dressait une statuette en bronze représentant une femme nue.

– C'est moi, dit-elle. Quand j'avais dix-sept ans. J'ai eu une petite aventure avec le sculpteur, pendant les vacances.

Il éclaira la statuette et l'examina avec intérêt.

– Pas mal.

– Le modèle ou la sculpture ? lança-t-elle en sortant.

– Les deux.

Il tira les battants de la fenêtre derrière lui.

– Vous ne fermez pas ?

– C'est impossible de l'extérieur. Cela suffira.

Il posa une main sur la nuque de la jeune femme et ils traversèrent la terrasse. Une chouette se mit à hululer. Il se tourna vers la maison pour s'orienter et prit à gauche.

– Par ici, dit-il en tenant la torche devant lui. J'ai garé la voiture dans un chemin près du carrefour.

Sous ses doigts, il la sentait, les muscles tendus. Ils marchèrent en silence jusqu'au bois bordant la pelouse.

Soudain, il y eut une galopade dans les fourrés, sur leur gauche. Elle se raidit violemment et le fit sursauter.

– Bon sang, grommela McLoughlin en promenant sa torche le long des arbres, qu'est-ce que vous avez ?

– Rien.

– Rien ?

Il braqua la lampe sur elle d'un geste rageur.

– Vous vous enterrez vivante, vous vous bâtissez un mausolée entouré de fils barbelés, et vous prétendez qu'il n'y a rien ! Elle n'en vaut pas la peine, vous ne le voyez donc pas ? J'ignore quel service elle a pu vous rendre, mais croyez-vous que cela mérite que vous sacrifiez votre vie en échange ? Nom de Dieu, ça vous plaît tellement de mourir à petit feu ? Qu'est devenue l'Anne Cattrell qui séduisait les sculpteurs durant les vacances ? La fille qui faisait la nique à l'ordre établi et qui voulait changer le monde à elle toute seule ?

Elle détourna la lampe et sourit, ses dents brillant un instant dans l'obscurité.

– Écoutez, McLoughlin, c'était très amusant jusqu'ici, mais, je vous le répète, n'essayez pas de me changer.

Elle partit si vite qu'il ne put même pas la suivre avec sa lampe.

15

Il la laissa s'éloigner et poursuivit son chemin vers la voiture. Il savait que s'il retournait là-bas, il trouverait la fenêtre fermée. Il en éprouvait du soulagement et du regret à la fois, comme un candidat à la roulette russe qui entend le déclic du percuteur dans la chambre vide. Il y avait un tas de femmes dans son service qui ne demandaient qu'à le consoler. Le faire avec celle-là équivalait à se presser sur la tempe un pistolet chargé. Une pure folie. D'un mouvement furibard, il écarta des branches et s'érafla la main. Il suça le sang qui perlait en jurant comme un charretier. Il était dans le pétrin et il le savait. Il avait besoin de boire un verre.

Il distingua le cri d'une chouette. Puis, quelque part au loin, comme un bruit de voix. Il se retourna pour écouter. Rien qu'un silence profond. Il haussa les épaules et continua, mais le bruit se fit de nouveau entendre, vague, indistinct... imaginaire ? Son crâne se mit à le picoter. Tant pis. S'il faisait demi-tour, elle se moquerait de lui.

Il pestait contre lui-même en atteignant la terrasse. Il n'avait rencontré personne, la maison était plongée dans l'obscurité et Anne devait être couchée. Il alluma la lampe en l'inclinant vers les dalles, puis la leva vers la porte-fenêtre. Elle était à moitié ouverte. Il fronça les sourcils, se glissa par l'entrebâillement et promena le pinceau de lumière dans la pièce. Il la découvrit presque tout de suite.

Il crut d'abord qu'elle dormait, puis il vit le sang scintiller légèrement dans la masse de cheveux bruns.

Il demeura un instant figé, puis s'élança comme une flèche et le temps se dilua. Il eut l'impression d'en avoir fait plus en quelques secondes que s'il avait trimé une heure entière. Il trouva une lampe sur un guéridon, l'alluma et s'agenouilla près de la forme recroquevillée. Il tâta la carotide, à la recherche du pouls, mais ne sentit rien. Il colla son oreille contre la poitrine, sans plus de résultat. Il retourna sans heurt le corps mince, passa une main sous la nuque, pinça les narines et commença à faire du bouche à bouche. Il lui fallait absolument du secours. Il se traîna en arrière, tirant le corps inerte avec lui, et chercha du pied la table avec la statuette en bronze. Tout en continuant à insuffler de l'air, il donna un coup violent dans la table, projetant la statuette dans la baie vitrée. Celle-ci vola en éclats sur la terrasse, avec un fracas qui déchira le silence de la nuit. Dans un coin de la maison, Benson et Hedges se mirent à s'agiter. Il songea avec désespoir qu'il n'obtiendrait aucune réponse. Le visage de la jeune femme s'était transformé en un masque gris aux lèvres violacées. Il posa la main droite sur le sternum, plaça la main gauche par-dessus et se mit à presser et pousser avec le poignet. Il en profita pour appeler à l'aide. Après cinq massages il reprit le bouche à bouche avant de recommencer les massages. Il en était au troisième lorsqu'il vit la main de Jonathan palper le cou blafard.

– Le bouche à bouche, dit-il. Je sens un battement très faible. Mon sac! Je l'ai laissé dans le hall.

McLoughlin se remit à expédier de l'air dans les poumons et, lorsqu'il tourna la tête, il vit la poitrine palpiter légèrement.

– Continuez, murmura Jonathan, une expiration toutes les cinq secondes jusqu'à ce qu'elle respire normalement. Vous vous débrouillez comme un chef!

Il prit le sac que lui tendait Phoebe, très pâle.

– Apporte des couvertures. Et de l'eau bouillante, dans des bouteilles, ce que tu voudras, pour la réchauffer. Et appelle une ambulance!

Il sortit son stéthoscope, défit le chemisier et ausculta le cœur.

– Formidable! s'écria-t-il avec enthousiasme. Il est faible. Mais on l'entend.

Il pinça la joue d'Anne et vit avec satisfaction que la peau rosissait. Son souffle était plus régulier. Il poussa doucement McLoughlin.

– Bon, ça va aller maintenant. Nous allons la mettre dans la bonne position.

Aidé par le sergent, il lui ramena une main sur l'estomac, la retourna et lui inclina la tête de côté. Elle respirait lentement mais à un rythme égal. Elle marmonna quelque chose, le visage contre la moquette, et ouvrit les yeux.

– Hé! McLoughlin, articula-t-elle avant de bâiller à s'en décrocher la mâchoire et de s'endormir aussitôt.

McLoughlin avait la figure en sueur. Il se laissa tomber en arrière et s'essuya avec sa manche de chemise.

– Vous ne pouvez pas lui donner quelque chose?

– C'est inutile. De plus je ne suis pas qualifié pour ça. Ne vous inquiétez pas. Elle va se remettre.

McLoughlin indiqua les cheveux maculés de sang.

– Elle a peut-être une fracture du crâne.

Phoebe était arrivée avec des couvertures qu'elle étala sur la forme étendue. Elle posa une bouillotte chaude sur les pieds.

– Diana, demande une ambulance. Jane est partie réveiller Fred pour qu'il ouvre la grille.

Elle s'accroupit près de la tête d'Anne.

– Tu crois que ça ira?

– Je..., commença Jonathan.

– Votre fille est dehors? l'interrompit McLoughlin en sautant sur ses pieds.

Phoebe le dévisagea.

– Elle s'est rendue au pavillon. Ils n'ont pas le téléphone.

– Quelqu'un l'accompagne?

Phoebe blêmit.

– Non.

– Bon Dieu! s'écria McLoughlin en la bousculant pour

passer. Prévenez la police, pour l'amour du ciel! Qu'ils envoient des voitures. Je ne tiens pas à m'emparer seul d'un maniaque.

En enfilant le couloir d'Anne, il ajouta :

– Dites-leur qu'on a essayé de tuer votre amie et que votre fille est en danger. Et qu'ils se grouillent!

Il croisa Diana et se rua vers la porte. Dehors, il sentit sa sueur devenir glacée. Il avait fait cinq cents mètres en direction de la grille lorsqu'il reconnut Jane à deux minutes devant lui. Il se mit à courir à toutes jambes. Deux minutes, largement plus qu'il n'en fallait pour tuer une femme, quand il suffisait d'une fraction de seconde pour défoncer par surprise un crâne. Arbres et buissons arrêtaient les rayons de lune, si bien que l'allée était d'un noir d'encre. Il heurta des branches qu'il n'avait pas vues et qui le cinglèrent au passage, et s'en voulut d'avoir oublié sa torche. Il repartit en tâchant de garder le milieu du chemin. Il lui fallut un instant pour comprendre que la tache jaune qui dansait à quelque distance devant lui était le halo d'une lampe de poche. L'allée continuait en ligne droite.

– Jane! cria-t-il. Arrêtez-vous! N'avancez pas!

Il accéléra l'allure.

La tache pivota et se fixa dans sa direction. Le faisceau vacillait comme si la main qui tenait la lampe manquait d'assurance.

– Je suis de la police, lança-t-il à pleins poumons. Restez où vous êtes!

Il ralentit le pas en approchant, la poitrine haletante, les mains écartées devant lui en une attitude rassurante. La lumière oscilla de manière frénétique, glissa en se balançant vers sa figure et l'éblouit. Il tira sa carte de la poche de son pantalon et la tint devant lui comme un talisman. Puis il se pencha en avant, les mains sur les genoux, et souffla un grand coup.

– Que... se passe-t-il? balbutia-t-elle d'une voix tremblante.

– Rien, répondit-il en se redressant. J'ai pensé qu'il valait mieux que vous ne rentriez pas tout seule, c'est tout.

Vous ne pourriez pas baisser cette lampe ? Vous m'aveuglez.

– Pardon.

Elle laissa retomber sa main, et il s'aperçut qu'elle était en peignoir et en pantoufles.

– Allons-y, proposa-t-il. On n'est pas très loin. Si vous me passiez la lampe ?

Elle la lui donna et le cercle de lumière l'enveloppa quelques secondes tandis qu'il dirigeait le rayon devant eux. Avec son visage livide et cotonneux que surmontait une ombre de cheveux noirs, elle lui fit l'effet d'un fantôme. Elle avait l'air terrorisée.

– Allons, n'ayez pas peur. Votre mère me connaît, dit-il maladroitement tandis qu'ils suivaient l'allée. Elle m'a demandé d'aller vous chercher.

La masse sombre du manoir se dressait à quelques centaines de mètres.

Jane remua les lèvres, mais le son en sortit avec un léger décalage.

– J'ai entendu une... respiration, dit-elle en frissonnant.

– Sûrement, j'ai failli cracher mes boyaux, risqua-t-il en manière de plaisanterie.

– Non, ce n'était pas vous, murmura-t-elle à voix basse.

Elle chancela et il ramena le cercle de lumière vers elle. Elle tira sur son peignoir dans un geste pathétique.

– J'ai ma chemise de nuit.

Ses lèvres s'agitaient de manière convulsive.

– J'ai cru que c'était mon père.

McLoughlin l'attrapa juste au moment où elle allait s'affaisser sur le sol. Au loin, porté par le vent, le mugissement d'une sirène se fit entendre.

– Qu'est-ce qu'elle voulait dire ? Mrs. Maybury ?

McLoughlin, appuyé contre le réfrigérateur, regardait Phoebe préparer du thé.

Anne avait été transportée à l'hôpital, accompagnée par Diana et Jonathan. Jane dormait dans sa chambre, sous la garde d'Elizabeth. La police ratissait le parc à la recherche d'un suspect. McLoughlin avait insisté pour questionner Phoebe.

Celle-ci lui tournait le dos.

– Elle avait peur. Elle ne voulait rien dire de particulier, j'imagine.

– Oui, elle avait peur, Mrs. Maybury. Mais pas de moi. Elle a murmuré : « J'ai ma chemise de nuit. J'ai cru que c'était mon père. »

Il alla se camper devant Phoebe.

– Laissons pour l'instant de côté le fait qu'elle n'a pas vu son père depuis dix ans. Quel rapport avec sa chemise de nuit ? Et pourquoi était-elle terrifiée ? Elle a prétendu qu'elle avait entendu un bruit de respiration.

Phoebe évita de croiser son regard.

– Elle était bouleversée.

– Vous tenez à ce que je lui pose la question quand elle se réveillera ? demanda-t-il brutalement.

Elle leva sa jolie tête.

– Vous en seriez bien capable.

Elle fit mine de rajuster ses lunettes, s'aperçut qu'elle ne les avait pas et baissa la main.

– Certainement, dit-il d'une voix ferme.

En soupirant elle remplit deux tasses de thé.

– Asseyez-vous, sergent. Vous ne le savez peut-être pas, mais vous avez une mine épouvantable. La figure couverte d'écorchures et la chemise déchirée.

– Je ne voyais pas où je marchais.

Il prit une chaise et s'assit à califourchon.

– Je m'en doute.

Elle resta quelques instants silencieuse.

– Je ne veux pas que vous questionniez Jane, déclara-t-elle d'une voix calme en s'asseyant à son tour. Encore moins après ce qui s'est passé cette nuit. Elle ne le supporterait pas. Vous le comprendrez d'autant plus facilement que vous savez très bien, j'en suis persuadée, ce qu'elle voulait dire par ces mots.

Elle le dévisagea.

– Votre mari abusait d'elle ?

Elle acquiesça.

– Je m'en veux de ne pas m'en être aperçue avant. Je l'ai découvert un soir, en rentrant du travail plus tôt que d'habitude. J'étais réceptionniste dans un cabinet médical. Nous avions besoin d'argent. David avait mis Jonathan en pension dans une école privée. Ce jour-là j'avais la grippe, et le docteur Penny m'a conseillé de rentrer chez moi et de me coucher. Quand je suis arrivée, j'ai trouvé ma pauvre petite Jane violée.

Elle avait un visage impassible, comme si elle avait appris depuis longtemps l'inutilité de la colère.

– Il s'en était toujours pris à moi, continua-t-elle, et, en un sens, cela m'arrangeait. Tant qu'il me battait, il ne touchait pas aux enfants. Du moins, je le pensais.

Elle sourit tristement.

– Il a profité de ma naïveté et de la terreur qu'il inspirait à Jane. Depuis qu'elle avait sept ans, il la violait régulièrement et menaçait de la tuer si elle en parlait à qui que ce soit. Et elle le croyait.

Phoebe se tut.

– Vous l'avez tué ?

Elle le regarda.

– Je l'aurais fait avec plaisir. Si j'avais eu une arme sous la main. Une chambre d'enfant contient rarement des objets dangereux.

– Que s'est-il passé ensuite ?

– Il s'est enfui, répondit-elle sans émotion. Nous ne l'avons plus revu. J'ai signalé sa disparition trois jours plus tard. Des gens qu'il devait rencontrer avaient passé des coups de fil. J'ai pensé que cela semblerait bizarre si je ne le faisais pas.

– Pourquoi ne pas avoir dit la vérité à la police ?

– Avec pour unique témoin une enfant gravement perturbée ? Je ne voulais pas qu'elle soit interrogée, pas plus que je ne désirais fournir à la police un motif pour me suspecter d'un meurtre que je n'avais pas commis. Pendant des années, elle a reçu les soins d'un psychiatre. Lorsqu'elle a fait de l'anorexie, on a cru qu'elle allait mourir. Je vous demande seulement de lui éviter des chocs supplémentaires.

– Avez-vous une idée de ce qu'est devenu votre mari ?

– Pas la moindre. J'aimerais autant qu'il se soit suicidé, mais, à vrai dire, je doute qu'il ait eu assez de courage. Il adorait faire souffrir les autres, mais il était lui-même extrêmement douillet.

– Pourquoi s'est-il enfui ?

Elle hésita.

– Franchement, je n'en sais rien, finit-elle par répondre. J'y ai souvent pensé. Il est possible qu'il ait eu peur, pour la première fois de sa vie.

– De quoi ? De la police ? De poursuites éventuelles ?

Elle eut un sourire maussade mais ne répondit pas.

McLoughlin tripota sa tasse.

– Quelqu'un a tenté de tuer Miss Cattrell, dit-il. Votre fille croit avoir entendu son père. Est-il possible qu'il soit revenu ?

Elle secoua la tête.

– Non, sergent. David n'aurait jamais pris un tel risque.

Elle le regarda dans le blanc des yeux, tout en passant une main sur son front pour ramener une mèche de cheveux roux.

– Parce qu'il sait bien que, s'il le faisait, alors je le tuerais. C'est de moi qu'il a peur.

Walsh était d'une humeur de chien. Assis dans le fauteuil d'Anne, il regardait un policier photographier, dehors, ce qui restait des portes-fenêtres. On n'avait pas pu attendre le lendemain matin, en raison des risques de pluie. Une bâche en plastique, lestée par des pierres, recouvrait les débris de verre éparpillés sur le dallage.

– Il doit y avoir des milliers d'empreintes, grommela Walsh à l'adresse de McLoughlin. Sans compter que la moitié des flics du comté ont dû laisser traîner leurs sales pattes dans toute la baraque.

McLoughlin examinait la moquette près de la fenêtre, dans l'espoir de déceler des taches de sang.

– Vous avez trouvé quelque chose ? demanda Walsh.

– Rien.

Il avait les yeux rougis par la fatigue.
– Bon sang, que s'est-il passé, Andy?
Il scruta la pièce au-delà de McLoughlin puis regarda sa montre.
– Vous dites que vous l'avez découverte vers onze heures quarante. Il est maintenant une heure trente, et les seuls indices dont nous disposions sont de vagues bruits et une fracture du crâne. Qu'en pensez-vous?
McLoughlin secoua la tête.
– Rien. Je ne vois même pas par quel bout commencer. Espérons qu'elle se réveillera le plus vite possible et qu'elle pourra nous apprendre quelque chose.
Walsh s'extirpa du fauteuil et s'approcha de la fenêtre.
– Vous n'avez pas encore terminé? demanda-t-il à l'homme qui se trouvait dehors.
– Presque.
Il prit un dernier cliché et abaissa son appareil photo.
– Je laisserai quelqu'un ici cette nuit. Vous pourrez vous occuper de l'intérieur demain.
Walsh regarda le policier ranger son matériel et s'éloigner en contournant avec précaution les morceaux de verre. Puis il reprit sa place dans le fauteuil. Il avait sa tête des mauvais jours. Il entreprit de bourrer sa pipe, tout en épiant McLoughlin sous ses sourcils épais.
– Très bien, sergent, lança-t-il, à présent dites-moi ce que vous fabriquiez dans le coin. Cette histoire a un air qui ne me plaît pas beaucoup. Si je m'aperçois que vous avez négligé vos devoirs, je vous promets que vous allez le regretter.
La fatigue et l'énervement arrachèrent à McLoughlin un bâillement prolongé.
– J'étais venu jeter un coup d'œil. Je pensais que ça me vaudrait peut-être de l'avancement.
Du calme, de l'aplomb, se dit-il, rien de trop précis, et surtout, pas de détails qu'on puisse vérifier. Si Phoebe Maybury arrivait à s'en tirer avec ça, pourquoi pas lui?
– Continuez, dit Walsh en fronçant nettement les sourcils.
– Je me suis dissimulé au pied du mur pour voir ce qui

se passerait après son retour du commissariat. J'ai dû arriver vers dix heures quarante-cinq. Tout le monde était allé se coucher, sauf Miss Cattrell qui était assise dans le fauteuil où vous êtes. Elle a fini par éteindre en bas vers onze heures quinze. J'ai attendu dix minutes, puis je me suis dirigé vers la voiture. Je n'étais pas très loin quand j'ai cru entendre des voix. Je suis revenu pour voir ce qui se passait. La fenêtre était entrouverte. J'ai promené ma torche à l'intérieur et je l'ai trouvée là.

Il indiqua d'un signe de tête le milieu de la pièce.

Walsh mâchonna l'extrémité de sa pipe.

– Encore une chance. Mrs. Maybury dit que vous lui faisiez un massage cardiaque quand elle est arrivée. Vous lui avez probablement sauvé la vie.

Il alluma sa pipe et scruta McLoughlin à travers la fumée.

– C'est vrai ?

McLoughlin bâilla de nouveau. Il n'arrivait plus à se contrôler.

– Oui, c'est vrai, fit-il d'un ton las.

Pourquoi essayait-il de se protéger ? Le matin, il ne cherchait qu'un prétexte pour tout laisser tomber. Peut-être avait-il envie de connaître la fin de l'histoire. Ou de prendre une revanche.

Walsh le considéra d'un air soupçonneux.

– Si je découvre qu'il y a quelque chose entre elle et vous, je vous colle un rapport avant même que vous ayez eu le temps de lever le petit doigt. Elle est suspecte dans une affaire d'homicide.

Le visage maussade de McLoughlin se fendit d'un sourire.

– Écoutez, patron, depuis que je l'ai traitée de gouine, elle me prend pour Vlad l'Empaleur.

Il bâilla encore.

– Mais je vous remercie du compliment. Après la veste que j'ai prise ces dernières semaines, je suis heureux que vous me prêtiez un tel pouvoir de séduction. Kelly ne serait sans doute pas de votre avis, conclua-t-il avec amertume.

Walsh émit un grognement.
– Vous l'avez frappée ?
McLoughlin n'eut pas à feindre la surprise.
– Moi ? Et pour quelle raison ?
– Pour lui rendre la monnaie de sa pièce. Vous êtes plutôt à cran en ce moment.
Il regarda Walsh, puis secoua la tête.
– Ce n'est pas mon style. Mais si Jack Booth se prend un jour un pruneau dans le crâne, vous saurez à qui vous adresser.
Le commissaire hocha la tête.
– Et qu'a fait Miss Cattrell durant la demi-heure où vous l'avez guettée ?
– Elle est restée assise.
– A quoi faire ?
– Rien. Elle réfléchissait probablement.
– Vous dites que la Maybury vous a avoué qu'elle désirait tuer son mari. Tuerait-elle aussi son amie ?
– Peut-être. Si elle était suffisamment en colère. Mais pour quelle raison ?
– La vengeance. Elle s'imagine peut-être que Miss Cattrell nous a lâché le morceau.
McLoughlin secoua lentement la tête.
– Elle la connaît sûrement mieux que ça.
– Alors, Mrs. Goode ? Les Phillips ? Les enfants ?
– Même chose. Pour quelle raison ?
Walsh se leva.
– Je propose que nous allions nous en assurer, dit-il d'un ton acide, avant de nous retrouver tous à régler la circulation. Une arme nous aiderait à avancer. Je veux qu'on fouille cette maison de fond en comble. Vous dirigerez l'équipe jusqu'au retour de Robinson. Il m'assistera dans les recherches.
Il consulta sa montre.
– Concentrez-vous sur le dossier Maybury. Et soyez dans mon bureau à dix heures. Cette histoire a forcément un sens, et je veux savoir lequel.
– Si vous le permettez, je crois que je serais plus utile ici.

– Désormais, vous ferez ce qu'on vous dira ! sergent, jeta-t-il avec aigreur. J'ignore quel petit jeu vous jouez, mais j'ai horreur qu'on me marche sur les pieds.

McLoughlin haussa les épaules.

– Très bien, patron, mais vous avez peut-être tort de considérer un seul scénario. Mrs. Maybury vous a raconté ce qui s'était produit selon elle, et, comme je vous l'ai dit ce matin, Mrs. Phillips compare cette maison à une forteresse. Pourquoi ?

Walsh le toisa un instant, puis se dirigea vers la porte.

– Vous êtes en train de vous laisser endormir par des professionnelles du mensonge. Si vous ne vous réveillez pas, vous aurez bientôt l'air d'une andouille.

16

Le manoir connut un brusque regain d'activité. Les policiers déployèrent une énergie sans pareille, manifestant, s'il en était besoin, qu'il n'en avait pas toujours été ainsi. De toute évidence, une tentative de meurtre sur une femme munie d'une identité constituait un délit autrement plus grave que l'assassinat d'une créature anonyme. Anne eût jugé cela inquiétant, si elle n'avait pas été dans le coma, au service des urgences, et donc totalement ignorante de la tournure prise par les événements. Walsh eût nié la chose avec sa hargne habituelle, au lieu de quoi il la passa sur ses hommes lorsqu'il fut devenu évident que les recherches dans le parc et la maison n'aboutiraient à rien.

Dans la presse, Streech Grange était devenu, de manière assez singulière, le pendant du château de Barbe-Bleue, sorte de coupe-gorge et de charnier à la fois. Les compagnes d'Anne payaient cher le tribut de l'amitié. En comparaison, les interrogatoires précédents avaient eu la douceur d'une réunion de famille. Cette fois, on ne prit pas de gants, et on se mit à les cuisiner du matin au soir. Walsh était à la recherche d'un fil conducteur. Sa logique lui disait qu'il y en avait un. En termes de statistique, la possibilité de trois meurtres, totalement étrangers les uns aux autres, dans une même maison défiait tous les calculs.

Pour les enfants, c'était une expérience entièrement

nouvelle. Ils n'avaient jamais eu affaire à la police et ils reçurent ainsi le baptême du feu. Jonathan éprouvait un désagréable sentiment d'impuissance à se trouver mêlé à une situation qui lui échappait totalement. Il se montra bourru et récalcitrant. Walsh n'aurait pas demandé mieux que de lui expédier son pied au derrière, mais après deux heures d'interrogatoire il se persuada qu'il n'en tirerait rien de plus. Jonathan avait disculpé les trois adolescents de l'attaque contre Anne. Selon lui, après leur petite fiesta, ils s'étaient changés pour la nuit, avaient pris chacun un duvet et s'étaient installés dans la chambre de Jane pour regarder le film du soir à la télévision. Le fracas de la vitre, puis les cris de McLoughlin les avaient fait sursauter. Non, ils n'avaient rien entendu avant ça, mais la télé marchait à fond. Walsh interrogea ensuite Elizabeth. Elle avait les nerfs à fleur de peau mais ne manifesta aucune réticence. Le compte rendu qu'elle fit de leurs occupations de la veille au soir concordait en tous points avec celui fourni par Jonathan. Après une journée de répit, Jane fit un récit semblable. A moins d'un complot extraordinairement bien organisé, ils n'avaient rien à voir avec la tentative de meurtre sur Anne.

Pour Phoebe, au contraire, c'était du déjà vu. La seule différence résidait dans le fait que les hommes qui l'interrogeaient aujourd'hui disposaient de renseignements qu'elle leur avait cachés dix ans auparavant. Elle répondit à leurs questions avec la patience stoïque dont elle avait déjà fait preuve, sans jamais perdre contenance, ce qui avait le don de les agacer, mais en refusant de se laisser entraîner sur le terrain des perversions de son mari.

– Vous dites que vous vous en voulez de ne pas avoir su ce qu'il faisait à votre fille, lança Walsh à plusieurs reprises.

– Oui. Sans quoi j'aurais peut-être pu l'arrêter.

Il avait pris l'habitude de se pencher en avant en lançant la question suivante, dans l'espoir de déceler un signe de lassitude.

– Étiez-vous jalouse, Mrs. Maybury ? N'en vouliez-vous pas à votre mari de préférer avoir des rapports sexuels avec votre fille ? N'était-ce pas humiliant pour vous ?

Elle attendait quelques secondes, comme si elle était sur le point d'acquiescer, puis répondait :

– Non, commissaire, je n'éprouvais rien de ce genre.

– Mais vous avez dit que vous l'auriez tué avec plaisir.

– Oui.

– Pourquoi ça ?

– Cela me paraît évident. De la même façon que je tuerais n'importe quel bête féroce qui s'attaquerait à mes enfants.

– Et malgré cela, vous prétendez que vous n'avez pas tué votre mari.

– Je n'en ai pas eu besoin. Il est parti.

– Est-il revenu ?

– Non.

– L'avez-vous tué et laissé pourrir dans la chambre froide ?

– Non.

– Cela aurait été une sorte de châtiment.

– Certainement.

– Les Phillips, ou plutôt les Jefferson devrais-je dire, semblent apprécier ce genre de justice, n'est-il pas vrai ? Ont-ils expédié la besogne à votre place ? Pour servir votre vengeance ?

C'était toujours à ce stade que Phoebe sentait la colère l'envahir. La première fois, la question lui avait fait l'effet d'un coup de poing. Ensuite, elle s'y était préparée, même s'il lui fallait encore tout son flegme pour ne pas lacérer ce visage qu'elle détestait.

– Allez donc leur demander, répondait-elle invariablement. Je n'aurais pas la présomption de m'exprimer à leur place.

– Je vous demande votre opinion, Mrs. Maybury. Seraient-ils capables de commettre un crime pour vous venger, vous et votre fille ?

Léger sourire.

– Non, commissaire.

– Est-ce vous qui avez frappé Miss Cattrell ? Vous avez dit que vous étiez couchée, mais nous ne sommes pas obligés de vous croire. Y avait-il des choses que vous ne vouliez pas qu'elle révèle ?

– A qui ? A la police ?
– Peut-être.
– Vous racontez n'importe quoi, commissaire.

Malgré le sourire, la voix ne contenait aucune trace d'humour.

– Je vous ai déjà dit ce qui était arrivé à Anne.
– Des suppositions, Mrs. Maybury.
– Mais tout à fait plausibles quand on songe à ce qui m'est arrivé il y a neuf ans.
– Vous ne l'avez jamais signalé.
– Parce que vous n'auriez pas voulu me croire. Vous m'auriez accusée de jouer la comédie. De plus, je ne tenais pas à vous voir rappliquer alors que vous aviez enfin débarrassé le plancher. En un sens, j'ai eu plus de chance qu'Anne. Mes blessures étaient tout intérieures.
– C'est trop commode. Vous me prenez vraiment pour un crétin.
– Non, pour un être obtus et vindicatif.
– Parce que je ne partage pas votre goût du mélodrame ? Votre fille est très vague quant à ce qui a pu l'effrayer. Le sergent McLoughlin pense seulement avoir entendu des voix. Je suis un réaliste. Je m'intéresse aux faits, pas aux névroses féminines.

Elle le regarda avec une étincelle dans les yeux.

– Je ne m'étais jamais rendu compte à quel point vous détestez les femmes. Ou est-ce uniquement moi ? En fait, vous aimeriez bien pouvoir vous dire que je n'ai eu que ce que je méritais, n'est-ce pas ? Croyez-vous que je me serais épargnée tous ces tourments si je vous avais dit « oui » il y a dix ans ?

Et à chaque fois, c'était Walsh qui se mettait en colère. Et à chaque fois, après une mitraillade de questions, Phoebe reprenait sa voiture pour filer à l'hôpital. Elle s'asseyait au chevet d'Anne, lui prenait les mains, lui parlait, en espérant qu'elle reprendrait conscience.

Les questions posées à Diana portaient toutes, de près ou de loin, sur ses rapports avec Daniel Thompson. Diana ne possédait pas le sang-froid de Phoebe et il lui arrivait souvent de s'emporter. Néanmoins, après deux jours d'interrogatoire, Walsh n'avait toujours pas réussi à la prendre en défaut.

Il abattit une main sur le paquet de courrier.

– Il est parfaitement clair d'après ces lettres que vous lui en vouliez.

– Bien sûr que je lui en voulais, répliqua-t-elle d'un ton virulent. Il m'a arnaquée de dix mille livres.

– Arnaquée ? répéta-t-il. Mais il faisait de son mieux, n'est-ce pas ?

– Ce n'est pas mon avis.

– N'aviez-vous pas vérifié les comptes avant d'investir de l'argent ?

– Seigneur Dieu ! nous avons déjà parlé de tout ça. Vous êtes bouché ou quoi ?

– Répondez à ma question, Mrs. Goode.

Elle soupira.

– On ne m'en a guère laissé de temps. J'ai passé une journée à consulter les livres. Ils avaient l'air en règle, aussi je lui ai fait un chèque. Ça vous va ?

– Alors pourquoi dites-vous qu'il vous a arnaquée ?

– Parce qu'en le connaissant mieux, j'ai compris qu'il était d'une totale incompétence, voire d'une malhonnêteté foncière. Les chiffres avaient été gonflés. Ainsi, je pense aujourd'hui qu'il augmentait ses avoirs en surévaluant son stock et je me suis aperçue qu'il utilisait les cotisations de ses employés pour renflouer sa trésorerie. Les carnets de commandes étaient pleins, ce qui n'empêche qu'au bout de trois mois il n'avait pratiquement rien vendu et que le petit stock qu'il gardait à l'usine n'avait pas bougé. Il ne faisait aucun effort de publicité. Il n'arrêtait pas de dire qu'avec le bouche à oreille les choses allaient démarrer.

– Et cela vous rendait furieuse ?

– Seigneur, aidez-moi ! s'exclama-t-elle en levant les mains au ciel. Vous voulez que je vous l'épelle ? J'en étais malade. Je m'étais fait avoir.

– Vous étiez au courant de la disparition de Mr. Thompson ?

– Pour la dernière fois, non. Non et non!

– Mais vous saviez qu'il avait disparu avant que nous vous en parlions?

– Oui, commissaire, je le savais. Il devait venir me voir pour m'expliquer ce qui se passait.

Elle se pencha et tapa du poing sur les lettres.

– Vous avez le jour et l'heure sous le nez. Je ne l'ai pas vu. J'ai téléphoné à son bureau mais on m'a répondu qu'il était absent. J'ai alors téléphoné chez lui et sa femme m'a envoyée au diable. J'ai rappelé l'usine deux jours plus tard et on m'a informée qu'il était porté disparu. J'y suis allée le lendemain. Les employés étaient fous de rage. Cela faisait trois semaines qu'ils n'avaient pas touché leur salaire et ils venaient de découvrir que leurs cotisations sociales n'avaient pas été versées pendant un an. Depuis, je n'ai eu aucune nouvelle de Daniel Thompson. Son entreprise est en faillite, et il doit des sommes considérables à un tas de gens, pas seulement à moi.

– Franchement, Mrs. Goode, vous n'espériez tout de même pas qu'en investissant dans des radiateurs transparents, vous alliez revoir votre argent.

A ce moment-là, il se dit que les yeux bleus avaient une plus grande aptitude que les verts ou les marron à exprimer la haine. Les épithètes dont elle se servit n'auraient même pas pu figurer dans un rapport.

– Vous vous sentiez atteinte dans votre orgueil, n'est-ce pas? Votre amour-propre, lança-t-il, attentif à chaque tressaillement de son visage. Je vous imagine très bien tuant par dépit.

– Vraiment? Alors, vous avez beaucoup trop d'imagination. Je ne pensais pas que la police puisse être aveugle à ce point-là.

– Et moi, je pense que Mr. Thompson est allé vous voir, Mrs. Goode. Et que vous étiez en colère contre lui comme vous l'êtes contre moi, aussi vous l'avez frappé.

Elle se mit à rire.

– Vous l'avez déjà vu? Non? Eh bien, croyez-moi, il avait tout d'un char d'assaut. Au besoin, demandez à son idiote d'épouse. Si je l'avais frappé, il aurait riposté, et je serais encore couverte de bleus.

– Vous couchiez avec lui ?

– Je vais vous faire un aveu. Je le trouvais encore moins attirant que vous, si c'est possible. Il avait la bouche baveuse, tout comme vous. J'ai horreur de ça. Cette réponse vous suffit ?

– Sa femme nie qu'il ait eu des contacts avec les gens de Streech Grange.

– Cela ne m'étonne pas. Je l'ai rencontrée une fois. Je n'ai pas eu l'air de lui plaire.

– Fred et Molly étaient-ils au courant de votre investissement ?

– Non. Personne.

– Pourquoi ?

– Vous le savez très bien.

– Vous ne vouliez pas qu'on se moque de vous ?

Elle ne prit même pas la peine de répondre.

– Peut-être Fred et Molly ont-ils préféré vous épargner cette humiliation, Mrs. Goode ?

Elle commençait à avoir mal à la tête.

– Quel sale manipulateur vous faites !

– Alors, Mrs. Goode ?

Elle le fixa du regard.

– Non, dit-elle. Et si vous me posez encore une seule fois la question, je vous colle ma main dans la figure.

– Pour vous retrouver accusée de coups et blessures ?

– Je peux m'offrir ça.

– Vous êtes une femme extrêmement agressive. Avez-vous été aussi agressive avec Miss Cattrell ?

Elle lui envoya son poing à la figure.

Jonathan donna une tape sur l'épaule de sa mère, se pencha et regarda Anne.

– Comment va-t-elle ?

Elle était sortie du coma, et on l'avait transférée des urgences dans une chambre du service de chirurgie. Un cathéter et un tube en plastique la reliaient à un appareil de perfusion.

– Je ne sais pas. Elle est très agitée. Elle a ouvert une ou deux fois les yeux, mais elle ne voyait rien.

Il s'accroupit à côté d'elle.

– Il va falloir que tu la laisses un moment. Diana a besoin de toi.

Elle fronça les sourcils.

– Sûrement pas.

– Hélas si. Elle a été arrêtée.

Elle se redressa, manifestement surprise.

– Diana ? Et pourquoi ?

– Pour voie de fait sur la personne d'un officier de police. Elle a donné un coup de poing au commissaire Walsh et il saigne du nez. Ils l'ont fourrée au bloc.

Phoebe resta bouche bée.

– Mon Dieu, que c'est drôle, dit-elle en se mettant à rire. Il va bien ?

– Un peu meurtri mais toujours vaillant.

– J'arrive. Je crois que nous allons avoir encore recours à ce pauvre Bill.

Elle se pencha vers Anne.

– Dans l'immédiat, c'est tout ce que je peux faire pour toi, ma vieille. Tiens bon. On est avec toi.

– J'emmènerai Jane plus tard. Elle veut venir.

Ils s'engagèrent dans le couloir.

– Elle aura assez de courage ?

– Je crois. Elle se débrouille très bien depuis l'incident de l'autre jour. Nous avons un peu discuté cet après-midi. Je ne l'avais jamais trouvée aussi lucide. Bizarrement, ça l'a peut-être aidée en lui montrant qu'elle était plus forte qu'elle ne le croyait. Entre parenthèses, elle aime bien le sergent. Si quelqu'un doit encore l'interroger, il faudrait insister pour que ce soit lui.

– Oui, dit Phoebe. Le reste mis à part, il a sauvé la vie à Anne. Pour Jane, c'est la seule chose qui compte. Elle adore sa marraine.

Jonathan glissa un bras dans celui de sa mère.

– Voyons, elle t'adore aussi. Comme nous tous.

Phoebe éclata de son rire chaud et grave.

– Parce que vous n'avez pas encore découvert mes points faibles.

– Non, dit-il, sérieux, parce que tu n'as jamais prétendu qu'ils n'en étaient pas.

Walsh et sa maudite logique! songea-t-il. Même la logique était faillible. Comment aurait-il pu en être autrement ?

Il montra sa carte à la sœur.

– Miss Cattrell ? demanda-t-il. Vous avez du nouveau ?

– Pas vraiment. Elle bouge un peu, ouvre un œil de temps en temps, ce qui est plutôt bon signe, mais, comme je l'ai dit au commissaire, si vous comptez l'interroger, vous perdez votre temps. Elle peut reprendre conscience à tout moment, comme elle peut rester ainsi encore un jour ou deux. Nous vous préviendrons dès qu'elle sera en état de parler.

– Je vais rester quelques minutes, si cela ne vous dérange pas. On ne sait jamais.

– Elle se trouve dans la deuxième chambre à droite. Faites-lui un brin de causette, dit la sœur d'un ton encourageant. Autant vous rendre utile, puisque vous êtes là.

Il ne l'avait pas vue depuis qu'elle était partie en ambulance et il éprouva un choc en entrant. Elle était beaucoup plus menue que dans son souvenir, une petite forme rabougrie, à la tête entourée de bandages, à la peau cireuse. Mais, même endormie, elle avait l'air de sourire sous l'influence de quelque pensée secrète. Il n'éprouvait aucun désir – comment aurait-il pu ? –, mais une joie douce mêlée d'un sentiment de familiarité comme s'il la connaissait depuis longtemps. Il tira la chaise près des oreillers et commença à parler. Sans hésitation, car il n'avait pas besoin de réfléchir pour savoir ce qu'elle aimerait entendre. Au bout d'une demi-heure il eut la gorge sèche et regarda sa montre. Elle avait remué une ou deux fois, comme un enfant dans son sommeil, mais ses paupières étaient demeurées hermétiquement closes. Il recula sa chaise.

– Et voilà, Cattrell. Je crois qu'il est temps que je parte. Je verrai demain si je peux encore vous voir seul à seule.

– Vous êtes un beau salaud, marmonna-t-elle. Récitez-moi donc « Tam' o' Shanter ».

Elle ouvrit un œil et le regarda.

– Je suis à l'article de la mort.

– Vous étiez réveillée, dit-il d'un ton de reproche.

Elle ouvrit l'autre œil et une lueur éclaira son regard trouble.

– Phoebe est venue ?

Il hocha la tête.

– Je me souviens de l'avoir vue. Je suis dans ma chambre ?

– Non à l'hôpital.

– Merde ! Je ne peux pas blairer les hôpitaux. Quel jour sommes-nous ?

– Vendredi. Cela fait deux jours que vous roupillez.

Elle parut brusquement inquiète.

– Qu'est-il arrivé ?

– Je vais chercher une infirmière.

Il fit mine de se lever.

– Ah non ! grommela-t-elle. Je ne peux pas non plus blairer les infirmières. Qu'est-il arrivé ?

– On vous a frappée. Dites-moi ce dont vous vous souvenez.

Elle fronça fortement les sourcils.

– D'un poulet au curry, dit-elle, indécise.

Il lui prit la main et la serra.

– Oublions ce poulet au curry, d'accord ? Il serait largement préférable que vous ne m'ayez pas vu ce soir-là.

Elle plissa le front.

– Mais que s'est-il passé ? Qui m'a trouvée ?

Il lui caressa les doigts.

– Moi. Mais ça n'a pas été une mince affaire d'expliquer à Walsh ce que je fichais là. Je ne pouvais tout de même pas lui raconter que j'étais en train de draguer un suspect.

Il guetta une réaction.

– Vous entendez ce que je vous dis ? Je tiens à continuer cette enquête. Je veux que justice soit faite.

– Bien sûr que je vous entends.

Une étincelle d'ironie dansa dans ses yeux, et il eut envie de la serrer dans ses bras.

– Je suis capable de mâcher du chewing-gum et d'avancer les pieds en même temps, vous savez.

Elle refléchit.

– Attendez. Vous étiez en train de m'expliquer comment je devais mener ma vie.

Elle lui lança un regard accusateur.

– Vous n'en aviez pas le droit, McLoughlin. Du moment que j'ai la conscience tranquille, c'est tout ce qui compte. Vous comprenez ?

Il se pencha et lui effleura l'extrémité des doigts avec ses lèvres.

– J'essaie. Laissez-moi du temps. De quoi vous souvenez-vous encore ?

– Il faut que j'arrive à retrouver le fil, dit-elle en faisant un effort de concentration. J'ai ouvert la fenêtre, ça je m'en souviens. Puis – elle fronça les sourcils – j'ai entendu un bruit, je crois.

– Où ?

– Je ne me rappelle pas.

Elle avait l'air abattue.

– Que s'est-il passé ensuite ?

– Quelqu'un vous a frappé derrière la tête.

Elle le regarda, ahurie.

– Je n'en ai aucun souvenir.

– Vous étiez étendue au milieu de la pièce.

Une main se posa lourdement sur son épaule et il sursauta.

– Vous n'avez pas à lui poser de questions, sergent, dit la sœur d'une voix irritée.

Elle appela l'infirmière dans le couloir.

– Allez chercher le docteur Renfrew. Quant à vous, dehors !

Anne regarda la bonne sœur avec une horreur sans mélange et s'accrocha à la main de McLoughlin.

– Vous n'allez pas me laisser. Je l'ai vue dans *Le Jour le plus long*, et elle n'était pas du côté des Alliés.

Il se tourna et leva les mains en un geste résigné.

– Y a-t-il quelque chose dont je devrais me souvenir ? demanda-t-elle. Je ne voudrais pas embarrasser ce pauvre commissaire.

Il la regarda avec douceur.

– Non, Miss Cattrell. Occupez-vous seulement de votre santé, je m'occupe des lacunes.

Elle lui adressa un clin d'œil.

– D'accord.

Le sergent Robinson songeait à sa future promotion. Il avait repris, avec zèle, son porte à porte, dans l'espoir d'obtenir des indications qui le mettraient sur la piste de l'agresseur d'Anne Cattrell, mais il s'était heurté au fameux mur du silence. Personne n'avait rien vu ni rien entendu cette nuit-là, hormis l'ambulance, qui n'avait échappé à personne. Il avait bu à nouveau un verre avec Paddy Clarke, sous l'œil inquisiteur de Mrs. Clarke. Cela l'avait d'autant plus réfrigéré qu'Anne lui avait dit que c'était une ancienne bonne sœur. Paddy l'assura qu'il avait cherché la brochure partout mais qu'il ne l'avait pas retrouvée, ajoutant, tandis que sa femme soufflait comme un phoque au-dessus de son épaule, qu'il ignorait à peu près tout de la propriété comme de ses habitants. Et qu'il en savait encore moins en ce qui concernait Miss Cattrell. Nick Robinson préféra ne pas insister. Pris en tenaille entre Mr. et Mrs. Clarke, il ne donnait pas cher de sa peau et il était profondément attaché à ses parties intimes.

A présent, rien ne l'empêchait de rentrer chez lui. Il avait rempli sa mission. Au lieu de cela, il mit le cap sur Bywater Farm et le dénommé Eddie Staines. Jusque-là, la conversation avec Mrs. Ledbetter s'était révélée payante. Pourquoi ne pas retenter le coup ?

Le fermier lui indiqua l'étable où Eddie nettoyait après la traite du soir. Il le trouva un râteau à la main en train de blaguer assez lestement avec une fille aux grosses joues rondes qui gloussait chaque fois qu'il ouvrait la bouche. Ils se turent à l'approche du sergent et l'observèrent avec curiosité.

– Mr. Staines? demanda celui-ci en exhibant sa carte. Vous avez une minute?

Eddie lança une œillade à la fille.

– Ouais. Mais rendez-la-moi, j'en aurai encore besoin.

La fille hurla de rire.

– Ooh, Eddie! Ce que t'es marrant!

– Je voudrais vous parler, continua Robinson en notant mentalement la réplique pour un usage futur. De préférence, en particulier.

– Dégage, Suzie. Je te verrai plus tard au pub.

Elle s'éloigna à regret, traînant ses bottes dans la boue de la cour, la tête légèrement tournée dans l'espoir qu'on la rappellerait. Manifestement, Eddie n'avait rien d'un sentimental.

– Qu'est-ce que vous voulez? demanda-t-il tout en passant son râteau pour rassembler des brins de paille souillés.

Il portait un tee-shirt sans manches qui mettait en relief les muscles de ses épaules.

– Vous avez entendu parler du meurtre qui a eu lieu à Streech Grange?

– Comme tout le monde, répondit-il avec indifférence.

– J'aimerais vous poser quelques questions à ce sujet.

Staines s'appuya sur son râteau et considéra le sergent.

– Écoutez, mon pote, j'ai déjà dit à vos copains tout ce que je savais et c'est plutôt mince. J'suis ouvrier agricole, moi, un prolo de la terre. Les culs-terreux de mon espèce ne fréquentent pas les châtelains.

– Personne ne vous dit le contraire.

– Alors, à quoi ça vous sert de me poser des questions?

– Nous nous intéressons à tous ceux qui auraient pu se promener dans le parc ces deux derniers mois.

Staines se remit à ratisser la paille.

– J'suis pas dans le coup.

– Ce n'est pas ce qu'on m'a dit.

Le jeune homme plissa les yeux.

– Ah ouais? Et qui est-ce qui vous a raconté ces conneries?

– Il est de notoriété publique que vous emmenez là-bas vos petites amies.

– A quoi vous essayez de me mêler ?

– A rien, mais vous avez peut-être vu ou entendu quelque chose qui pourrait nous aider.

Robinson lui offrit une cigarette. Eddie accepta aussi du feu.

– Peut-être bien, dit-il contre toute attente.

– Je vous écoute.

– Paraît que vous avez questionné ma sœur à propos d'une femme qui aurait pleuré un soir. Paraît même que vous y êtes retourné deux fois.

– Vous parlez de ces cottages le long de la route d'East Deller ?

– Ouais. Maggie Trewin, c'est ma sœur. Elle habite la deuxième maison. Son mari travaille à Grange Farm. Elle m'a dit que vous vouliez savoir quelle nuit la bonne femme avait chialé.

Robinson hocha la tête.

– Eh bien, continua Staines en expédiant au-dessus de sa tête des ronds de fumée au contour parfait, j'ai peut-être une idée, mais je veux être sûr que mon beau-frère ne saura pas d'où ça vient. Alors pas de convocation au tribunal ni de truc dans ce genre-là. Il m'écorcherait vif s'il apprenait que je me trouvais dans les parages et il me lâcherait pas avant de savoir avec qui.

Il secoua la tête avec morosité.

– Je tiens pas à courir de risque.

Mr. Trewin tenait à sa sœur cadette comme à la prunelle de ses yeux.

– Je ne peux pas vous garantir que vous ne serez pas convoqué au tribunal, dit Robinson. Dans ce cas, il vous faudra témoigner. Mais cela peut très bien ne pas se produire, si la femme n'a rien à voir dans l'affaire.

– Vous croyez ça ? grommela Staines. J'en suis moins sûr que vous.

– Je pourrais aussi vous embarquer au commissariat, dit Robinson d'une voix douce.

– Ça vous avancera à rien. Je desserrerai pas les dents, sauf si vous m'assurez que ça ne viendra pas aux oreilles de Bob. Il me tuerait, ça fait pas un pli.

Il fit jouer ses muscles et reprit sa besogne.

Robinson inscrivit son nom et l'adresse du commissariat sur une page de son carnet. Il la déchira et la tendit à Staines.

– Écrivez sur une feuille ce qui est arrivé et quand, et envoyez-la-moi non signée, proposa-t-il. Je la traiterai comme une lettre anonyme. De cette façon, personne n'en connaîtra la provenance.

– Sauf vous.

– Si vous ne voulez pas, dit Robinson d'une voix menaçante, la prochaine fois que je viendrai ce sera avec le commissaire. Et il n'a pas un caractère facile.

– J'y réfléchirai.

– Je vous le conseille!

Il s'apprêtait à partir.

– Je suppose que vous n'étiez pas là-bas il y a trois jours?

Staines lança un gros paquet de bouse au sommet du tas de paille.

– Vous supposez bien.

– Une des femmes a été attaquée.

– Ah ouais?

– Vous n'étiez pas au courant?

Il lança au sergent un regard en biais.

– Je vous parie que c'est une de ses copines. Les gouines, quand ça s'y met, y a pas plus rosse.

– Donc vous n'avez rien vu ni entendu ce soir-là?

Eddie lui tourna le dos pour s'attaquer à un autre coin de l'étable.

– Puisque je vous le dis. Je n'ai pas mis les pieds là-bas.

Je ne sais pas pourquoi, mais je ne te crois pas, mon coco, songea Robinson en enjambant avec répugnance les excréments qui jonchaient la cour. La fille aux joues rondes se mit à glousser quand il passa devant elle près de l'entrée, puis, tel un papillon fasciné par la lumière, elle fila vers l'étable et les bras de son séducteur.

17

Lorsque McLoughlin revint au commissariat, Walsh se tamponnait toujours le nez. Le sang avait depuis longtemps cessé de couler. Néanmoins, il s'obstinait à presser un mouchoir taché de rouge contre son organe olfactif. McLoughlin, qui n'avait pas entendu cette partie de la conversation entre Phoebe et Jonathan, lui lança un regard surpris.

– Qu'est-il arrivé ?

– Mrs. Goode m'a flanqué un coup de poing, aussi je l'ai fourrée au violon pour coups et blessures, répondit Walsh d'un ton mauvais. Ça lui a vite fait passer l'envie de rire.

McLoughlin prit une chaise.

– Elle est encore là ?

– Bon Dieu, non ! Mrs. Maybury l'a persuadée de me faire des excuses et je l'ai mise en liberté sous caution. Quelles bonnes femmes !

Il rangea son mouchoir dans sa poche.

– Nous avons du nouveau à propos des chaussures. Le jeune Williams a déniché un vieux coordonnier à East Deller qui fait des réparations pour trois fois rien.

McLoughlin siffla entre ses dents.

– Et alors ?

– Elles appartiennent bien à Daniel Thompson, aucun doute là-dessus. Par chance, le vieux marque tout dans un cahier. La description des chaussures – en l'occurrence il a noté que les lacets n'étaient pas de la même couleur –, la nature de la réparation, le nom de leur propriétaire, la date à laquelle il les a déposées et celle à laquelle il les a reprises. Thompson a repris les siennes une semaine avant sa disparition.

Walsh se tâta le nez avec tendresse.

– Ça coïncide parfaitement. Ça sent mauvais pour Mrs. Goode. Pour peu que nous trouvions seulement une personne au manoir qui ait vu arriver Thompson...

Il laissa cette pensée planer dans la pièce, sortit sa pipe et se mit pieusement à la nettoyer.

– Et que pensez-vous de Miss Cattrell dans ce rôle ? Elle nous joue sa petite comédie de l'avocat pour détourner notre attention de sa copine, puis affole celle-ci en lui laissant voir ce qu'elle sait.

Il se donna une tape sur le crâne.

– Et adieu, Miss Cattrell.

– Dans ce cas, c'est raté, dit McLoughlin d'un ton catégorique en suivant les mouvements de la tige dans le tuyau de la pipe. Je me suis arrêté à l'hôpital en revenant ici. Elle est tirée d'affaire. J'ai envoyé Brownlow auprès d'elle.

– Elle a repris connaissance ? Vous lui avez parlé ?

– Un bref instant, avant que la sœur me flanque à la porte. Apparemment, elle a besoin d'une bonne nuit de repos, après quoi elle pourra répondre à nos questions.

– Et alors ? demanda Walsh avec brusquerie. Qu'a-t-elle dit ?

– Pas grand-chose. Elle ne se souvient de rien.

McLoughlin se mit à examiner ses ongles.

– Sinon qu'elle croit avoir entendu un bruit.

Walsh émit un grognement.

– Ça vous arrange bien, n'est-ce pas ?

McLoughlin haussa les épaules.

– Vous faites fausse route, patron, et si vous m'aviez laissé agir à ma guise, je vous l'aurais déjà prouvé.

Le commissaire avait retrouvé son expression renfrognée.

– Jones a utilisé son équipe pour fouiller le parc une seconde fois et il n'a rien déniché.

– Laissez-moi m'en occuper. Je perds mon temps avec ce dossier Maybury. Parmi tous les gens que j'ai questionnés, personne n'a jamais remarqué chez lui un quelconque penchant pour les petites filles. Jane semble avoir été la seule. C'est une impasse.

Walsh expédia la mèche souillée de goudron dans sa corbeille à papier et considéra le sergent avec une antipathie marquée. Le fait que McLoughlin, de son propre aveu, ait essayé de lui couper l'herbe sous le pied le mettait d'autant plus en rage qu'il sentait que cette affaire lui échappait en grande partie. Il se méfiait à présent de ce type comme de la peste. Qu'est-ce que McLoughlin pouvait bien savoir que lui ne savait pas ? Avait-il trouvé la solution du mystère ?

– Vous resterez sur ce dossier jusqu'à ce que vous ayez interrogé toutes les personnes que connaissait Maybury, dit-il d'un ton aigre. C'est une piste absolument nouvelle dans cette enquête et je tiens à ce qu'on la suive jusqu'au bout.

– Pourquoi ?

Les sourcils de Walsh s'abaissèrent d'un coup.

– Comment ça, pourquoi ?

– Où est-ce que cela va nous mener ?

– A l'assassin de Maybury.

McLoughlin le regarda avec amusement.

– Écoutez, patron, elle vous a eu et vous n'y pouvez rien. Ce n'est pas en remuant les cendres du passé que vous arriverez à l'expédier en taule. Il terrorisait une enfant, cette enfant était sa fille, et maintenant il est mort. A mon avis, il est enterré quelque part dans le jardin, peut-être sous une des plates-bandes devant la maison. C'est elle qui les entretient, Fred n'a pas le droit d'y toucher. Vous avez sans doute raison, elle a dû planquer le corps dans la chambre froide à un moment, en attendant d'avoir les mains libres, mais je doute que nous retrouvions grand-chose d'intéressant, dix ans après. Ses chiens ont l'air d'apprécier la chair humaine.

Walsh tira sur ses lèvres.

– Je n'ai pas encore dit mon dernier mot. Webster n'a

toujours pas établi formellement que le cadavre dans la glacière n'était pas celui de Maybury.

McLoughlin eut un ricanement.

– Il y a un instant, vous étiez persuadé qu'il s'agissait de Daniel Thompson. Grands dieux, reconnaissez que vous vous êtes trompé sur toute la ligne ! Résultat, nous avançons à l'aveuglette.

Il se pencha en avant.

– Cette affaire n'obéit pas à une logique. Ou du moins, pas à celle que vous croyez. Vous êtes en train de tordre les faits pour les plier à vos théories et de rendre les choses encore plus incompréhensibles.

Walsh se sentit soudain perdre pied. C'était vrai. Et il y avait trop de pressions. En lui-même, pour fermer définitivement le dossier Maybury ; de la part des journaux, qui réclamaient de quoi faire leurs gros titres ; dans les instances supérieures, désireuses d'en arriver rapidement à une conclusion. Et même dans les instances inférieures, avec tous ces blancs-becs qui guignaient sa place. Il regarda McLoughlin à la dérobée, tout en bourrant sa pipe. Il y avait encore peu de temps, le lascar lui semblait plutôt sympathique et digne de confiance, quand il s'escrimait avec une épouse assommante et doutait de lui.

– Que proposez-vous ?

McLoughlin, qui avait été sur la brèche trois nuits d'affilée, se frotta énergiquement les yeux.

– Une surveillance constante autour de Streech Grange. Assurée par des équipes de deux hommes minimum. Une nouvelle fouille complète de la propriété, mais en se concentrant sur les abords du pavillon des gardiens. Et enfin d'oublier pour l'instant Maybury et de concentrer toute notre énergie sur la piste Daniel Thompson.

– Avec Mrs. Goode comme principale suspect ?

McLoughlin attendit quelques secondes.

– Évidemment ce n'est pas exclu, mais il est difficile de croire qu'elle l'ait tué.

Walsh se toucha légèrement le nez.

– Eh bien, pas pour moi.

Mrs. Thompson les accueillit avec son air d'éternelle martyre, et les fit entrer dans la pièce virginale mais dénuée de caractère. McLoughlin eut soudain l'impression d'être remonté dans le temps, comme si les heures n'avaient pas coulé et qu'ils s'apprêtaient à prononcer les mêmes phrases, sur le même ton, avec les mêmes résultats.

– Mrs. Thompson, vous nous avez bien dit que ces chaussures n'appartenaient pas à votre mari, déclara-t-il avec une pointe de réprobation dans la voix.

Mrs. Thompson palpait avec fébrilité la croix posée sur sa poitrine.

– Moi, j'ai dit cela ? Bien sûr que ce sont les siennes.

Walsh soupira.

– Dans ce cas, pourquoi nous avoir affirmé le contraire ?

Les terribles larmes emplirent ses yeux et se répandirent comme une bruine sur ses joues.

– C'est le diable qui m'a inspirée.

Ses doigts manipulaient les boutons de son chemisier.

– Seigneur, donnez-moi assez de force ! marmonna Walsh.

McLoughlin se leva brusquement et se dirigea vers le téléphone à l'autre bout de la pièce.

– Mrs. Thompson, lança-t-il d'une voix sèche, je vous conseille de vous ressaisir ou j'appelle une ambulance et je vous expédie à l'hôpital.

Elle se tassa dans son fauteuil comme s'il l'avait giflée. Walsh jeta au sergent un regard furieux.

– Est-ce la paire de chaussures que portait Mr. Thompson lorsqu'il a disparu ? dit-il d'une voix douce.

Elle les examina attentivement.

– Non.

– En êtes-vous certaine ? La dernière fois, vous nous avez dit qu'il ne possédait qu'une paire de chaussures marron, celles qu'il portait lorsqu'il est parti.

Mrs. Thompson battit frénétiquement des paupières.

– J'ai dit cela ? C'est étrange. Je ne devais pas aller très bien ce jour-là. Daniel adorait les chaussures marron. Si vous voulez, vous pouvez aller jeter un coup d'œil dans son placard. Il en avait des ribambelles.

Elle tendit la main vers la table.

– Celles-ci, c'est celles que Daniel a données au clochard.

Walsh ferma les yeux. Toute sa théorie concernant Diana Goode s'effondrait.

– Quel clochard ? fit-il.

– Nous ne lui avons pas demandé son nom. Il est arrivé en quémandant. Les chaussures étaient posées dans l'escalier et Daniel les lui a données.

– Quel jour était-ce ?

Elle sortit son mouchoir roulé en boule et s'essuya les yeux.

– La veille de sa disparition. Je m'en souviens très bien. Daniel était un saint homme, vous savez. Avec tous ses ennuis, il trouvait encore le temps de s'occuper d'un pauvre hère.

Walsh sortit des papiers de sa serviette et les feuilleta.

– Vous avez signalé la disparition de votre mari dans la nuit du 25 mai, dit-il. Le mendiant est donc venu le 24.

– Probablement, répondit-elle à travers ses larmes.

– A quelle heure ?

Elle le regarda, déconcertée.

– Je serais bien incapable de m'en souvenir. Dans la journée.

– Que faisait votre mari, chez lui, en pleine journée ? demanda McLoughlin en consultant son agenda. Le 24 était un mercredi. Il aurait dû se trouver à son usine.

Elle se rembrunit.

– Cette maudite usine ! Elle ne lui a rapporté que des ennuis. Ce n'était pas sa faute, vous savez. Les gens exigeaient trop de lui. Il a cessé d'y aller vers la fin, admit-elle d'un ton embarrassé.

– Pourriez-vous décrire ce clochard ? demanda Walsh.

– Oh oui. Il pourrait certainement vous être utile. Il portait un pantalon rose et un vieux chapeau marron.

Elle réfléchit.

– Environ soixante ans, les cheveux clairsemés, et avec ça une haleine atroce. Il était fin soûl.

Elle s'interrompit, sous l'effet d'une pensée soudaine.

– Mais vous l'avez sûrement retrouvé, sinon vous n'auriez pas les chaussures.

Walsh les prit et les retourna.

– Vous nous avez déclaré que votre mari n'avait aucun contact avec les habitantes de Streech Grange, pourtant, l'une d'elles, Mrs. Goode, a investi de l'argent dans son affaire.

Le visage de Mrs. Thompson s'assombrit.

– Je l'ignorais.

– Mrs. Goode prétend même vous avoir rencontrée, poursuivit Walsh.

Il y eut un long silence.

– C'est possible. Oui, je me rappelle avoir parlé à quelqu'un de ce nom, il y a trois ou quatre mois, dans la rue. Daniel m'avait dit qu'il s'agissait d'une cliente.

Une étincelle brilla dans ses yeux.

– Une blonde arrogante, dans une tenue tapageuse, et qui n'arrêtait pas de minauder.

– Exactement, fit Walsh, qui trouva cette description inepte mais réjouissante.

– Elle m'a téléphoné, dit Mrs. Thompson avec une mine réprobatrice. Elle m'a demandé où se trouvait Daniel. Je lui ai répondu que ça ne la regardait pas.

Elle jeta au commissaire un coup d'œil vipérin.

– Est-ce qu'elle a quelque chose à voir avec la disparition de David ?

– Nous avons vérifié les comptes de votre mari, lança avec désinvolture McLoughlin dans son coin. Nous avons relevé des différences importantes. Cela nous a surpris.

– Je ne savais pas qu'elle faisait partie de sa société.

Elle leva son mouchoir vers ses yeux secs.

– Vous me dites qu'elle lui a remis de l'argent ?

Les larmes jaillirent et elle éclata en sanglots, en proie cette fois à une douleur authentique.

– Comment a-t-il pu ? gémit-elle. Comment a-t-il pu ? Des créatures aussi abominables.

Walsh se tourna vers McLoughlin et se leva.

– Nous allons vous laisser, Mrs. Thompson. Merci de votre aide.

Elle essaya sans succès d'arrêter ses pleurs.

– Avez-vous songé à partir un peu ? demanda le sergent.

Elle poussa un long et frémissant soupir.

– Le pasteur s'en est occupé, murmura-t-elle. A la fin de la semaine, j'irai passer quelques jours dans un hôtel au bord de la mer. Mais sans Daniel, ce ne sera pas vraiment des vacances.

McLoughlin referma la porte d'un air songeur.

Les dents serrées, Walsh relâcha brusquement l'embrayage de sa Rover flambant neuve et démarra en trombe.

– Bon sang! ça vous amuse ? Nous venons de perdre la seule piste valable que nous avions.

McLoughlin attendit que la voiture eût commencé à rouler.

– Qui s'est occupé de l'affaire au départ ?

– Si vous parlez de la disparition de Thompson, c'est Staley.

– Il a fait le nécessaire ? Y compris se renseigner sur Mrs. Thompson ?

– Oui, il a tout épluché. J'ai consulté le dossier.

– Il est au courant pour notre cadavre ?

– Naturellement.

– Et cela n'a pas éveillé ses soupçons ?

– Non. Elle a un excellent alibi. Elle a accompagné son mari à la gare de Winchester, où il a pris un train pour Londres. Plusieurs personnes l'ont vu durant le voyage, dont une sur le quai à l'arrivée à Waterloo. En rentrant de Winchester, Mrs. Thompson s'est rendue directement à l'église d'East Deller pour participer à un jeûne de vingt-quatre heures organisé par les paroissiens. Son saint homme d'époux devait aller la rejoindre à six heures, à son retour de Londres, où, entre parenthèses, il était censé obtenir un prêt pour se remettre à flot. Il n'est jamais rentré. A dix heures, la femme du pasteur a ramené Mrs. Thompson chez elle, à Larkfield, et a attendu pendant que celle-ci passait des coups de fil au bureau, ainsi qu'à des amis et connaissances. Vers minuit, la femme du pasteur a téléphoné à la police. Elle est restée toute la nuit et une bonne partie du lendemain avec Mrs. Thompson qui piquait des crises de nerfs. Depuis sa descente du train, Daniel n'avait pas reparu.

– Mais l'alibi de sa femme vaut seulement pour le 25 et le 26. Et s'il était revenu plus tard ?

Walsh aborda un rond-point et se faufila dans le trafic.

– Pour quelle raison, s'il était bien décidé à mettre les voiles ? Staley pense qu'il espérait faire d'une pierre deux coups : se débarrasser de sa terrifiante moitié et échapper à la banqueroute. A la gare de Waterloo, il a filé dans les chiottes, a retourné sa gabardine, s'est collé une fausse moustache et s'est précipité dans le métro avec ce qu'il avait pu sauver du naufrage. Le numéro deux de Thompson à l'usine n'a pas eu l'air surpris que son associé ait levé le pied, il se demandait même pourquoi il ne l'avait pas fait avant. Selon lui, Thompson n'avait rien dans le ventre, et à la première alerte il avait déjà l'air de vouloir se cavaler.

McLoughlin se gratta un ongle.

– Vous avez sûrement imaginé un motif pour lequel il serait revenu. Sans quoi, comment Mrs. Goode aurait-elle pu le tuer ?

– Eh bien, Mrs. Goode est mille fois plus séduisante que cette vieille bique. Il avait peut-être prévu de dépenser son magot avec une blonde incendiaire.

– Mais quand il a débarqué, Mrs. Goode, qui avait perdu dix mille livres, l'a trouvé beaucoup moins excitant et lui a plongé un couteau dans le cœur.

– Quelque chose de ce genre.

McLoughlin éclata de rire.

– Désolé.

Il réfléchit un instant.

– Les Thompson n'ont pas d'enfants ?

– Non.

– Alors imaginez une femme mariée durant trente ans. Son mari représente tout pour elle, et voilà que soudain il la quitte.

Il s'interrompit pour réfléchir.

– Continuez.

– Cela demanderait à être approfondi, mais bornons-nous aux grandes lignes. Daniel prend la fuite parce que son entreprise se casse la gueule et qu'il n'arrive plus à faire face. Il erre quelque temps dans Londres, pour s'apercevoir que cette vie de bâton de chaise est encore plus déprimante que les rengaines conjugales, et il décide de rentrer. Entre-temps, Mrs. Thompson a découvert, parce que Mrs. Goode lui a parlé au téléphone du rendez-vous de Daniel au manoir, que son mari fréquentait une autre femme, pire, une horrible pécheresse. Elle est déjà totalement retournée et cette nouvelle l'achève. C'est une fanatique de la religion, son mariage n'a été qu'une imposture, et elle reste plusieurs jours à ruminer la question. Quelle va être sa réaction en voyant son mari arriver comme une fleur ?

– Ouais, dit Walsh d'un ton rêveur, ça a l'air pas mal. Mais comment aurait-elle pu déposer le corps dans la chambre froide ?

– Je n'en sais rien. Peut-être a-t-elle persuadé Daniel d'aller là-bas. En tout cas, il était parfaitement logique, de son point de vue, de balancer le corps à Streech Grange, théâtre des turpitudes de son mari, et logique aussi de le dévêtir et de le découper en rondelles pour nous faire croire qu'il s'agissait de Maybury. Ainsi, elle châtiait ces femelles diaboliques – à ses yeux sans doute de mèche toutes les trois – qui avaient ruiné sa vie. Avons-nous obtenu des informations à propos de cette femme que des voisins ont entendu pleurer près de Grange Farm ?

– Oui, mais rien de passionnant. Les occupants des deux cottages pensent qu'il était plus de minuit parce qu'ils étaient couchés, et que cela se passait durant la canicule de la fin mai début juin. Les uns optent pour la dernière semaine de mai, les autres pour la première quinzaine de juin. Avec ça, débrouillez-vous.

– C'est beaucoup trop vague. Il nous faudrait un repère précis. Est-ce que Staley a fouillé la maison des Thompson ?

– A deux reprises. La nuit de sa disparition et deux semaines plus tard.

McLoughlin fronça les sourcils.

– Pourquoi une seconde fois ?

– Ça, c'est déjà plus intéressant. Il avait reçu un appel anonyme disant que Mrs. Thompson avait perdu les pédales, dépecé son mari et dissimulé les restes sous le plancher. Il y est allé à l'improviste vers la mi-juin et a examiné la maison à la loupe. Il n'a rien trouvé, sauf une petite bonne femme frustrée qui l'a baladé d'une pièce à l'autre en lui faisant des agaceries. Il est convaincu que Mrs. Thompson a téléphoné elle-même.

– Dans quel but ?

– D'après lui, elle le trouvait à son goût.

– Elle ne devait pas avoir la conscience bien nette.

Walsh se rangea le long du trottoir devant le commissariat.

– C'est très joli, Andy, mais comment expliquez-vous ces maudites chaussures ? Si Daniel les avait aux pieds, pourquoi sa femme les a-t-elle laissées dans le parc ? Et s'il ne les avait pas, comment ont-elles atterri à cet endroit ?

– Oui, j'y ai songé, répondit McLoughlin. Je ne peux pas m'empêcher de croire qu'elle a dit la vérité au sujet des chaussures. Ce clochard existe sûrement. La description était trop spontanée, et elle coïncide avec celle donnée par Robinson. Je me souviens du pantalon rose. Je pourrais essayer de savoir où est passé ce type.

– Vous perdriez votre temps, marmonna Walsh. Même si vous réussissiez à lui mettre la main dessus, que pourrait-il vous apprendre ?

– Si Mrs. Thompson ment ou non.

– Hum.

Il s'accouda au volant.

– Je viens de penser à un truc affreux.

Il n'avait pas l'air dans son assiette.

– Vous ne supposez tout de même pas que ces trois

furies ont raison ? Que le clodo s'est planqué dans la chambre froide et a succombé à une crise cardiaque ?

– Que faites-vous du pantalon rose ?

Walsh se redressa, visiblement soulagé.

– Ouais, évidemment. Dans ce cas, tâchez de me retrouver ce zèbre.

– Je serai obligé d'abandonner le dossier Maybury.

– Provisoirement, grommela Walsh.

– En outre, j'aimerais disposer d'une équipe pour entreprendre de nouvelles recherches dans le parc.

Des nuages noirs s'amoncelèrent dans le regard du commissaire.

– Afin d'établir un lien entre Mrs. Thompson et la chambre froide, acheva McLoughlin d'une voix neutre.

Elizabeth se tenait à sa place favorite, devant la grande baie vitrée du salon de sa mère, et regardait les ombres s'allonger sur la terrasse. Combien de fois s'était-elle postée là, songea-t-elle, exactement au même endroit, pour observer les jeux de lumière ?

– Je suis obligée de repartir, murmura-t-elle enfin. Sinon ils vont finir par engager quelqu'un d'autre.

– Ils ne te doivent pas de jours de congé ? demanda Diana, heureuse que le silence ait cessé.

– Uniquement les vacances. Je pars deux semaines aux États-Unis à la fin septembre. Cela ne me laisse quasiment rien.

Elle se retourna.

– Je suis désolée, maman.

Diana secoua la tête.

– Cela n'a pas d'importance. Tu vas chez ton père ?

Elizabeth acquiesça.

– Je ne l'ai pas vu depuis trois ans, dit-elle en manière d'excuse. Et j'ai déjà réservé mon billet.

Il y avait entre elles un tel mur d'incompréhension, pensa Diana, et tout cela parce qu'elles n'arrivaient pas à se parler. Durant toutes ces années, elles n'avaient échangé que des propos polis mais distants, évitant soigneusement d'aborder les sujets délicats. D'une certaine façon, Phoebe avait eu de la chance. Ses enfants n'avaient pas été confrontés à un choix, n'avaient pas conservé d'attachement pour leur père, et Phoebe n'avait pas eu à se justifier du départ de celui-ci.

– Tu veux boire quelque chose ?

Elle s'approcha d'un meuble en acajou.

– Et toi ?

– Oui.

– Alors, un gin-tonic.

Diana remplit les verres et les posa près de la baie vitrée.

– A ta santé.

Elle se jucha sur le dossier d'un fauteuil et se joignit à la contemplation de sa fille. A tout prendre, il était plus facile de ne pas la regarder.

– Pendant des années, j'en ai voulu à ton père. Chaque fois qu'une lettre arrivait pour toi et que je reconnaissais son écriture, j'étais tellement crispée que j'en avais mal aux mâchoires pendant plusieurs heures. Je n'arrêtais pas de me demander ce que Miranda avait de plus que moi.

Elle eut un petit rire.

– C'est là que j'ai compris ce que voulait dire « grincer des dents ».

Elle marqua un temps d'arrêt.

– Avec le temps, cela m'a passé. Aujourd'hui, j'essaie de me souvenir des bons moments. Est-ce qu'elle est gentille au moins ? Je ne l'ai jamais rencontrée, tu sais.

Elizabeth observait avec attention les sautillements d'un moineau dehors sur les dalles, comme si son étrange manège contenait à lui seul une réponse au mystère de la création.

– Ce n'était pas tout à fait de sa faute, dit-elle, sur la défensive.

– Non. En fait, c'était beaucoup plus de la mienne. Je l'admets. J'ai cru, à tort, qu'il était le genre d'homme à accepter que sa femme travaille. Il ne supportait pas l'idée que je puisse être une concurrente. Je ne lui en veux pas. C'était dans sa nature, tout comme il était dans la mienne, après ta naissance, d'entreprendre une carrière. A vrai dire, nous n'aurions pas dû nous marier. Nous étions beaucoup trop jeunes, et nous n'avions aucune expérience. Phoebe éprouve la même chose. Elle a épousé David parce qu'elle était enceinte de Jonathan, et que dans les milieux bourgeois, il y a vingt ans, c'était la seule solution. J'ai épousé ton père pour des raisons à peu près semblables. Je voulais partir avec lui aux États-Unis et, si j'avais été seulement sa maîtresse, ma famille m'en aurait empêché.

Elle poussa un soupir.

– Dieu sait, Lizzie, que nous avons eu le temps de le regretter. Nous avons gaspillé nos vies parce que nous n'avons pas eu le courage de résister aux préjugés.

La jeune fille regardait le moineau.

– Si tu regrettes ce mariage, regrettes-tu aussi ses conséquences ?

– Tu veux dire, de t'avoir eue ?

– Évidemment ! lança-t-elle d'un ton agressif. Les deux sont liés, non ?

C'était une blessure profonde. Diana choisit soigneusement ses mots.

– Quant tu es née, je ne supportais pas qu'on me demande : « De qui tient-elle ? De vous ou de Steven ? » Je répondais toujours : « D'aucun. » Je ne comprenais pas pourquoi il était nécessaire de te comparer à l'un ou à l'autre. Pour moi, depuis la première seconde, tu étais un être différent, ayant un caractère, un visage et des gestes particuliers. Si je t'aime, c'est parce que tu es ma fille et que nous avons vécu ensemble, mais aussi, et avant tout, parce que tu es toi. Elizabeth Goode.

Elle ôta une poussière tombée sur la manche de la jeune fille.

– Tu existes en tant que telle. Tu n'es pas la conséquence d'un mariage.

– Mais si ! s'écria-t-elle. Tu ne comprends pas ? Je suis comme papa et toi m'avez fait.

Diana la regarda.

– Non, tu étais un sale bébé râleur. A huit semaines, j'ai dû te donner des aliments solides parce que tu n'arrêtais pas de réclamer. Steven te surnommait « le tyran de la couche » parce que tu nous en a fait voir de toutes les couleurs. Qu'est-ce qui te fait croire que tu es venue au monde sans personnalité et que tu as été modelée par deux amateurs ? Si tu t'imagines que les bébés ne sont pas capables de penser par eux-mêmes, tu vas au-devant de cruelles désillusions.

Elizabeth sourit.

– Tu sais très bien ce que je veux dire.

– Oui, je le sais, admit Diana.

Elle resta un instant silencieuse.

– En fait, j'aurais dû y songer plus tôt. D'un côté, je me félicitais d'avoir une fille indépendante et volontaire et, de l'autre, je t'exhortais à ne pas répéter mes propres erreurs.

Elle sourit d'un air pitoyable.

– Désolée, ma chérie. Ce n'est guère cohérent.

– Phoebe est pareille, dit Elizabeth. Ce doit être un défaut courant chez les mères.

Diana se mit à rire.

– Qu'est-ce que fait Phoebe ?

– Tu n'as pas remarqué ? Chaque fois que Jonathan se sert un verre, elle s'empresse de marquer au feutre le niveau sur la bouteille.

– Non, vraiment, je ne m'en étais pas aperçue, dit Diana, surprise. C'est extraordinaire. Et pourquoi fait-elle ça ?

– Parce que son père abusait de la boisson. Elle surveille Jonathan d'un œil d'aigle pour s'assurer qu'il ne prendra pas le même chemin.

Ma foi, il était difficile de l'en blâmer, songea Diana, même si, parfois, ses actes pouvaient paraître insensés quand on les considérait objectivement.

Jonathan comprend cela ?

– Je pense.

– Et toi ?

– Moi aussi, mais cela ne veut pas dire que vous ayez raison, l'une et l'autre. A mon avis, vous vous faites du mouron pour des choses qui n'arriveront jamais.

– Je bois à cette heureuse perspective, dit Diana en touchant avec son verre celui de sa fille.

Mais si elle pensait que ce nouvel et fragile accord aboutirait à des confidences, elle en fut pour ses frais. Elizabeth avait trop longtemps gardé ses pensées secrètes pour les divulguer après un simple préambule.

– Oui, elle est gentille, déclara Elizabeth de manière inattendue. Très différente de toi. Petite, plutôt boulotte, et elle porte tout le temps des robes-chasubles. Elle cuisine à merveille. Papa a pris au moins dix kilos depuis qu'ils sont mariés.

Elle sourit.

– Il ne rentre plus dans ses chemises. Du moins, il y a trois ans.

Seigneur, se dit Diana, voilà donc ce qu'il voulait. Elle revit le jeune homme mince, à l'air terriblement convenable, aux vêtements taillés sur mesure, qu'elle avait épousé jadis et elle éclata de rire.

– Ce pauvre Steven!

– Il est très heureux, répliqua sa fille, prompte à soupçonner une critique.

Diana leva les mains en un geste d'abdication un tantinet moqueur.

– Oh, je m'en doute. Je suis contente pour lui. Très contente.

Et c'était vrai.

– Je devrais sans doute demander à la police la permission de rentrer à Londres, remarqua Elizabeth au bout d'un moment.

– Quand désires-tu partir?

– Demain, juste après le déjeuner. Jon a promis de m'emmener à la gare.

– Eh bien, nous en parlerons demain matin à Walsh. Il va sûrement débarquer à l'aube, le visage radieux, afin de me reparler de mon petit écart de cet après-midi.

– Oh, maman, gémit Elizabeth comme si elle parlait à une gamine, je t'en prie, tâche de faire attention. Tu es tellement impulsive quant tu t'y mets. Franchement, tu as eu de la chance de t'en tirer à si bon compte.

– Oui, fit humblement Diana, tout en admirant la rapidité avec laquelle les rôles pouvaient s'inverser.

Elizabeth se pinça les lèvres.

– Jon s'est bagarré cet après-midi, déclara-t-elle sans transition. Mais n'en parle pas à Phoebe. Elle en ferait une maladie.

– Où ça ?

– A Silverborne. Des voyous l'ont reconnu d'après la photographie qu'a publiée le journal du coin, celle prise devant l'hôpital la nuit où Anne a été agressée. Il l'ont traité de fils de gouine, il en a boxé un puis a pris ses jambes à son cou. Je ne pensais pas qu'il était bagarreur.

Diana songea à David Maybury. Jonathan avait de qui tenir.

18

Au bout de vingt-quatre heures, Anne avait récupéré assez d'énergie pour juger intolérable le manque de nicotine et annoncer sa décision d'y remédier. Jonathan lui avait conseillé de ne pas faire de bêtises.

– Il s'en est fallu de peu. Sans l'intervention providentielle du sergent, tu ne serais probablement plus là. Ton organisme a besoin de temps pour se remettre.

– Merde alors ! s'exclama-t-elle sans sourciller, et moi qui ne me souviens de rien. Même pas d'une vision de l'au-delà, d'une partie de lévitation, ou d'un tunnel éclairé au bout. Le ratage absolu. J'aurais pu écrire tout ça. Voilà ce qui arrive aux mécréantes de mon espèce.

Jonathan qui, pour des raisons diverses, pas toutes en rapport avec le fameux sauvetage, en était venu à considérer McLoughlin comme une sorte de héros, se mit à la réprimander.

– Tu l'as remercié au moins ?

Elle lui indiqua la femme en uniforme assise de l'autre côté du lit.

– Pour quelle raison ? Il a seulement fait son boulot.

– Mais il t'a sauvé la vie !

Elle jeta à la ronde des regards mauvais.

– Franchement, à la minute présente, je me demande si cela en valait vraiment la peine. La vie devrait être facile, légère et divertissante. Cet endroit est tout le contraire. Un goulag dirigé par des sadiques !

Elle hocha la tête en direction de la cour.

– La bonne sœur est folle à lier. Elle se fend la poire chaque fois qu'elle m'enfonce son aiguille et me raconte avec des roucoulements dans la voix que c'est pour mon bien. Bon Dieu, il me faut des clopes! S'il te plaît, Jonny, va m'en chercher. Je les fumerai sous les couvertures. Personne n'en saura rien.

Il la regarda avec un grand sourire.

– Pour que tu mettes le feu à la literie.

– Et ça le fait rire! s'exclama-t-elle d'un ton accusateur. Mais qu'est-ce que vous avez tous? C'est si drôle que ça?

De l'autre côté du lit, Brownlow se mit à ricaner tout bas.

Anne la considéra avec un air féroce.

– Vous, je me demande bien ce que vous fichez là, lança-t-elle. Je vous ai déjà dit que je ne me souvenais de rien, le trou complet.

Elle n'avait jamais pu parler librement à quiconque, ce qu'on avait sûrement voulu en lui imposant cette présence, et cela la rendait furieuse.

– Ce sont les ordres, dit tranquillement Brownlow. Le commissaire tient à ce que vous ne soyez pas seule quand la mémoire vous reviendra.

Anne ferma les yeux et réfléchit au traitement qu'elle réserverait à McLoughlin la prochaine fois qu'elle le verrait.

De son côté, le sergent avait repris les informations concernant le clochard et transmis le signalement de celui-ci à tous les commissariats du comté. Il téléphona à un de ses collègues de Southampton pour savoir s'il ne pourrait pas vérifier les hospices du coin.

– Qu'est-ce qui te fait croire qu'il est venu ici?

– Ce serait logique, dit McLoughlin. Il marchait dans cette direction et votre municipalité est l'une des plus bienveillantes à l'égard des sans-abri.

– Mais cela remonte à deux mois, Andy. Il a dû filer depuis plusieurs semaines.

– Je sais. Mais la description est assez frappante. Quelqu'un l'aura peut-être remarqué. Si nous avions un nom, cela nous aiderait. Vois ce que tu peux faire.

– J'ai plein de boulot en ce moment.

– Tu n'es pas le seul. A bientôt.

Il coupa court aux lamentations en raccrochant le combiné, abandonna un gobelet en plastique rempli d'un reste de café figé et sortit avant que son collègue ait eu le temps de le rappeler pour l'abreuver d'excuses. L'esprit léger, il mit le cap sur Streech Grange où Jane Maybury avait annoncé qu'elle était prête à répondre aux questions.

McLoughlin lui demanda si elle souhaitait la présence de sa mère, mais elle secoua la tête et déclara que ce n'était pas nécessaire. Phoebe, le visage souriant mais légèrement crispé, les conduisit au salon et referma la porte en sortant. Ils s'installèrent près des portes-fenêtres. La jeune fille avait le visage pâle, presque crayeux, mais McLoughlin supposa que c'était son teint habituel. Elle portait un jean délavé et un tee-shirt flottant avec BRISTOL marqué à hauteur de la poitrine. L'inscription lui parut détonner sur ce corps malingre.

Elle devina sa pensée.

– La revanche du rêve sur la réalité, dit-elle. Je dois souvent m'en contenter.

Il sourit.

– C'est vrai pour tout le monde. On ne peut pas toujours avoir ce qu'on veut.

Elle s'enfonça dans son fauteuil avec nervosité.

– Que désirez-vous savoir ?

– Deux ou trois petites choses, mais avant, croyez bien que je n'ai aucune envie de vous tourmenter. Si vous trouvez que mes questions deviennent trop désagréables, arrêtez-moi. Et si, à un moment, vous préférez parler à une femme, dites-le, j'en ferai venir une.

Elle hocha la tête.

– Merci.

Il revint sur la nuit où s'était produite l'agression, pour en arriver rapidement au moment où, assise devant la télévision, elle avait entendu la vitre se briser.

– Vous avez déclaré, je crois, que votre frère était descendu le premier.

– Oui. Il pensait que c'était un cambrioleur et nous a

dit, à Lizzie et à moi, de rester là jusqu'à ce qu'il nous appelle.

– Et vous avez attendu ?

– Non. Lizzie a insisté pour descendre également et aller voir chez Diana. Nous ne savions pas encore de quelle fenêtre il s'agissait. Je leur ai dit que j'allais jeter un coup d'œil chez maman. Jon s'est précipité chez Anne et vous a trouvé.

– Que s'est-il passé ensuite ?

– Maman et Diana sont arrivées dans le hall en même temps que nous. Maman a suivi Jonathan. J'ai inspecté cette pièce, Diana la bibliothèque et Lizzie la cuisine. Quand je suis retournée dans le hall, maman dévalait l'escalier avec des couvertures et une bouillotte. Elle a crié à Diana de téléphoner pour avoir une ambulance. J'ai dit qu'il fallait avertir Fred afin qu'il ouvre la grille. Elle m'a répondu que oui, qu'elle n'y avait pas pensé.

Jane étala ses mains sur ses genoux.

– J'ai pris la lampe sur la table du hall et j'y suis allée.

– Pourquoi vous ? Pourquoi pas la fille de Mrs. Goode ?

Elle haussa les épaules.

– Parce que c'est moi qui en avais eu l'idée. De toute façon, Lizzie n'était pas encore revenue de la cuisine.

– Vous aviez peur ? Vous n'auriez pu l'attendre pour qu'elle vous accompagne ?

– Non. Je n'y ai même pas songé.

Cela eut l'air de la surprendre. Elle réfléchit un instant.

– A vrai dire, je n'avais aucune raison d'avoir peur. Maman venait de nous dire qu'Anne ne se sentait pas bien. J'ai cru qu'elle avait eu un malaise. Ce qui m'ennuyait surtout c'était qu'on soit obligés de cadenasser la grille à cause des journalistes.

Elle haussa la voix.

– Et puis, ce n'était pas comme si je ne connaissais pas le chemin. Je l'avais déjà fait des centaines de fois, dans le noir. Il m'arrivait de temps à autre d'aller bavarder avec Molly, quand Fred était au pub.

– Très bien, dit-il, le visage sans expression. Tout cela paraît logique.

Il lui adressa un sourire encourageant.

– Vous courez drôlement vite. J'ai eu un mal de chien à vous rejoindre, et je cavalais à fond de train.

Elle lâcha le bas de son tee-shirt qu'elle avait roulé en boule.

– Je m'inquiétais pour Anne, dit-elle. Je n'arrêtais pas de lui dire que si elle continuait à fumer autant, elle allait attraper un cancer. C'est horrible, mais sur le coup, j'ai tout de suite pensé à ça. Et je me suis dépêchée.

– Vous l'aimez beaucoup, n'est-ce pas ?

– Anne est très chouette. Vivre et laisser vivre, telle est sa devise. Elle ne se mêle jamais de critiquer, mais ça lui est facile, j'imagine. Elle n'a pas d'enfants pour lesquels se tracasser.

– Ma mère se tracasse pour un rien, mentit McLoughlin, tout en songeant que le principal souci de Mrs. McLoughlin Sr était de ne pas arriver en retard au bingo.

Jane posa son menton dans ses mains.

– Maman est formidable, lança-t-elle avec candeur, mais elle croit encore nécessaire de me protéger. Anne a beau lui répéter que je dois faire mes propres expériences.

Il croisa les jambes et inclina la tête en arrière dans une position volontairement détendue.

– Ah oui, lesquelles ? fit-il sur un ton malicieux.

– Oh, des bêtises. Des taupinières pour vous et des montagnes pour moi. Vous trouveriez ça ridicule.

– Je ne crois pas. Si je vous parlais des miennes, elles vous paraîtraient tout aussi ridicules.

– Allez-y.

– D'accord.

Il considéra le visage souriant et ouvert de la jeune fille et pria le ciel pour qu'aucun mot ne sorte de ses lèvres qui pourrait chasser ce sourire.

– L'une de mes pires expériences, je l'ai eue à votre âge. J'avais amené ma petite amie dans ma chambre pour une folle nuit de passion. Ma mère est entrée à l'improviste et nous a surpris.

– Mince ! s'exclama-t-elle. Pourquoi n'aviez-vous pas fermé la porte à clé ?

– Parce qu'il n'y avait pas de clé.
– Quelle poisse !
– Comme vous dites.
Ce souvenir sembla l'amuser.
– Ma petite amie s'est esquivée et je suis resté, tout nu, à me bagarrer avec cette vieille chipie. Elle m'a donné le choix : ou bien je lui promettais de ne jamais recommencer et je pouvais dormir là, ou bien elle me fichait à la porte tel que j'étais.
– Et qu'avez-vous fait ?
– A votre avis ?
– Vous êtes parti, à poil.
Il pointa un doigt vers elle, le pouce dressé.
– Dans le mille.
Elle le regardait comme une enfant, les yeux écarquillés.
– Mais où avez-vous trouvé des vêtements ? Par quel moyen ?
Il lui adressa un grand sourire.
– Je me suis caché dans les buissons jusqu'à ce que toutes les lumières soient éteintes, puis j'ai pris une échelle dans le garage et j'ai grimpé dans ma chambre. La fenêtre était ouverte. C'était facile. Je me suis glissé dans mon lit et, après une bonne nuit de sommeil, j'ai fichu le camp avec une valise avant que ma mère se réveille.
– Vous la voyez toujours ?
– Bien sûr. J'accomplis ma BA chaque dimanche midi. Pour tout vous avouer, je crois qu'elle l'a regretté ensuite. Après mon départ, la maison est devenue affreusement calme.
Il se tut un instant.
– Maintenant, à votre tour.
Elle pouffa de rire.
– Ce n'est pas juste. Votre histoire était rigolote. Les miennes, à côté, sont tout ce qu'il y a de plus minables. Du genre : mangerai-je ou non ma purée ? Est-ce que je travaille trop ? Devrais-je sortir pour me distraire ?
– Et vous le faites ?
– Sortir ?

Il hocha la tête.

– Pas beaucoup.

Ses lèvres se tordirent en un sourire sardonique qui la fit paraître plus âgée.

– Pour maman, me distraire signifie essentiellement sortir avec des garçons. Je ne trouve pas cela distrayant. Je n'aime pas que des hommes me touchent. Cela la rend furieuse.

– Ce n'est pas étonnant, dit-il. Elle pense sûrement que c'est de sa faute.

– Eh bien, non, dit-elle d'un ton tranchant, et j'aimerais bien qu'elle le comprenne. Porter la culpabilité de quelqu'un d'autre, il n'y a rien de plus pénible.

– Que croyez-vous qu'il soit arrivé à votre père, Jane ?

La question flotta dans l'air comme une mauvaise odeur. Elle dirigea son regard vers la baie vitrée, et il se demanda s'il n'avait pas tout gâché en allant trop vite. Il espérait que non, pour elle comme pour l'enquête.

– Je vais vous dire ce qui s'est passé le soir où il est parti, dit-elle, le visage tourné vers la fenêtre. Je m'en souviens parfaitement, et même de certains détails que mon psychiatre ignore. Des détails que je ne lui ai jamais dits, qui ne cadraient pas avec le reste et que j'ai écartés.

Elle marqua un temps d'arrêt.

– Je n'y avais pas pensé pendant très longtemps, jusqu'à l'autre nuit. Depuis, je ne pense plus qu'à cela, et il se pourrait qu'ils aient de l'importance.

Elle se mit à parler lentement et distinctement, comme si, maintenant qu'elle avait fait le premier pas, il n'y avait plus lieu d'hésiter. Une fois sa mère partie au travail, son père l'avait poussée à prendre un bain. C'était le signal qu'il avait envie d'elle. Une sorte de rituel qu'il avait établi et qu'elle avait fini par accepter. Elle avait dit cela sans un battement de paupière, et McLoughlin eut l'impression qu'elle en avait déjà fait maintes fois le récit sur le divan de son psychiatre. Elle lui décrivit ensuite les avances de son père, le passage dans la chambre de Jane, comme elle aurait commenté une partie d'échecs.

– Mais ce soir-là il a fait quelque chose d'étrange,

murmura-t-elle en reportant ses prunelles sombres sur le sergent.

– Ah oui, et quoi donc ? réussit-il à articuler.

– Il m'a dit qu'il m'aimait. Cela ne lui était jamais arrivé.

McLoughlin en éprouva un choc. Tant de souffrances, sans la moindre parole d'affection. Mais, après tout, à quoi cela aurait-il servi, sinon à rendre ce type encore plus hypocrite ?

– Pourquoi croyez-vous que c'est important ?

– Laissez-moi terminer, et vous verrez.

Cette fois-là, après avoir abusé d'elle, il lui avait fait un cadeau, soigneusement enveloppé dans du papier de soie.

– Cela ne lui était jamais arrivé non plus.

– Qu'est-ce que c'était ?

– Un petit ours en peluche. J'en faisais collection. Quand ç'a été fini, dit-elle, résumant la chose en cinq mots, il m'a caressé les cheveux et m'a demandé pardon. Je lui ai demandé pourquoi, mais ma mère est arrivée et il n'a pas eu le temps de me répondre.

Elle se tut et examina ses mains.

Il attendait, mais elle gardait le silence.

– Et que s'est-il passé ? demanda-t-il après un instant.

Elle sourit tristement.

– Rien, en fait. Ils se sont observés pendant un temps qui m'a paru interminable. Finalement, il est sorti du lit et a enfilé son pantalon.

Elle parlait à présent avec nervosité.

– On aurait dit une comédie de boulevard. Je me souviens très bien de l'expression de ma mère. Elle avait le visage figé comme celui d'une statue. Très pâle, à part le bleu qu'il lui avait fait la veille. Elle a attendu qu'il ait quitté la pièce, puis elle s'est étendue à côté de moi sur le lit et m'a prise dans ses bras. Nous sommes restées ainsi toute la nuit, et le lendemain matin il était parti.

Elle eut un haussement d'épaules.

– Nous ne l'avons plus revu.

– Elle lui a dit quelque chose ?

– Non. Elle n'en a pas eu besoin.

– Pourquoi ?
– On dit parfois que si un regard pouvait tuer... Eh bien, elle le regardait comme ça.
Elle se mordit les lèvres.
– Qu'est-ce que vous en pensez ?
Il ne s'y attendait pas. Il faillit répondre : « je crois que votre mère l'a tué. »
– A propos de quoi ?
Elle eut l'air déçue.
– Cela me paraissait tellement évident. Je pensais que cela vous aurait frappé.
Sur son visage mince se lisait un désir ardent, presque une supplication, à propos de quelque chose qu'il n'avait pas compris.
– Attendez, dit-il d'une voix ferme. Laissez-moi réfléchir une minute. Vous connaissez l'histoire par cœur. Moi, c'est la première fois que je l'entends.
Il consulta les notes qu'il avait prises et se creusa la cervelle pour savoir ce qu'elle voulait lui faire dire. Il avait entouré ce qu'elle lui avait signalé comme étant des anomalies dans le comportement de son père : le témoignage d'affection, le cadeau et les excuses. Qu'est-ce que cela signifiait ? Pourquoi, d'après elle, avait-il agi ainsi ? Pourquoi, en réalité, avait-il agi ainsi ? Quelle raison un père avait-il de déclarer à sa fille qu'il l'aimait, de lui faire un cadeau et de lui demander pardon pour ses mauvais traitements ? Il releva la tête et sourit. Évidemment, cela crevait les yeux.
– Il avait déjà décidé de partir. C'était une façon de vous faire ses adieux. Voilà pourquoi il a disparu sans laisser de trace. Il avait tout préparé à l'avance.
Elle poussa un soupir.
– Oui, je crois.
Il se pencha en avant, tout excité.
– Mais savez-vous pourquoi il avait l'intention de disparaître ?
– Non.
Elle se redressa et écarta de son visage une mèche de cheveux.

– Tout ce que je sais, sergent, c'est que je n'y suis pour rien.

Elle esquissa un sourire.

– Et vous n'imaginez pas ce que je me sens soulagée.

– Mais qui pourrait vous reprocher quelque chose ?

Cette idée l'atterrait.

– J'avais huit ans quand ma mère m'a surprise au lit avec mon père. Celui-ci a disparu et ma mère a été cataloguée comme meurtrière. Quand j'ai eu dix ans, la personnalité de mon frère a changé. Il a cessé d'être un enfant et a pris la place du chef de famille. Il a promis d'oublier ce qui s'était passé et n'a jamais plus prononcé le nom de mon père.

Elle se mit à jouer avec ses doigts.

– La culpabilité de ma mère, ce n'était rien à côté de la mienne.

Elle leva la tête.

– Ce qui est arrivé l'autre nuit est une bénédiction. Pendant des années je suis allée voir un psychiatre qui a fait de son mieux pour m'arracher à mon sentiment de culpabilité. Dans une certaine mesure, il y a réussi, et j'ai repoussé toute idée de faute. J'étais victime, et non coupable. J'avais été manipulée par quelqu'un à qui je devais le respect. J'avais joué le rôle qu'on exigeait de moi sans savoir que j'aurais pu refuser.

Elle s'interrompit un instant.

– Mais l'autre nuit, peut-être parce que j'avais si peur, tout cela m'est revenu avec une extraordinaire clarté. Pour la première fois, j'ai compris ce que son départ avait changé. Et pour la première fois, je n'ai pas eu besoin de me raisonner, de me convaincre de mon innocence, parce que je me suis rendu compte que les souffrances et les incertitudes de ces dix dernières années auraient tout de même existé, que ma mère nous ait surpris ou non.

– Vous le lui avez dit ?

– Pas encore. Mais je le ferai plus tard. J'avais besoin que quelqu'un d'autre arrive à la même conclusion que moi.

– Dites-moi ce qui s'est passé quand vous vous êtes rendue au pavillon, enchaîna-t-il d'un ton engageant. Vous avez déclaré que vous aviez entendu un bruit de respiration.

Elle fit un effort pour se souvenir.

– C'est assez vague à présent. Tout allait très bien jusqu'à ce que j'aborde la ligne droite qui mène à la grille. J'ai ralenti avant d'obliquer vers le pavillon parce que j'avais un point de côté, et j'ai entendu une sorte de sifflement, comme si quelqu'un respirait longuement après avoir retenu son souffle. Cela semblait tout proche. J'ai eu tellement peur que je me suis remise à courir. Puis j'ai entendu une cavalcade et mon nom qu'on criait.

Elle le regarda d'un air penaud.

– C'était vous. Vous m'avez flanqué la frousse. Je ne suis plus très sûre d'avoir entendu quelque chose.

– Bien. C'est sans importance. Et quand vous avez dit que vous pensiez qu'il s'agissait de votre père, c'est seulement que vous aviez peur ? Il n'y avait rien dans ce bruit qui lui ressemblât plus particulièrement ?

– Non. Je ne me souviens même plus de quoi il a l'air. Cela fait tellement longtemps, et maman a brûlé toutes ses photos. Je serais bien incapable de reconnaître sa respiration.

Elle le regarda rassembler ses affaires.

– Je vous ai été utile ?

– Utile ?

Pris d'une impulsion soudaine, il s'avança et lui serra les deux mains.

– Votre marraine peut être fière de vous, jeune fille. Oubliez vos épreuves, vous venez de grimper votre Himalaya. Ensuite, ce n'est plus que de la descente.

Phoebe était assise sur une chaise de jardin près de la porte d'entrée. Le menton dans les mains, elle contemplait sans les voir les plates-bandes au bord de l'allée de gravier.

– Je peux me joindre à vous ? demanda-t-il.

Elle hocha la tête.

Ils restèrent silencieux quelques minutes.

– Entre une forteresse et une prison, fit-il doucement observer, la différence n'est pas grande. Et dix ans, c'est long. Vous ne pensez pas que vous avez purgé votre sentence, Mrs. Maybury ?

Elle se redressa et lui désigna avec amertume le village et ses environs.

– Allez donc leur dire. Ce sont eux qui nous ont enfermées ici.

– Vraiment ?

Machinalement, en un geste de défense, elle rajusta ses lunettes sur son nez.

– Bien sûr. Si vous croyez que j'ai choisi cette façon de vivre ! Mais que faut-il faire quand les gens se liguent contre vous ? Les supplier ?

Elle eut un rire grinçant.

– Non merci !

Il regarda ses mains.

– Ce n'était pas votre faute, dit-il calmement. Jane le sait très bien. Il était ce qu'il était. Même si vous aviez agi autrement, cela n'aurait rien changé.

Elle se retira en elle-même, laissant le silence se prolonger. Au-dessus d'eux, hirondelles et martinets fendaient l'air. Une alouette gonfla sa gorge minuscule et se mit à chanter. Au bout d'un moment, elle tira un mouchoir de sa manche et le porta à ses yeux.

– Je n'ai pas beaucoup de sympathie pour vous, murmura-t-elle.

Il la regarda.

– Nous portons tous notre poids de culpabilité. La nature humaine est ainsi faite. Qu'il se produise un deuil ou un divorce, c'est toujours la même rengaine : si j'avais fait ceci... si j'avais fait cela... si j'avais pu prévoir. Notre capacité de nous punir est immense. Simplement, il faut savoir s'arrêter.

Il lui posa doucement la main sur l'épaule.

– Vous vous êtes punie beaucoup trop longtemps. Vous ne croyez pas ?

Elle détourna la tête.

– J'aurais dû m'en douter, murmura-t-elle derrière son mouchoir. J'aurais dû me douter qu'il la torturait.

– Comment auriez-vous pu ? Vous n'êtes pas différente des autres, dit-il brutalement. Jane vous aimait, elle a voulu vous préserver. En vous accusant, c'est comme si vous annuliez tout ce qu'elle a essayé de faire pour vous.

Il y eut encore un long silence, tandis qu'elle s'efforçait de retenir ses larmes.

– Je suis sa mère. J'étais la seule à pouvoir la protéger, et pourtant, quand elle a eu besoin d'aide, je n'étais pas là. Cette pensée m'est insupportable.

Son épaule, sous la main de McLoughlin, se mit à s'agiter d'un mouvement convulsif.

Obéissant à une brusque impulsion, sans se demander si c'était une bonne idée, il l'attira dans ses bras et la laissa sangloter. Ce n'étaient pas les premières larmes qu'elle répandait, mais c'étaient les premières, il le sentit, qu'elle versait sur elle-même, qui avait cru, avec le regard émerveillé de l'enfance, en un monde magique où rien ne lui serait impossible. Pour l'être humain, la victoire consiste à passer d'une petite épreuve à l'autre et à s'en sortir relativement indemne. Le drame, comme dans le cas de Phoebe, c'était d'avoir à affronter trop tôt la pire des épreuves et de ne jamais s'en relever. Malgré ses propres déceptions et ses meurtrissures récentes, McLoughlin ne put se retenir de la prendre en pitié.

Il arrêta sa voiture dans la courbe avant la ligne droite filant vers la grille. Cela semblait tout proche, avait dit Jane, ce qui désignait, selon toute vraisemblance, les massifs de rhododendrons en bordure du chemin. Ses recherches n'avaient rien donné. Il avait envoyé toute une équipe ratisser la chambre froide afin de découvrir une preuve de la culpabilité de Mrs. Thompson, et lui-même avait parcouru toute la terrasse à quatre pattes dans l'espoir de relever des traces de l'assaillant d'Anne. Si les choses s'étaient vraiment déroulées comme il le pensait, il aurait dû y avoir une foule d'indices. Mais Walsh avait raison. Hormis quelques briques déplacées et un mégot de cigarette d'une marque que ni Fred ni Anne ne fumaient, ç'avait été le fiasco total. Pas plus d'arme – il avait examiné de près chaque pierre à la recherche de taches de sang –, que d'empreintes – la pelouse était trop desséchée et la terrasse trop régulièrement lavée par Molly pour en avoir conservé. Même pas une goutte, une simple parcelle d'hémoglobine qui montrerait qu'Anne avait été frappée à l'extérieur et non à l'intérieur de la pièce. Il avait fini par se demander s'il n'avait pas accordé trop de crédit aux allégations de Phoebe – dix ans, c'était long, et les gens avaient largement le temps de changer –, d'autant plus que, comme elle l'avait reconnu, la chose ne s'était produite qu'une fois. Elle avait pu également se tromper, ou bien mentir. Il n'avait pas les moyens de le vérifier. Du moins, pas encore.

Il s'agenouilla et se mit à remonter l'allée comme il l'avait fait pour la terrasse. A supposer même qu'il y eut quelque chose, ce ne serait pas facile à dénicher. Une équipe avait déjà fouillé l'endroit sans succès, même s'il lui avait demandé de s'occuper surtout de la portion située un peu plus bas, là où il avait rattrapé Jane et où il avait eu l'impression qu'on les observait. Il longea ainsi le côté gauche, les genoux en feu, l'œil en alerte, mais une demi-heure après, il n'avait toujours rien trouvé.

Il s'assit sur ses talons et se mit à pester contre le ciel. Mon Dieu, fais que j'aie du pot au moins une fois! maugréa-t-il. Une seule fois, donne-moi un petit coup de main, que je n'aie pas à me casser le cul!

Il passa du côté droit et redescendit vers la courbe. Comme il fallait s'y attendre, il était presque arrivé à la voiture lorsque le miracle se produisit. Il respira un grand coup, abattit son poing sur le macadam et se mit à agiter la tête comme un chien enragé. Si seulement il avait commencé par le côté droit, il aurait déjà trouvé cette saloperie depuis plus d'une heure et aurait évité de s'écorcher les genoux.

– Ça va, fiston? demanda une voix.

Il se retourna et vit Fred qui le contemplait. Il sourit machinalement et se leva.

– Très bien. Je viens de trouver la pourriture qui a assommé Miss Cattrell.

– J'vois rien, marmonna Fred en lui lançant un regard dubitatif.

McLoughlin se baissa, entrouvrit un buisson et souleva quelques feuilles.

– Et ça ? Les gars du labo vont pouvoir s'en donner à cœur joie.

Avec force soupirs et halètements, Fred s'accroupit à côté de lui.

– Ça alors, dit-il, c'est une Spéciale à Paddy Clarke !

Nichée dans les débris au pied du rhododendron, et admirablement camouflée, se trouvait une bouteille de bière en grès, de forme ancienne, avec une croûte noirâtre en dessous. McLoughlin, qui n'avait réfléchi jusque-là qu'en termes d'empreintes digitales et de traces de pas sous les buissons touffus, lui jeta un drôle de regard.

– Qu'est-ce que c'est que ça, une Spéciale à Paddy Clarke ?

Fred se releva péniblement, l'air bourru.

– C'est pas interdit, enfin pas vraiment. C'est plus pour le plaisir que pour la vente, même si le gars des impôts y trouverait peut-être à redire. Il s'est aménagé une pièce au fond de son garage, et c'est là qu'il la fabrique. Rien qu'avec des produits naturels, et il la laisse fermenter jusqu'à ce qu'elle ait la vigueur d'un coup de sabot et la saveur du nectar. Vrai, j'connais pas une bière qui vaille la Spéciale à Paddy.

Il considéra d'un œil morne le rhododendron.

– Seulement, faut la boire sur place. Il tient à récupérer ses bouteilles, il prétend qu'elles donnent un parfum que le verre n'a pas.

Il avait l'air de ne plus savoir où il en était.

– Je l'ai jamais vu en laisser sortir une du pub.

– Il est comment ? Du genre à tabasser les femmes ?

Le vieil homme se mit en marche d'un pas traînant.

– Non, j'ai jamais entendu parler de ça. C'est une bonne pâte. Notez que sa femme n'est pas tendre avec lui, vu qu'il a beau être marié, ce n'est pas son serment de fidélité qui le dérange, mais... frapper Miss Cattrell ?

Il secoua la tête.

– Non, il ferait jamais ça. Ils sont – il lança un regard vers la maison – comme qui dirait copains.

Une mention dans l'agenda d'Anne défila devant les yeux de McLoughlin : « P. est une énigme. Il prétend qu'il se tape cinquante femmes par an, et je le crois, pourtant c'est le plus attentionné des amants. »

– Est-ce qu'il fume ?

Fred, qui pendant des années n'avait cessé de fournir Paddy en cigarettes, trouva la question étrange.

– Le tabac des autres, répondit-il avec circonspection. Sa femme est un rien tyrannique, elle lui interdit de fumer.

McLoughlin repensa au foyer de la cheminée, couvert de mégots.

– Non, ne me dites pas à quoi il ressemble, lança-t-il d'un ton lugubre, laissez-moi deviner. Un mélange de Rudolph Valentino, de Paul Newman et de Laurence Olivier.

Il ouvrit la portière de sa voiture et mit la radio.

– Taratata ! s'exclama Fred avec un certain agacement. C'est un gros type noiraud et jovial, pas bête dans son genre. Il me rappelle toujours celui qui joue *Magnum.*

Tom Selleck, se dit McLoughlin. Je ne peux pas le blairer !

Le sergent Jones quittait le commissariat au moment où McLoughlin y entrait.

– Tu sais, Andy, ce clodo que tu cherchais ?

– Ouais.

– Ton ami le pasteur prétend l'avoir vu. Sa femme lui aurait même fait une tasse de thé.

– Ils ont une idée de la date ?

– Non, mais le pasteur se souvient qu'il était en train de rédiger son sermon et que ça l'a dérangé. Il a prié le Seigneur qu'il le délivre de tous ces vagabonds, puis il s'est repris et s'en est voulu de son manque de charité.

McLoughlin se mit à rire.

– Ça lui ressemble bien.
– Apparemment, il écrit toujours ses sermons le samedi en regardant le sport à la télé. Tu crois que ça peut t'être utile ?
– Possible, Nick, possible.

19

Le lendemain matin, le téléphone sur le bureau de McLoughlin se mit à sonner.

– Tu es un sacré veinard, Andy, lui dit à l'autre bout du fil son collègue de Southampton. J'ai retrouvé la trace de ton mendigot. Un de mes agents en uniforme l'a reconnu d'après la description. Paraît qu'il l'a ramassé voilà une semaine et l'a déposé dans un nouveau foyer, à la sortie de Shirley. Je ne peux pas te garantir qu'il y soit toujours, mais je vais te donner l'adresse. Tu pourras t'en assurer. Il se nomme Wally Ferris et vient souvent par ici l'été. Le sergent Jordan le connaît depuis des années.

McLoughlin écrivit l'adresse du foyer, La Porte du Paradis, et le remercia.

– A charge de revanche, fit l'autre d'un ton jovial avant de raccrocher.

Le paradis en question se présentait sous la forme d'une grande villa de style victorien, qui avait dû avoir du charme avant l'invention de l'automobile, mais avait perdu beaucoup de son attrait depuis que des files de bolides passaient en rugissant à quelques mètres du portail.

Hormis l'âge et la taille, Wally Ferris ne ressemblait en rien au signalement donné par McLoughlin. Il était propre, avec des joues fraîches et roses, un crâne scintillant où s'accrochaient encore quelques touffes de cheveux bien lavés, le tout émergeant d'une chemise blanche, complétée par un pantalon noir et des chaussures impeccablement cirées. Il avait l'air, avant toute chose, d'un jeune écolier à son premier jour de classe.

Ils se trouvaient dans le petit salon. Wally l'invita à s'asseoir.

– Prenez-vous un siège.

McLoughlin ne put dissimuler sa déception.

– Inutile. A vrai dire, je ne crois pas que tu sois l'homme que je cherche.

Wally fit un demi-tour en direction de la porte.

– J'aime autant ça, fiston. Pour ma part, j'ai jamais pu blairer les poulets.

– Attends, dit McLoughlin. Je préférerais en être certain.

Wally lui lança un regard mauvais.

– Faudrait savoir. Si j'suis là, c'est uniquement parce que la patronne me l'a demandé. Elle m'a comme qui dirait tendu la main, alors j'vais pas lui cracher dessus. Qu'est-ce que vous voulez ?

McLoughlin s'assit.

– Prends-toi un siège, lança-t-il, faisant écho à la proposition de Wally.

– Bon sang de bois, z'êtes une vraie girouette, hein ?

Il choisit une chaise à l'écart.

– Quels vêtements portais-tu en arrivant ici ? demanda McLoughlin.

– C'est pas vos oignons.

– Je pourrais le savoir par la directrice.

– Et d'abord, qu'est-ce que ça peut vous faire ?

– Réponds. Plus vite tu me le diras, plus vite je te ficherai la paix.

Il fit claquer sa langue contre ses dents.

– Une veste verte, un chapeau marron, des chaussures noires, un tricot bleu et un pantalon rose.

– Tu les avais depuis longtemps ?

– Trop longtemps à mon goût.

– Combien.

– Ça dépend. Le galure et la veste, cinq ans, j'dirais.

– Et le pantalon ?

– P't-être bien un an. Un peu voyant, mais drôlement

confortable. Hé là, z'allez pas croire que je les ai fauchés, hein ? C'étaient des cadeaux.

Il semblait au comble de l'indignation.

– Mais non, dit McLoughlin d'un ton apaisant. Cela m'est bien égal. A la vérité, Wally, nous essayons de retrouver un homme qui a disparu et nous pensons que tu pourrais nous y aider.

Wally planta solidement ses pieds sur le sol, l'un devant l'autre sous sa chaise, comme pour se ruer vers la sortie.

– J'sais rien, rien de rien, répondit-il avec une absolue conviction.

McLoughlin leva les mains en un geste conciliant.

– Pas de panique, Wally. En l'état actuel de nos renseignements, il ne s'agit pas d'un crime. Son épouse nous a demandé de le retrouver. Elle prétend que tu es venu chez eux la veille de la disparition de son mari. Tout ce que nous aimerions savoir, c'est si tu te rappelles être allé là-bas et si tu as vu ou entendu quelque chose qui pourrait nous indiquer pourquoi il est parti.

Wall l'écoutait avec méfiance.

– Des bicoques, j'en ai fait des tas !

– Ils t'ont donné des chaussures marron.

Une expression de soulagement sembla envahir le visage fripé du clochard.

– Puisque sa femme était là, elle aurait pu vous le dire, pourquoi il est parti, répliqua-t-il avec un certain bon sens.

– Elle est tombée gravement malade depuis le départ de son mari, dit McLoughlin, jouant avec la vérité comme avec un élastique. Elle n'a pas été capable de nous dire grand-chose.

– Qu'est-ce qu'il a fait, ce gus ?

– Rien, à part paumer tout son fric et fiche le camp.

Wally fut pris d'une soudaine compassion.

– Le pauvre bougre. Et lui, il y tient à ce qu'on le retrouve ?

– Je n'en sais rien. A ton avis ? Sa femme aurait sûrement envie qu'il rentre à la maison.

Wally réfléchit un instant.

– Personne s'est jamais fendu le cigare pour m'retrouver,

finit-il par dire. Des fois, ça m'aurait pas déplu. Sauf qu'ils étaient plutôt contents de me voir décaniller. Allez-y. Posez-les, vos questions.

Cela prit plus d'une heure, mais à la fin McLoughlin avait réussi à se faire une idée assez nette des déplacements de Wally durant la dernière semaine de mai, du moins aussi nette que le permettaient les souvenirs du vieux, lequel ne dessoûlait pas de la journée.

– On m'avait refilé un biffeton, expliqua-t-il. Cinq livres. Un vieux schnock, en plein Winchester, qui m'l'avait fourré dans la pogne. J'l'ai misé aussi sec sur un canasson. « Fils du Vent » qu'il s'appelait. Il a fait du onze contre un. J'avais pas eu autant d'oseille depuis une éternité. Même que ça m'a pris trois semaines pour claquer ce fric.

Pour l'essentiel, il avait passé ces trois semaines dans les environs de Westminster, puis, quand il avait commencé à voir la fin de sa galette, il s'était dirigé, en empruntant les petites routes, vers Southampton, dans l'espoir de nouvelles bonnes fortunes.

– J'aime bien les villages. Ça me rappelle mes vacances en vélo du temps que j'étais môme.

Il se souvenait d'être entré au pub à Streech.

– Il tombait des cordes. Le patron avait l'air d'un bon gars, il m'a pas fait d'histoires.

La femme de Paddy, en comparaison, lui avait fait l'effet d'être une sale bourrique, sans qu'il puisse en préciser la raison, mais il se mit à rouler des yeux féroces en parlant d'elle.

A trois heures, ils l'avaient mis à la porte.

– La flotte, c'est pas joyeux, murmura-t-il d'un ton lugubre. Alors j'ai cavalé vers une petite cagna que j'connais et j'y suis resté toute la soirée et la nuit.

– Où ça, demanda McLoughlin quand le vieux eut fini.

– J'ai rien fait de mal! s'écria Wally, sur la défensive. Y a personne qui peut s'plaindre.

– Mais personne ne s'est plaint, Wally, dit McLoughlin d'un ton bienveillant. Ne crains rien, je ne vais pas te dénoncer. Pour moi, tant que tu ne fais pas de bêtises, tu peux bien y aller aussi souvent que tu voudras.

Wally pinça les lèvres.

– Il y a une grande baraque là-bas. Sauter le mur, c'est de la gnognotte. Le jardin, j'y suis déjà allé, j'ai jamais vu un chat.

Il jeta un coup d'œil à McLoughlin pour s'assurer qu'il écoutait. Et il écoutait.

– Il y a une espèce de grotte près des bois. J'ai jamais pigé à quoi ça servait, sauf qu'y avait plein de briques dans un coin. La porte est cachée par de grosses ronces, mais on peut facilement se glisser par en dessous. J'ai toujours un crochet avec moi, au cas où. Hé, pourquoi que vous me regardez comme ça ?

McLoughlin secoua la tête.

– Pour rien. Ça m'intéresse. Tu ne te souviens pas du jour, Wally ?

– Dieu seul le sait, fiston.

– Et tu n'as vu personne en traversant le parc ?

– Pas âme qui vive.

– Il faisait noir, dans cette grotte ?

– Ben, y a pas l'électricité, si c'est ça que vous voulez dire, mais dans la journée, on voit assez bien. Quand la porte est ouverte, évidemment.

McLoughlin se demanda comment il allait poser la question suivante.

– Et à part les briques dont tu m'as parlé, il n'y avait rien dedans ?

– Ousque vous voulez en venir ?

– A rien, Wally. J'essaie de me représenter les choses.

– Ben non, y avait rien dedans.

– Et que s'est-il passé le lendemain matin ?

– Possible que j'ai attendu jusqu'au déjeuner.

– Dans la grotte ?

– Non. Dans les bois. C'est gentil et peinard. Après j'ai commencé à avoir la dent et j'ai repassé le mur pour trouver de quoi manger.

Il était allé frapper à plusieurs portes, sans grand succès.

– Pourquoi n'as-tu pas acheté quelque chose avec ce qui te restait ? demanda McLoughlin, comme suspendu aux lèvres du clochard.

Wally le considéra avec un profond dédain.

– Vous rigolez. Pourquoi payer ce qu'on peut avoir gratis ? C'est la bibine qu'ils veulent pas allonger. Et puis il me restait que dalle, pour tout dire.

A la sortie de Streech, il avait aperçu un groupe de maisons, où « une vieille bique » lui avait donné un sandwich. Les logements communaux, pensa McLoughlin.

– Tu as essayé ailleurs ?

– Une donzelle m'a dit d'aller me faire cuire un œuf. Seigneur Dieu, j' la comprends ! Y avait une douzaine de moutards qui gueulaient dans la pièce de devant.

Après cet échec, il avait quitté Streech et repris la route. Une demi-heure plus tard, il était arrivé dans un autre village.

– J' pourrais pas vous dire le nom, fiston, mais y avait un presbytère. Pour ça, c'est toujours un bon truc.

Il était allé trouver la femme du pasteur, qui lui avait offert une tasse de thé et des gâteaux.

– Une brave petite dame, mais elle a commencé à me faire la morale. Avec les femmes de ratichons, c'est couru d'avance. Pour becqueter, faut aussi s'avaler des sermons. J' suis reparti illico.

La pluie s'était remise à tomber.

– Une sacrée saucée, j' peux vous dire. D'habitude, je m'en moque, mais là y avait des coups de tonnerre pardessus le marché. Vous voyez le genre. Un déluge. Des éclairs et des grands coups de tonnerre.

Il avait cherché un abri.

– Je t'en fiche. Des jolies petites bicoques avec des garages tout neufs. Rien pour ma pomme. Puis j'ai vu cette grande baraque un peu à l'écart. Je m' suis dit que j'allais en faire le tour, des fois qu'y aurait une remise. Je me suis faufilé de l'autre côté, et juste là, j'ai trouvé ce que j' cherchais, une chouette petite cabane avec personne en vue. J'ai ouvert la porte et, hop, je me suis planqué à l'intérieur.

Il se tut.

– Et ensuite ? fit McLoughlin.

Une expression rusée apparut dans le regard du vieil homme.

– M'est avis que j' vous ai déjà refilé pas mal de tuyaux, fiston. Qu'est-ce que j'y gagne, moi ?

– Cinq livres, dit McLoughlin, à condition que les renseignements soient bons.

– Dix, répliqua Wally.

Il jeta un regard du côté de la porte close, puis se pencha en avant.

– Pour vous dire la vérité, fiston, on étouffe un peu dans cette crèche. La patronne fait de son mieux, mais ça manque de divertissements. Vous comprenez. Avec deux biffetons, je pourrais me payer une petite virée. Bonté divine, ça fait déjà une semaine que j' suis là. La taule, des fois, c'est plus rigolo.

McLoughlin se demanda s'il devait inciter Wally à claquer La Porte du Paradis et se persuada que le vieux allait déguerpir de toute façon. On n'apprend pas à un vieux singe à faire des grimaces. Dix livres lui permettraient de voir venir.

– Marché conclu, dit-il. Que s'est-il passé dans la remise ?

– J'ai cherché un truc pour m'asseoir, pas vrai, histoire de me mettre à l'aise. Et alors j'ai aperçu ce type qui se cachait derrière des caisses. Quand il a compris que j'l'avais repéré, il est sorti tout doucement et il m'a dit de fiche le camp de chez lui. J' lui ai demandé, gentiment, qu'est-ce qui me prouvait qu'il était bien le proprio, vu qu'il se cachait lui aussi dans la remise. Il s'est fichu en boule et m'a traité de tous les noms. Là-dessus, une rombière est sortie de la cuisine pour voir ce qui arrivait. Je lui ai expliqué la situation et elle m'a dit que ce type était son mari et qu'il était allé chercher un pinceau.

Wally fit la grimace.

– Ils ont dû me prendre pour une andouille, vu que le pinceau était posé bien en vue sur un établi à l'autre bout. Sûr que ce type se cachait. Bon, c'était peut-être ma veine. Ils tenaient à se débarrasser de moi, et ils hésiteraient pas à les lâcher. J'ai récolté une bouteille de whisky, une chouette paire de grolles et vingt livres. J'ai insisté un peu, mais ils se sont mis en pétard, et je m' suis dit qu'il était p't-être temps de prendre le large. C'est le bonhomme que vous recherchez ?

McLoughlin hocha la tête.

– Ça m'en a tout l'air. Tu peux me le décrire ?

Wally plissa le front.

– Dans les cinquante balais, gros, les cheveux gris. Avec des pieds de gonzesse. Les godasses qu'il m'avait refilées me serraient à mort.

– Et la femme ?

– Une petite vieille, terne, avec des yeux pleurnichards, mais pas facile, bon Dieu ! Le chameau ! Elle nous a engueulés, son mec et moi, parce qu'on avait fait du boucan.

Il prit soudain un air songeur.

– Notez que c'était même pas vrai. Tout le temps, on avait parlé à voix basse.

Il secoua la tête.

– Des dingues, tous les deux !

McLoughlin jubilait.

– Où es-tu allé ensuite ?

Wally fit un effort pour se souvenir.

– Comme on dit, fiston, mieux vaut tenir que courir. Il avait arrêté de flotter, mais j' sentais que ça allait pas tarder à remettre ça. J' voyais que j'avais ma bouteille de gnôle et même pas un petit coin douillet pour la boire. Si j' poussais plus loin, qu'est-ce qui m' disait que j' me retrouverais un endroit au sec ? Alors j' suis retourné à la grotte près de la grande baraque, et j'ai passé une nuit pas mauvaise.

Il regarda McLoughlin du coin de l'œil.

– Le lendemain, j'ai repensé au pognon que j'avais dans mes fouilles, et comme j'avais pas becqueté grand-chose depuis plusieurs jours, j'ai pris la direction de Silverborne. Y a un bon petit café sur la route...

– Tu as abandonné des affaires sur place ? l'interrompit McLoughlin.

– Comme quoi ?

– Les chaussures ?

– J' les ai jetées dans les bois, répondit Wally d'un ton méprisant. Ces saloperies me filaient des ampoules. C'est bien fait pour moi. J'aurais dû assouplir les nouvelles avant de balancer les anciennes. J'en ai bavé avant d'en trouver d'autres.

McLoughlin fourra son carnet dans sa poche.

– Tu m'as été d'un grand secours, Wally.

– Ah ouais ?

McLoughlin hocha la tête.

– Et mon fric ?

McLoughlin tira un billet de dix livres de son portefeuille et le lissa entre ses doigts.

– Écoute, Wally. Je vais te faire cadeau de ces dix livres comme je te l'ai promis, mais je veux que tu restes encore une journée ici, parce qu'il se peut que j'aie à nouveau besoin de toi. Si tu es d'accord, je reviendrai demain matin avec la même chose, et cela te fera vingt livres en tout. Marché conclu ?

Wally se leva, saisit le billet et l'enfouit dans les profondeurs de sa chemise.

– Z' êtes réglo, fiston ?

– Si tu y tiens, je peux te signer une reconnaissance de dette.

Wally faillit cracher sur la moquette mais se retint.

– Ça m' ferait une belle jambe. OK, fiston. Mais si vous êtes pas là demain matin à la première heure, salut la compagnie.

Il plissa les yeux.

– N'allez pas le raconter à la patronne. J'en ai plein le dos de leur bon Dieu de charité. Ils ne savent pas vous laisser seul dans cette auberge.

McLoughlin se mit à rire.

– Avec moi, ça ne risque rien, Wally.

– Je m'en suis aperçu, dit McLoughlin à Walsh sur un ton légèrement railleur qui alluma une étincelle dans le regard du commissaire, en cochant les maisons qui avaient reçu la visite du clochard.

Il désignait de petites croix rouges sur la carte devant eux.

– Si vous vous en souvenez, Robinson a obtenu deux renseignements à son sujet. Le premier, donné par une femme habitant la villa Clementine qui a déclaré que le clochard était passé chez elle avant d'aller au pub, ce qui signifie qu'il arrivait de Westminster. Le second, fourni par le patron du pub, selon lequel il avait bu chez lui jusqu'à l'heure de la fermeture, puis était reparti en longeant le mur du parc, autrement dit dans la direction d'East Deller.

Il suivit du doigt la route sur la carte.

– Les autres renseignements nous ont été apportés par l'agent Williams. Une femme âgée a donné un sandwich au clochard et une jeune l'a flanqué à la porte parce que c'était l'anniversaire de son fils. Toutes les deux vivent dans les maisons communales, à l'ouest de Streech, sur la route d'East Deller. La jeune a donné comme date le 27 mai. Or, lorsque nous sommes allés l'interroger, Mrs. Thompson a prétendu qu'il était passé chez eux, à East Deller, le 24 mai. Ce qui veut dire qu'il aurait rebroussé chemin pour on ne sait quelle raison, et aurait traversé Streech trois jours plus tard en venant de Winchester.

Walsh rassembla les derniers vestiges de son autorité et s'en drapa avec le plus de dignité possible.

– J'ai déjà examiné tout cela, affirma-t-il, hypocrite. Le fait que nous ayons trouvé les chaussures dans le parc prouve seulement qu'il les y a déposées.

– Tout à fait, aussi avions-nous besoin de compléter nos informations à East Deller, avec si possible une date. Jones y est allé pour voir ce qu'il pourrait glaner. Il a bavardé avec notre ami le pasteur, qui lui a confié que le clochard était venu au presbytère pendant qu'il rédigeait son sermon. Il avait oublié le jour, mais il prépare toujours ses sermons le samedi. Oui, je sais, cela ne nous fait que deux témoignages comportant des indications précises : le 24 mai, date avancée par Mrs. Thompson, un mercredi, et le 27 mai, jour de la fête d'anniversaire, un samedi. Wally est catégorique : il est arrivé chez les Thompson, à East Deller, après avoir fait les maisons municipales et le presbytère, et donc le samedi. Pour quelle raison Mrs. Thompson nous a-t-elle menti sur ce point ?

– Eh bien, au boulot! laissa tomber Walsh d'une voix impatiente.

– Parce que, en dépit de ses mensonges précédents, nous lui avons prouvé que les chaussures appartenaient bien à son mari et qu'elle a dû expliquer pourquoi elles n'étaient plus en sa possession. Après cela, elle a choisi de dire la vérité, ou du moins une partie de la vérité, et nous a incités à vérifier son histoire en nous fournissant une description détaillée du clochard. Souvenez-vous, nous ne lui avons jamais confié où nous avions découvert les chaussures. A sa connaissance, nous les avions obtenues du clochard lui-même.

Il réfléchit.

– Dès lors que nous tenions celui-ci, elle pouvait être sûre qu'il nous dirait avoir vu son mari. Nous donner la date exacte du passage du clochard revenait à avouer que son mari était toujours bien vivant et tranquillement installé chez lui, à East Deller, au moment où elle l'avait porté disparu. Et adieu son bel alibi. Aussi a-t-elle avancé de trois jours le passage en question. C'était un pari, mais cela a bien failli marcher. Wally n'avait pas la moindre idée de la date à laquelle il avait débarqué dans le bled et, sans cet anniversaire, personne n'aurait pu le dire.

McLoughlin marqua une pause.

– Cela va lui en fiche un coup quand nous allons lui apprendre où Wally s'est débarrassé des chaussures. Même dans ses pires cauchemars, elle n'a jamais dû imaginer que quelqu'un irait les déposer à l'endroit précis où elle avait décidé d'accomplir son crime.

Walsh se leva.

– Il y a sans doute une justice. Mais ce que j'aimerais bien savoir, c'est comment elle l'a convaincu de rester caché et comment elle l'a entraîné dans la chambre froide.

– Eh bien, faites-lui un peu de charme, elle vous le dira sûrement, suggéra McLoughlin.

20

Mrs. Thompson ouvrit la porte. Un sourire de bienvenue se dessinait sur ses lèvres. Elle s'apprêtait à sortir et était vêtue d'un ensemble bleu bien coupé assorti de gants blancs, qui lui donnaient pourtant l'air triste et légèrement suranné d'une image de mode des années 1950. Dans l'entrée, derrière elle, se trouvaient deux valises. Un peu de poudre sur ses joues et une touche de rouge sur ses lèvres conféraient à son visage une apparente gaieté, mais lorsqu'elle aperçut le groupe de policiers, sa bouche s'ouvrit en un mouvement pathétique.

– Ooh, fit-elle, visiblement déçue. Je croyais que c'était le pasteur.

– Pouvons-nous entrer ? demanda Walsh.

Il la trouva aussi écœurante que du parfum bon marché.

– Vous êtes beaucoup trop nombreux, murmura-t-elle. Que diable venez-vous faire ?

Walsh lui prit le bras et la tira en arrière pour laisser passer ses hommes.

– Nous serions mieux dans la salle de séjour Mrs. Thompson. Inutile de rester sur le pas de la porte.

Elle ne résista que faiblement.

– Qu'est-ce que c'est ? gémit-elle, les larmes aux yeux, en frappant de ses petits talons le tapis de l'entrée. Je vous en prie, ne me touchez pas !

McLoughlin lui saisit l'autre bras et à eux deux ils la traînèrent dans le salon où ils la déposèrent dans un fauteuil. Tandis que McLoughlin la maintenait assise en lui appuyant une main ferme sur l'épaule, Walsh envoyait ses hommes fouiller la maison et le jardin. Puis il lui planta un mandat sous le nez, avant de le remettre dans sa poche de veste, et s'assit sur la chaise en face d'elle.

– Eh bien, Mrs. Thompson, dit-il d'un ton cordial, on allait prendre des petites vacances au bord de la mer ?

Elle ôta de son épaule la main de McLoughlin mais resta assise.

– Le pasteur doit arriver d'une minute à l'autre pour m'emmener à la gare, déclara-t-elle avec dignité.

McLoughlin vit qu'elle avait une mince pellicule dans les cheveux. Il en fut gêné comme si elle avait ouvert ses vêtements pour lui montrer ce qu'elle aurait mieux fait de garder pour elle.

– Dans ce cas, fit Walsh, allons droit aux faits. Nous ne voudrions pas le faire attendre.

– Pourquoi êtes-vous ici ? Que cherchez-vous dans cette maison ?

Walsh appuya ses coudes sur ses genoux.

– Vous vous souvenez de ce clochard dont vous nous avez parlé, Mrs. Thompson ?

Elle eut un léger hochement de tête.

– Eh bien, nous l'avons retrouvé.

– Parfait. Alors vous avez pu vous rendre compte de la générosité de ce cher Daniel.

– Oui, bien sûr. Il nous a même raconté que Mr. Thompson lui avait donné une bouteille de whisky et vingt livres.

Une étincelle de satisfaction brilla dans le regard morne.

– Je vous avais bien dit que Daniel était un saint. Il aurait donné sa chemise si l'homme la lui avait demandée.

McLoughlin s'installa sur la chaise à côté de Walsh et se pencha en avant d'un air revêche.

– Ce clochard s'appelle Wally Ferris. J'ai eu une longue conversation avec lui. Il prétend que si Mr. Thompson et vous avez été si généreux, c'est parce que vous étiez pressés de le voir partir.

– De l'ingratitude, souffla-t-elle, les lèvres frémissantes. Que dit Notre Seigneur ? « Heureux les miséricordieux, car ils obtiendront miséricorde. » Mon pauvre Daniel a bien gagné sa place au Paradis. On ne peut pas en dire autant de ce misérable.

– Il dit aussi, continua McLoughlin avec tenacité, qu'il a trouvé votre mari caché dans la remise, dehors.

Elle pouffa de rire derrière sa main, comme une gamine.

– En réalité, dit-elle en le regardant bien en face, c'est exactement le contraire. Daniel a surpris le clochard alors qu'il se dissimulait dans la remise. Il était allé chercher un pinceau et a trébuché sur un tas de loques qui traînait derrière des caisses. Imaginez sa surprise quand ce tas de loques s'est mis à parler.

Mrs. Thompson avait répondu avec une telle conviction que McLoughlin se prit soudain à douter. Avait-il eu tort de se fier aux paroles d'un vieil homme qui, de son propre aveu, vivait en permanence sous l'emprise de l'alcool ?

– Wally affirme qu'il pleuvait à verse lorsqu'il est arrivé dans la remise. Or le service de météorologie régional n'a enregistré aucune pluie pour la journée du mercredi 24 mai. La tempête a débuté deux jours plus tard et n'a pas cessé durant les trois jours suivants.

– Le malheureux, murmura-t-elle. J'avais bien dit à Daniel que nous aurions dû le montrer à un docteur. Il était ivre mort et n'avait plus toute sa tête. Vous savez qu'il m'a même prise pour sa sœur. Il croyait que j'étais enfin venue le chercher.

– Mais, Mrs. Thompson, dit Walsh d'un ton surpris, s'il était aussi ivre que vous le dites, pourquoi lui avoir donné une bouteille de whisky ? N'était-ce pas aggraver ses problèmes, déjà suffisamment délicats ?

Elle leva les yeux au plafond.

– Il nous a suppliés en pleurant, monsieur le commissaire. Comment aurions-nous pu refuser ? « Ne jugez point et vous ne serez point jugés. » Si ce pauvre homme avait choisi de se livrer au démon de l'alcool, nous ne nous reconnaissions pas le droit de le condamner.

– Seulement celui de le pousser dans la tombe, lança McLoughlin d'un ton sarcastique.

– C'était un petit homme désespéré dont toute la joie résidait dans sa bouteille de whisky, dit-elle calmement. Il aurait été cruel de le priver de ce réconfort. Nous lui avons remis de l'argent pour qu'il s'achète à manger, des chaussures pour qu'il n'aille pas nu-pieds et nous lui avons recommandé de se faire soigner. Qu'aurions-nous pu faire d'autre ? J'ai la conscience tranquille, sergent.

– Wally prétend qu'il est venu ici le samedi 27, lâcha Walsh avec désinvolture.

– Mais c'est impossible, répondit-elle avec un étonnement sincère. Daniel était encore là. Vous savez bien que c'était le 24.

McLoughlin ne put s'empêcher d'admirer son numéro. Peut-être avait-elle réussi à chasser de son esprit jusqu'au souvenir de son crime et à se convaincre que l'histoire qu'elle racontait était vraie. Dans ce cas, il ne serait pas facile de la faire inculper. Avec le seul témoignage de Wally, réfuté par la veuve, ils n'avaient aucune chance devant un tribunal. Il leur fallait des aveux.

– La date est confirmée par un témoin, fit-il observer.

– Vraiment ? dit-elle en avalant sa salive. C'est extraordinaire. Je ne me souviens pas d'avoir vu quelqu'un avec lui et la maison est si isolée.

Elle porta une main à sa croix et la considéra avec une expression de reproche.

– Je me demande qui cela peut être.

Walsh se racla la gorge.

– Cela vous intéresserait-il de savoir où nous avons retrouvé les chaussures de votre mari, Mrs. Thompson ?

– Je n'y tiens pas, répondit-elle. J'imagine, d'après ce que vous m'avez dit de ce clochard... ce Wally, qu'il s'en est débarrassé aussitôt. Je trouve cela insultant pour la mémoire de mon cher mari.

– Vous êtes absolument sûre qu'il est mort, n'est-ce pas ? dit McLoughlin.

Elle tira un mouchoir de sa manche tel un prestidigitateur et se mit à essuyer les inévitables larmes.

– Il ne m'aurait jamais abandonnée, murmura-t-elle, reprenant son éternelle rengaine.

– Nous avons ramassé ces chaussures dans les bois de Streech Grange, non loin de la chambre froide.

– Pardon ? fit-elle d'un ton poli.

– Wally a passé la nuit du 27 mai dans la chambre froide et il a jeté les chaussures dans les bois le lendemain matin en partant.

Elle abaissa son mouchoir et les regarda tour à tour avec curiosité.

– Ah bon.

Elle avait l'air déroutée.

– C'est important ?

– Vous n'ignorez pas que nous avons trouvé un cadavre dans la chambre froide du manoir ? lui jeta McLoughlin. Un homme, âgé d'une cinquantaine d'années, corpulent, les cheveux gris, mesurant environ un mètre quatre-vingts. Assassiné voilà deux mois, à l'époque de la disparition de votre mari.

Mrs. Thompson resta sans voix. Pendant quelques secondes, elle sembla en proie aux sentiments les plus divers. Les deux hommes la regardaient en pleine face, mais ils auraient été bien en peine de discerner dans ce mélange la part de la culpabilité. La surprise paraissait l'emporter.

– Je n'en savais rien, dit-elle, rien du tout. On ne me tient jamais au courant. Le cadavre de qui ?

McLoughlin se tourna vers Walsh et leva un sourcil avec une mine désespérée.

– C'était dans tous les journaux, Mrs. Thompson, dit Walsh, et même à la télévision, aux actualités régionales. Vous en avez forcément entendu parler. Le corps était dans un tel état que nous n'avons pas encore réussi à l'identifier. Ce qui n'empêche pas que nous ayons des soupçons.

Elle ouvrait tout grand la bouche comme si elle avait du mal à respirer. Le rouge de ses joues formait à présent des taches brillantes.

– Je n'ai pas la télévision, répliqua-t-elle. Daniel lisait le journal au bureau et me résumait les nouvelles en rentrant à la maison.

Elle avala une goulée d'air.

– Bon sang! s'exclama-t-elle de manière assez inattendue en portant une main à sa poitrine. Personne ne m'en a dit un mot, pour ne pas m'inquiéter. Je n'en avais pas la moindre idée.

– Que nous avions trouvé le cadavre, ou qu'il y avait un cadavre à trouver? demanda McLoughlin.

Elle réfléchit un instant aux implications de chaque formule.

– Qu'il y en avait un, naturellement, répondit-elle en lui jetant un regard mauvais.

Elle fit un effort pour calmer sa respiration et pinça les lèvres selon son expression habituelle.

– Je comprends maintenant pourquoi vous vous intéressiez tant aux chaussures de David, dit-elle en se tournant vers Walsh.

Un léger tic agitait sa lèvre supérieure.

– Vous pensez qu'elles ont un rapport avec votre cadavre?

– C'est possible, répondit-il, sur ses gardes.

Une lueur de triomphe apparut dans les yeux de Mrs. Thompson.

– Pourtant, ce clochard vous a montré qu'il n'en était rien. Vous dites qu'il a passé la nuit du 27 dans la...

– Chambre froide.

– C'est ça, dans la chambre froide. Je suppose qu'il n'y serait pas resté si elle avait contenu un cadavre, aussi a-t-il dû jeter les chaussures avant que le cadavre y soit.

Elle sembla se détendre un peu.

– Je ne vois pas le rapport. C'est une simple coïncidence.

– Vous avez parfaitement raison, admit Walsh. En ce sens, il n'y a aucun rapport.

– Dans ce cas, pourquoi m'avoir posé toutes ces questions?

– Parce que c'est précisément cette coïncidence, Mrs. Thompson, qui nous a menés au clochard et à certains faits curieux vous concernant, vous et votre mari. Ainsi, nous sommes en mesure de prouver qu'il était bien vivant, chez lui, deux jours après le moment où vous avez signalé sa disparition et alors que votre alibi ne valait plus rien. Mr. Thompson n'a pas été aperçu depuis, et voilà que nous découvrons il y a une semaine un cadavre non identifiable répondant à son signalement, et cela à cinq kilomètres d'ici. Franchement, il ne serait pas difficile de convaincre des jurés que vous avez tué votre mari le 28 mai ou après.

Le tic devint plus fort.

– Cela ne peut pas être le corps de Daniel.

– Et pourquoi ? demanda McLoughlin.

Elle garda le silence, tout en s'efforçant de reprendre ses esprits.

– Pourquoi ? répéta-t-il.

– Parce qu'il m'a écrit il y a environ deux semaines.

Ses épaules s'affaissèrent et elle se remit à pleurer.

– Une lettre horrible, où il me disait qu'il me détestait, que j'avais toujours été une mauvaise...

McLoughlin l'interrompit.

– Voudriez-vous nous montrer cette lettre ?

– Je ne peux pas, murmura-t-elle entre deux sanglots. Je l'ai brûlée. Elle contenait de si vilaines choses.

On frappa à la porte et un policier en uniforme entra.

– Nous avons fouillé la maison et le jardin.

Il secoua la tête en réponse au regard de Walsh.

– Rien encore. Il reste cette pièce et les valises de Mrs. Thompson. Elles sont fermées. Nous aurions besoin des clés.

La petite femme saisit son sac à main et le pressa contre sa poitrine.

– Je ne vous les donnerai pas. Vous ne fouillerez pas mes valises. Elles contiennent mes sous-vêtements.

– Allez me chercher une de vos collègues, ordonna le commissaire au policier.

Il se pencha vers Mrs. Thompson.

– Désolé, mais vous n'avez pas le choix. Si vous préférez, je lui demanderai d'apporter les valises ici, afin qu'elle les inspecte devant vous.

Il tendit la main.

– Les clés, s'il vous plaît.

– Bon, très bien! fit-elle avec humeur.

Elle plongea la main dans son sac et en retira deux petites clés liées par un ruban blanc.

– Personnellement, je trouve ces façons scandaleuses. Je n'hésiterai pas à me plaindre à vos supérieurs.

Walsh ne fut guère surpris par son refus de laisser examiner ses valises. Elles renfermaient entre autres des pièces de dentelle noire transparente qui auraient été plus à leur place, songea-t-il, dans un bordel que dans les bagages d'une punaise de sacristie. Mais il avait appris au cours de sa carrière que c'étaient souvent les femmes les moins portées sur la chose qui affectionnaient ce genre de lingerie. Sa propre épouse ne faisait pas exception à la règle. Depuis qu'ils étaient mariés, elle allait se coucher tous les soirs vêtue de soie ou de satin, sans autre admirateur que lui-même. Longtemps, il avait trouvé cela délicieux et s'était efforcé de le lui prouver, puis, après des années de protestations indignées, il avait fini par comprendre que Mrs. Walsh n'arborait pas sa lingerie pour l'agrément de son mari, mais pour quelque secret plaisir personnel. Et il avait vite renoncé à savoir lequel.

La femme en uniforme referma les valises en secouant la tête.

– Rien là-dedans.

– Je vous l'avais bien dit, déclara Mrs. Thompson. Dieu sait ce que vous cherchez.

– Votre sac à main, s'il vous plaît.

Elle l'abandonna avec une grimace de dégoût.

La femme en vida soigneusement le contenu sur la desserte, palpa le cuir pour voir s'il n'y avait rien de caché dans la doublure, puis fit le tri des divers objets.

Elle interrogea Walsh du regard.

– Ça a l'air d'aller.

Walsh lui fit signe de remettre les objets dans le sac.

– Peut-être désirez-vous attendre dehors pendant que l'on s'occupe de cette pièce? dit-il à Mrs. Thompson.

– Il n'en est pas question.

Elle s'enfonça dans son fauteuil, les mains accrochées au coussin sur lequel elle était assise, comme si elle s'attendait à ce qu'on la déloge de force.

En attendant le résultat de la fouille, Walsh reprit ses questions.

– Vous dites que vous avez reçu une lettre de votre mari. Pourquoi ne pas en avoir parlé plus tôt ?

Elle se recula et s'assit de côté en se faisant la plus petite possible.

– Par amour-propre, c'est tout ce qui me reste. Je ne voulais pas qu'on sache la façon honteuse dont il m'avait traitée.

Elle tamponna ses yeux secs.

– D'où venait-elle ? demanda McLoughlin.

– De Londres, me semble-t-il.

– Écrite à la main, j'imagine. Il n'aurait pas pu se servir d'une machine à écrire.

– Oui.

– Quel genre d'enveloppe ?

Elle réfléchit un instant.

– Blanche.

McLoughlin se mit à rire.

– Vous avez tort, vous savez. Ne croyez pas que vous allez pouvoir vous en tirer simplement en nous bourrant le crâne. Nous vérifierons auprès du facteur. Dans un endroit comme celui-ci, c'est sans doute le même depuis des années. Probablement le type qui tient ce bric-à-brac près de l'église. Il a dû se faire une joie d'examiner vos dernières lettres sur toutes les coutures, dans l'espoir d'être le premier à avoir des nouvelles du cher disparu. Vous ne nous convaincrez pas que votre mari est toujours en vie avec des lettres imaginaires, Mrs. Thompson.

Elle regarda la femme en uniforme se diriger vers le buffet.

– Eh bien, demandez au facteur, sergent. Vous verrez que je vous dis la vérité.

Elle avait la voix de la sincérité, mais son regard était aussi calme et réfléchi que possible.

– Si j'avais su ce que vous aviez en tête, je vous l'aurais signalé la première fois où vous êtes venus.

McLoughlin se leva et se pencha vers elle, les mains posées sur les accoudoirs du fauteuil.

– Pourquoi étiez-vous si troublée en entendant parler de ce cadavre dans la chambre froide ? Puisque vous saviez que votre mari était vivant, qu'est-ce que cela pouvait vous faire ?

– Cet homme me menace! lança-t-elle à Walsh. Je n'aime pas cela.

Elle se recroquevilla sur son siège.

– Écartez-vous, Andy.

– Avec plaisir.

Sans prévenir, il passa une main sous le bras de Mrs. Thompson et partit brusquement en arrière. Elle sauta du fauteuil comme un bouchon de champagne, puis se mit à se débattre farouchement et à lui cracher à la figure. Sans lâcher le mince poignet, il esquiva un coup plus violent que les autres et sentit des gouttes de salive tiède lui cribler la joue.

– Le fauteuil! s'écria-t-il. Elle a caché quelque chose.

– Je l'ai.

McLoughlin lui agrippa les deux bras tout en se reculant pour éviter les ruades qu'elle lui décochait de la pointe de ses souliers.

– Remuez-vous, abrutis! cria-t-il aux deux agents. Elle est en train de m'arroser. Qui a les menottes, bon Dieu ?

– Salauds! rugit-elle. Bande de salauds!

Elle réunit de nouveau sa salive et l'expédia au visage de McLoughlin. Pour son plus grand dégoût, il reçut le crachat sur la lèvre, et une partie s'écoula dans sa bouche.

Comme galvanisés, les agents se ruèrent sur Mrs. Thompson pour lui passer les menottes et la poussèrent vers le canapé. Elle suivit les efforts que faisait McLoughlin pour se débarrasser du venin et éclata de rire.

– Vous ne l'avez pas volé! J'espère que vous attraperez une maladie!

– En attendant, c'est vous qui l'êtes, attrapée.

Il se tourna vers Walsh.

– Qu'est-ce que c'est ?

Walsh lui tendit une fine enveloppe.

– Elle a dû la sortir de son sac pendant que nous reluquions ses maudites culottes.

Il se mit à glousser.

– Vous vous êtes donnée beaucoup de mal pour rien, chère madame. Nous l'aurions trouvée de toute façon.

McLoughlin ouvrit l'enveloppe. Elle contenait deux billets d'avion aux noms de Mr. et Mrs. Thompson, à destination de Marbella, pour le soir même.

– Où était-il caché durant tout ce temps ?

– Allez au diable !

– Mrs. Thompson ! Mrs. Thompson ! fit une voix émue depuis la porte d'entrée. Un peu de modération, je vous prie.

Elle eut un ricanement.

– Retourne t'astiquer les burettes, pauvre idiot !

– Elle est folle ? demanda le pasteur, horrifié.

– Si l'on peut dire, répondit gaiement Walsh.

21

McLoughlin raconta l'histoire à Anne, qui s'en amusa beaucoup. Elle avait repris des couleurs et son regard exprimait la joie de vivre. Il ne restait pas trace de l'agression dont elle avait été victime, si ce n'est un foulard rouge et blanc qu'elle avait noué, comme un corsaire, autour de sa tête par-dessus son pansement. Elle avait quitté l'hôpital la veille, contre l'avis du médecin, en déclarant que cinq jours d'abstinence était le maximum qu'on pouvait exiger d'une droguée. Avec résignation, Phoebe l'avait ramenée au manoir, non sans lui avoir arraché la promesse qu'elle ferait ce qu'on lui dirait. Anne n'avait opposé aucune résistance. « Si tu me laisses quelques cigarettes, je serai sage comme une image. »

Elle ignorait que Phoebe, de son côté, s'était engagée à ce qu'il ne lui arrive rien.

– Si elle quitte l'hôpital, Mrs. Maybury, avait fait observer Walsh, nous ne serons pas en mesure de lui assurer une protection efficace, pas plus qu'à vous-même d'ailleurs. Nous n'avons tout bonnement pas assez d'hommes pour quadriller Streech Grange. Je lui conseille donc de rester, tout comme je vous ai conseillé de partir.

– Vous perdez votre temps, commissaire, lui répondit Phoebe avec une pointe de dédain. Cette propriété nous appartient. Si nous devions compter sur votre protection, cela ne serait même pas la peine d'y vivre.

Walsh haussa les épaules.

– Je ne vous comprends pas, Mrs. Maybury.

Diana, qui se trouvait dans la pièce, semblait furieuse.

– Seigneur, vous êtes stupéfiant ! lança-t-elle. Il y a deux jours à peine, vous ne vouliez pas croire un mot de ce que racontait Phoebe. Et aujourd'hui, parce que le sergent McLoughlin a cru bon de prendre l'histoire au sérieux, il faudrait qu'elle fasse ses paquets sur-le-champ pour satisfaire vos caprices. Laissez-moi vous dire que si quelque chose a changé ces deux derniers jours, c'est vous.

Elle tapa du pied dans un geste d'exaspération.

– Pourquoi devrions-nous partir aujourd'hui, plus qu'hier ou avant-hier ? Le danger est le même, grands dieux ! Et qui, selon vous, nous a protégées jusqu'ici ?

– Qui, Mrs. Goode ?

Diana lui tourna le dos.

– Nous nous sommes protégées nous-mêmes, évidemment, dit Phoebe d'un ton glacial, et nous continuerons. Les chiens sont encore notre meilleure sauvegarde.

Anne avait pris place dans son fauteuil favori, le dos calé par des coussins, les pieds posés sur le tabouret en tapisserie de Phoebe, une grosse veste jetée sur ses épaules en guise de robe de chambre, un crayon à l'oreille. Pour McLoughlin, il était évident qu'elle se fichait bien de ce qu'on pouvait penser. Ce qui signifiait en clair : « Je suis ainsi, c'est à prendre ou à laisser ». Était-elle à ce point sûre d'elle-même, ou bien complètement indifférente ? En tout cas, il lui enviait ce détachement. Pour sa part, il avait toujours recherché l'approbation des autres.

– Et où se cachait Thompson ? demanda-t-elle.

– Elle n'a pas voulu nous le dire, mais cela a été un jeu d'enfant pour lui mettre la main dessus. Il s'est calmé dès que nous lui avons montré les billets du vol de 19 h 30 pour Marbella.

– Il comptait filer avec le pognon ?

McLoughlin hocha la tête. Une fois reconnu par Wally comme l'homme qui se trouvait dans la remise, Daniel Thompson s'était montré des plus coopératif. L'idée lui était venu en lisant un livre emprunté à la bibliothèque, qui racontait avec force détails la vie somptueuse que menaient certains escrocs britanniques sur la côte espagnole. L'entreprise de Thompson piquait du nez et il s'était plaint à sa femme de ce qu'il allait devoir travailler comme un forçat pour essayer de remonter le courant, alors que d'autres, dans la même situation, n'avaient pas hésité à s'enfuir avec la caisse et, en ce moment, se la coulaient douce au soleil. C'était bien simple, lui avait répondu Mrs. Thompson : eux aussi iraient se la couler douce au soleil. Ils n'avaient personne à leur charge, et elle n'avait jamais beaucoup aimé l'Angleterre, encore moins East Deller à l'atmosphère étouffante et mesquine, et elle ne se voyait pas passer encore dix ans à économiser sou par sou pour éviter à son mari la banqueroute.

– Vous n'imaginez pas, confia Thompson, ce que cela a été facile de persuader les gens d'investir dans des radiateurs transparents. Ce qui prouve qu'on peut avoir de l'argent et rien dans la cervelle.

– Avec quoi fabrique-t-on un truc pareil? demanda McLoughlin par curiosité.

– Du verre trempé résistant à la chaleur, répondit Thompson. Le même que celui des plats que vous mettez au four. L'idée, c'était d'ajouter des matières colorées dans l'eau pour les voir évoluer dans les conduites.

– Mrs. Goode prétend que cela aurait pu révolutionner la décoration intérieure.

Le saint homme poussa un soupir.

– C'est bien ça le plus drôle. Elle avait sans doute raison. J'avais choisi cette idée parce qu'elle était matériellement réalisable et en même temps assez absurde pour rendre une faillite plausible. Imaginez ma surprise lorsque, sans faire aucune publicité, j'ai vu les commandes affluer. A ce moment-là, naturellement, c'était déjà trop tard. Remonter l'affaire aurait présenté des difficultés énormes. En plus, Maisie – ma femme, précisa-t-il obligeamment – avait déjà opté pour la Costa del Sol. Dommage, vraiment, murmura-t-il d'une voix rêveuse. Nous aurions pu aussi bien devenir riches et nous retirer au soleil.

– Pourquoi avoir inventé toute cette histoire de disparition ? Il vous aurait été facile de plier bagage tous les deux.

Mr. Thompson le regarda avec un visage épanoui.

– Les déménagements à la cloche de bois inquiètent toujours les gens, éveillent chez eux des soupçons, et nous ne voulions pas nous attirer des ennuis avec les Espagnols. Ils ne sont plus aussi accommodants qu'autrefois. Si Maisie restait là, on se contenterait de la plaindre d'avoir épousé un lâche et un crétin.

– Où avez-vous passé ces deux derniers mois ?

– Mais à East Deller, dit-il comme si la question avait de quoi surprendre. Jusqu'à avant-hier où j'ai pris une chambre d'hôte en attendant que Maisie ait fini de boucler les valises. Vos visites commençaient à devenir un peu trop fréquentes.

– Vous vous cachiez chez vous ?

Il hocha la tête.

– Il n'y avait rien à craindre. Maisie m'a téléphoné à mon hôtel à Londres, après la première perquisition de la police. Je suis rentré dans la nuit du 26 et j'ai couché au grenier. Cela valait mieux que de traîner dans les rues avec mon signalement diffusé un peu partout.

– Pourtant Wally vous a vu dans la remise, fit remarquer McLoughlin.

– Oui. C'était une erreur, je le reconnais. Nous avions cru que la remise serait la meilleure cachette parce qu'il me serait plus facile de m'échapper au cas où la police débarquerait à l'improviste. Évidemment, c'était aussi l'endroit le plus susceptible de recevoir de la visite. Encore que s'il s'était agi d'une personne normale, dit-il sans rancune, cela n'aurait pas été très gênant. Maisie m'avait aménagé un coin derrière un tas de vieilles caisses, et quelqu'un entrant simplement dans la remise ne m'aurait pas vu.

Il fit claquer deux doigts grassouillets.

– Mais ce vieil idiot cherchait lui aussi un endroit où se cacher. Je me demande lequel a eu le plus peur quand il a écarté les caisses, lui ou moi.

– La police a perquisitionné deux fois, dit McLoughlin. Comment avez-vous pu lui échapper la seconde fois ?

– Parce que nous nous y attendions. Nous nous étions

dit que la police, une fois qu'elle aurait fouillé la maison par surprise, serait convaincue que je m'étais réellement enfui à cause de mon travail, et laisserait Maisie tranquille. Elle a donc passé un coup de fil anonyme pour provoquer une nouvelle perquisition. Nous avons vécu deux jours entiers sur les nerfs, mais quand ils sont arrivés, nous étions fin prêts. J'ai enjambé la palissade au fond du jardin, me suis dissimulé dans le verger des voisins et, quand ça a été fini, Maisie m'a fait signe de rentrer.

Il sourit gentiment. Il était taillé, selon l'expression de Diana, comme un char d'assaut. Son visage se fendit en deux sous l'effet du sourire, la seconde moitié posée sur son double menton.

– Après cela, nous n'avons plus eu aucun problème jusqu'à ce que vous arriviez avec ces fameuses chaussures. A ce stade, le coup de la disparition avait fonctionné comme sur des roulettes.

McLoughlin l'admit.

– Néanmoins, vous couriez un risque. Les voisins auraient pu défiler chez vous pour prendre des nouvelles de votre femme.

– Pas après le brillant numéro d'obsédée sexuelle que leur a fait Maisie. Les femmes ont continué à venir pendant quelques jours, par pure bonté d'âme, mais c'est curieux avec quelle rapidité les gens peuvent se désintéresser de vous dès que vous avez des pépins. Maisie aurait pu être comédienne, je le lui ai toujours dit. Nous avions piqué l'idée du grenier dans le journal d'Anne Frank, ajouta-t-il sans qu'on le lui ait demandé.

– Et elle ne savait vraiment rien du cadavre trouvé dans la chambre froide ? Incroyable !

– Ce n'était vraiment pas de chance, dit Thompson en montrant pour la première fois de la contrariété. Elle ne pouvait pas changer d'habitudes. Si elle avait loué une télé ou s'était mise à lire les journaux, les gens auraient pensé qu'elle commençait à se remettre. Cela n'aurait pas été très bon, vous comprenez ?

McLoughlin hocha la tête.

– Et personne ne lui en a parlé de crainte que le cadavre soit le vôtre.

Daniel poussa un soupir.
– L'arroseur arrosé.
– Mais pourquoi avoir attendu si longtemps pour prendre le large ? Vous auriez pu être partis depuis des semaines.
– La cupidité, avoua Thompson. Vous voulions récupérer l'argent de la maison. Ça va chercher dans les deux cent cinquante mille livres un petit pavillon comme ça. C'était tout bénéfice. Maisie avait prévu d'avoir l'air de plus en plus déprimée, jusqu'au moment où elle se serait résignée à vendre la maison pour aller dans un endroit qui ne lui rappellerait pas le passé. Les gens auraient trouvé cela tout naturel. A vrai dire, ils auraient même été enchantés de la voir déguerpir. Ensuite, l'argent en poche, nous nous serions embarqués pour la France, et de là nous aurions gagné l'Espagne et ses côtes ensoleillées.
– Avec vos propres passeports ?
Thompson hocha la tête.
– Nous avions communiqué votre signalement, Mr. Thompson. Vous vous seriez fait pincer.
– Oh, je ne crois pas, sergent, répliqua-t-il avec un air détendu. En six mois, les choses se tassent, il y a tellement de touristes, et un couple d'âge mûr avec un nom aussi répandu ! De toute façon, que pouvait-on me reprocher ? Ma femme était là pour attester que je n'avais pas disparu. Et ce n'est pas comme si l'on avait lancé un mandat contre moi, n'est-ce pas ?
Il inclina la tête sur le côté et considéra le sergent avec amusement.
– Non, admit McLoughlin.
– J'étais un incompétent, dit Thompson, je vous le concède volontiers. Mais personne ne peut se plaindre d'avoir perdu des fortunes à cause de moi.
Il joignit ses mains sur sa poitrine grassouillette.
– Mes employés ont tous retrouvé un emploi, et le service des contributions a accepté de couvrir les cotisations que j'avais si malencontreusement – comment dire – empruntées pour renflouer le navire.
Il décocha une œillade à McLoughlin.

– J'en sais gré à mon associé. Il s'est chargé de toutes les démarches pour eux, du moins c'est ce que m'a dit Maisie. Un type épatant, possédant un grand sens de l'organisation, et d'une honnêteté irréprochable. Remarquez, il a peut-être été un peu vif avec Maisie au téléphone, en me traitant de dilettante et de jean-foutre, mais je ne lui en veux pas.

Il ôta une peluche de son pull-over.

– Mes investisseurs avaient misé sur moi, de façon un peu hasardeuse, mais ils ont eu la joie d'arrêter de payer et peuvent désormais se consacrer à des opérations plus lucratives. J'en suis ravi. Cela m'ennuyait qu'ils se soient fourvoyés.

– Attendez ! jeta McLoughlin. Ils ne se sont pas fourvoyés, Mr. Thompson, vous les avez escroqués.

– Croyez-vous ?

– Vous l'avez reconnu vous-même.

– Quand ça ?

McLoughlin se tourna vers l'agent Brownlow qui prenait l'interrogatoire en sténo.

– Trouvez-moi le passage où il affirme avoir suivi l'exemple d'escrocs britanniques vivant en Espagne.

Elle revint en arrière.

– Il ne dit pas vraiment qu'il était un escroc, seulement que ses affaires allaient mal.

– Un peu plus loin. Il avoue qu'il était ridiculement facile de convaincre les gens d'investir dans ces radiateurs.

– Tout à fait, intervint Thompson. C'était une excellente idée.

– Bon sang ! tonna McLoughlin. Vous avez déclaré que vous trouviez absurde de faire faillite de cette façon.

– Et j'avais raison. Vous voyez ce qui est arrivé.

– Votre boîte n'est pas tombée en faillite parce qu'elle ne tournait pas, mais uniquement parce que vous avez détourné l'argent. Vous avez dit vous-même que cela aurait pu être un grand succès.

Thompson poussa un soupir.

– Cela aurait pu marcher, j'en suis certain, si j'avais eu davantage le sens des affaires. Mon problème, comme j'ai essayé de vous l'expliquer, c'est l'incompétence. Allez-vous m'arrêter, sergent ?

– Oui, Mr. Thompson, et tout de suite encore !

– Pour quel motif ?

– Pour vous être moqué de la police, en premier lieu, ensuite je connais quelqu'un qui serait ravie d'apporter de l'eau à mon moulin.

– Qui ?

– Votre créancière, Mrs. Goode.

– Je demanderai à mon avocat de s'arranger à l'amiable avec elle, dit-il sans se troubler. Ce sera plus avantageux que de me poursuivre devant les tribunaux.

– J'inculperai votre femme pour coups et blessures.

– Cette pauvre Maisie. Elle est complètement folle.

Il cligna de l'œil avec l'air de s'amuser énormément.

– Elle ne sait pas ce qu'elle fait la moitié du temps. Un petit traitement avec un bon médecin lui sera plus profitable que des poursuites judiciaires. Le pasteur sera sûrement de cet avis.

– Vous êtes deux gredins !

– Ce n'est pas très gentil, sergent. La vérité est que je suis un lâche qui a eu peur d'avoir à se justifier auprès de ses partenaires. Je me suis enfui et caché. Une attitude assez méprisable, je vous l'accorde, mais guère répréhensible.

Son regard était calme et sincère, mais son double menton tremblait. De gaieté ou de contrition, McLoughlin n'aurait pu le dire.

Quand il eut terminé son récit, Anne avait mal d'avoir ri autant.

– Vous les avez relâchés ?

McLoughlin eut un sourire penaud.

– Un couple d'anguilles. Chaque fois que je croyais les tenir, ils me glissaient entre les doigts. Ils sont rentrés chez eux, mais ils devront répondre sous quinzaine d'une accusation d'obstruction à la justice. Entre-temps, je suis allé voir son assistant, qui a une peur bleue de se retrouver compromis dans l'histoire, et je lui ai demandé de vérifier les livres avec un comptable pour voir s'il y avait eu des détournements de fonds.

– Ils ne trouveront rien, dit Anne en s'essuyant les yeux. Mr. Thompson m'a tout l'air d'un professionnel. Il a dû maquiller les comptes et transformer l'argent en villa en Espagne.

– Peut-être.

McLoughlin s'étira et se laissa aller dans son fauteuil. Il avait encore veillé toute une nuit et tombait de fatigue.

En parlant de McLoughlin, Jane avait dit à Anne qu'il s'était trompé de métier. Anne lui avait demandé pourquoi. Parce qu'il était trop sensible aux problèmes des autres, lui avait-elle répondu. Anne considéra le policier à travers la fumée de sa cigarette. Elle n'avait pas la naïveté de sa filleule, et son regard était dénué de sentiment. A son avis, McLoughlin ne souffrait pas d'un excès de sensibilité à l'égard des autres, mais plutôt à l'égard de lui-même, travers qui, estimait-elle, se retrouvait chez la plupart des hommes. A vouloir se donner une image socialement acceptable, on finissait par se retrouver dans des vêtements étriqués. Elle se demanda depuis combien de temps McLoughlin ne s'était pas moqué de lui-même, s'il l'avait jamais fait. La vie, pour lui, devait être comme une course d'obstacles qu'il fallait franchir dans les règles. En effleurer un seul eût signifié l'échec.

– A quoi pensez-vous ? demanda-t-il.

– A ce qui peut pousser les hommes à se prendre tellement au sérieux.

– J'ignorais que ce fût le cas.

– Je ne me souviens pas d'en avoir rencontré un qui fasse exception à la règle. Votre Mr. Thompson me paraît un assez bon exemple.

Elle se mit à frétiller des orteils sur le tabouret en tapisserie.

– Les problèmes des femmes sont liés à leur programmation biologique. Sans les efforts qu'elles consentent pour engendrer et élever de nouvelles générations, l'espèce s'éteindrait. Leurs frustrations viennent du refus de l'espèce à reconnaître les sacrifices qu'elles s'imposent pour le bien commun. Aucun gouvernement ne vous paie pour éduquer une famille vingt-quatre heures sur vingt-quatre; aucun ne vous remet de décoration pour avoir fait de vos enfants de bons et honnêtes citoyens, lesquels, neuf fois sur dix, ne vous en ont aucune reconnaissance et finissent même par vous reprocher de les avoir mis au monde.

Elle secoua sa cigarette contre le cendrier.

– Être mère de famille, quel calvaire! Pas d'administration avec laquelle discuter, pas de syndicat pour vous défendre, pas de droit de licenciement pour faute grave et aucune possibilité d'avancement. Mais le chantage affectif et le harassement sexuel comme lot quotidien.

Elle se pencha en avant, le regard brillant.

– Aucun homme ne le supporterait. Il se sentirait atteint dans sa fierté.

McLoughlin se traita mentalement d'idiot. Il aurait dû se fier à ses premières impressions et se tenir à l'écart. Elle devait être rudement douée au lit, pour arriver à faire oublier ses boniments féministes. En fin de compte, elle ne différait guère de son ancienne femme. Les mêmes jérémiades, présentées seulement de manière plus flatteuse et plus argumentée. Il se promit de rester célibataire. Il ne se sentait ni le goût ni l'énergie de se battre chaque fois que sa libido le tourmentait. Si le plaisir devait se payer par une reddition, il préférait encore s'en passer. Pendant des années, il avait dû supporter les migraines de sa femme et se contenter le samedi soir de pornos minables à la télé. Et il n'avait pas l'intention de revivre ça pour une simple toquade.

Il se leva brusquement et se mit à déverser le trop-plein de sa rage et de sa déception.

– Laissez-moi vous dire une chose, Miss Cattrell. J'en ai par-dessus la tête d'entendre les femmes se plaindre sans cesse de leur existence. Vous répétez à tout bout de champ que nous avons une chance inouïe et que nous vous traitons de manière affreuse.

Il s'approcha de la cheminée, posa les mains sur la tablette et se mit à contempler le foyer éteint.

– Croyez-vous être les seules à supporter le poids des contraintes biologiques ? Le fardeau des hommes est infiniment plus grand. Si nous n'étions pas programmés, comme vous dites, pour répandre notre semence, il y a longtemps que l'apathie des femmes serait venue à bout de la race humaine. Essayez de persuader une femme d'avoir des relations sexuelles. Cela vous coûte de l'argent, des efforts, des émotions et l'angoisse de se heurter à un refus. Et si en plus vous consentez à accomplir votre devoir au regard de la société il vous faut passer votre vie dans les chaînes et travailler comme un forçat pour donner à votre chère épouse tout ce qu'elle veut, afin qu'elle consente à porter votre progéniture et à l'élever proprement.

Il se tourna vers elle.

– C'est humiliant et dégradant. Mon système de reproduction obéit aux mêmes lois que celui du chien. La nature nous a imposé de déposer notre semence dans une femelle fertile, la seule différence c'est que le chien, lui, n'a pas à se justifier. Pensez-y la prochaine fois qu'il vous prendra l'envie d'ironiser sur l'amour-propre masculin. Il n'y a rien de plus fragile. Vous avez parfaitement raison, je me prends au sérieux. Et j'y ai même intérêt. Il ne me reste que le bureau, où les règles de conduite continuent de s'appliquer et où je ne risque pas de devenir chèvre en remplissant les fonctions qui m'ont été dévolues.

Elle prit une pomme dans la coupe qui se trouvait devant elle et la lui lança.

– Vous êtes extraordinaire, McLoughlin ! Dans une minute vous allez me dire que vous regrettez de ne pas être une femme.

Il se retourna, vit son expression amusée et se mit à rire.

– J'ai bien failli. Vous m'avez tellement mis hors de moi.

– Hors de vous ? répliqua-t-elle en souriant. Mais non, je vous ai simplement remis à votre place. La vie n'est qu'une comédie, du début à la fin, avec quelques scènes tragiques de temps à autre pour mettre un peu de variété. Sans quoi, il y a belle lurette que l'humanité se serait pendue à un réverbère. Personne ne pourrait supporter soixante-dix ans de tragédie. Quand je mourrai – probablement d'un cancer –, Jane a promis de faire graver sur ma tombe : « Ci-gît Anne Cattrell, morte d'avoir trop ri. La vie n'est qu'une blague, elle l'avait toujours dit. »

Elle jeta en l'air une autre pomme et la rattrapa.

– Dans deux semaines, si vous avez passé le cap, vous serez aussi cynique que moi, McLoughlin. Quelle délivrance pour vous, mon fils !

Il s'assit, sa pomme entre les dents, et attira à lui sa serviette.

– Vous n'êtes pas totalement cynique, prononça-t-il, la bouche pleine.

Elle sourit.

– Qu'est-ce qui vous fait dire ça ?

– J'ai lu votre journal.

Il pressa la serrure, entrouvrit la serviette et en tira le mince volume.

Elle lança à McLoughlin un regard de curiosité.

– Ça vous a plu ?

– C'était censé me plaire ?

– Non, répondit-elle d'un ton acerbe. Je ne le destinais pas à la publication.

– C'est aussi bien, dit-il sans hésiter. On a parfois du mal à suivre.

Elle le dévisagea.

– Vous vous y connaissez sans doute.

Elle semblait extrêmement vexée. Ce qu'elle écrivait, même pour elle-même, lui tenait à cœur.

– Je sais lire.

– Et moi je sais tenir un pinceau. Cela ne fait pas de moi un expert en peinture.

Elle regarda ostensiblement sa montre.

– Vous ne deviez pas vous occuper d'un meurtre ? Je n'ai pas l'impression que vous ayez beaucoup avancé en ce qui concerne l'identité du cadavre ni, incidemment, celle de mon agresseur.

Il pouvait bien penser ce qu'il voulait, ce n'était qu'un flic, et pourtant elle sentait que sa bonne humeur s'était envolée.

Il mordit dans sa pomme.

– Il faudrait revoir le passage sur P. Cela gâche le reste.

Il lui remit le carnet qu'il posa sur ses genoux.

– Le couteau à découper est toujours au commissariat, attendant votre signature. J'ai récupéré l'agenda tôt ce matin, avant que Friar ait eu le temps de photocopier les passages les plus croustillants.

Il avait le dos tourné à la fenêtre, et son visage, dans l'ombre, ne laissait rien paraître. Elle eût été bien en peine de dire s'il plaisantait.

– Dommage. Il aurait peut-être apprécié.

– Parlez-moi de P.

Elle lui lança un regard méfiant.

– Que voulez-vous savoir ?

– Aurait-il pu s'en prendre à vous ?

– Non.

– En êtes-vous certaine ? Il est peut-être du genre jaloux. C'est une des bouteilles de sa cuvée spéciale qui a servi à vous frapper, et l'on m'a assuré qu'il ne les laissait pas sortir du pub.

Il lui aurait été facile de nier que P. et Paddy fussent une seule et même personne – l'idée que McLoughlin puisse rencontrer le P. figurant dans le journal l'effrayait passablement –, mais elle aurait eu l'air d'une sainte nitouche, et ce n'était pas son style.

– Absolument. Vous lui avez parlé ?

– Pas encore. Je n'ai eu les résultats du labo que ce matin.

Le sang sur la bouteille appartenait bien à Anne, mais le reste était plutôt décevant. Quelques vagues empreintes autour du goulot et des traces de pas à peine visibles sur le sol. Tout cela n'allait pas loin.

Anne aurait aimé savoir ce qu'il pensait. La jugeait-il ? Comprendrait-il jamais combien les visites de Paddy, même irrégulières, contribuaient à rendre la vie au manoir supportable ? Elle en doutait. McLoughlin était un être conformiste, en dépit de l'étrange attirance qu'il éprouvait pour elle. Et cette attirance finirait, elle en était persuadée. Tôt ou tard, il redeviendrait ce qu'il avait toujours été, ne lui laissant que le souvenir d'un instant de folie. Et elle n'aurait plus que Paddy, de nouveau, pour lui rappeler que les murs de Streech Grange n'étaient pas infranchissables.

Des larmes de lassitude lui montèrent aux yeux.

– C'est un type bien, dit-elle. Il comprend beaucoup de choses.

Si McLoughlin, de son côté, avait compris, il ne le montra pas. Il partit sans dire au revoir.

Paddy était occupé à entasser des barils de bière vides à l'arrière du pub. Il jeta à McLoughlin un regard soucieux, souleva sans effort un baril et l'expédia au sommet du tas.

– Je peux vous aider ?

– Sergent McLoughlin, de la police de Silverborne.

McLoughlin avait imaginé une sorte d'Adonis, immense et musculeux, possédant l'attraction du pôle Nord et la cervelle d'Einstein. Il avait devant lui un gros type velu, un peu gras, habillé d'un vieux pull et d'un pantalon lustré aux fesses. Son dépit retomba d'un cran. Il montra à Paddy une photo de la bouteille en grès.

– Vous la reconnaissez ?

Paddy y jeta un bref coup d'œil.

– Possible.

– On m'a dit que vous y mettiez votre spéciale.

Pendant un instant ils flairèrent la brise, méfiants, comme deux molosses bien décidés à défendre leur territoire. Puis Paddy battit en retraite. Il haussa les épaules, l'air jovial.

– Bon, d'accord, ça ressemble à une des miennes. Mais c'est plus une distraction qu'autre chose. Je suis en train d'écrire un bouquin sur les méthodes traditionnelles de brassage, afin de ne pas perdre les bonnes vieilles recettes d'antan.

Il avait un regard limpide, sans malice.

– J'organise des séances de dégustation où les gens du coin viennent me donner leur avis.

Il scruta le visage maussade du policier, guettant une réaction.

– OK, ça m'est peut-être arrivé de demander une obole pour diminuer les frais. C'est normal, ça coûte une pincée ce genre d'occupation.

Le silence de l'autre commençait à l'agacer.

– Entre nous, mon vieux, vous n'avez rien trouvé de plus excitant pour exercer vos facultés mentales ? Et d'abord, qui vous l'a donnée ? Que je dise deux mots à cet enfant de Marie.

– Est-il vrai que vous ne laissez jamais sortir ces bouteilles du pub, Mr. Clarke ? demanda McLoughlin d'un ton glacial.

– Ouais, c'est la pure vérité, et j'aimerais bien tenir le cochon qui m'a barboté celle-là. Qui est-ce ?

McLoughlin tapa du doigt sur la tache noirâtre qui s'étalait sous la bouteille.

– C'est du sang, Mr. Clarke. Le sang de Miss Cattrell.

Le gros homme se figea.

– Qu'est-ce que vous racontez ?

– Cette bouteille a servi à lui défoncer le crâne. Je pensais que vous pourriez me dire comment elle s'est retrouvée dans le parc.

Paddy faillit répondre quelque chose, et s'appuya soudain sur le plus proche baril.

– Doux Jésus ! Ces bouteilles pèsent une tonne. On m'a dit qu'elle n'avait rien. Bon Dieu !

– Comment cette bouteille a-t-elle atterri devant ses fenêtres, Mr. Clarke ?

Paddy ne lui prêta aucune attention.

– Robinson m'a raconté qu'elle avait reçu un coup sur la tête. Je pensais qu'elle avait juste une commotion. Ces branleurs appellent toujours ça des commotions.

– Quels branleurs ?

– Les journalistes.

– Quelqu'un lui a fracturé le crâne.

Paddy examina le sol.

– Comment va-t-elle ?

– Et pour ce faire, il s'est servi d'une de vos bouteilles.

– Vous avez entendu, mon vieux, je vous ai posé une question.

Il se redressa et dévisagea McLoughlin avec colère.
– Comment va-t-elle ?
– Bien. Pourquoi, cela vous intéresse ? Vous craignez d'avoir eu la main un peu lourde ?
Paddy faillit s'emporter. Il jeta un coup d'œil vers la porte de la cuisine pour s'assurer qu'elle était fermée et baissa la voix.
– Vous faites fausse route. Anne est une amie. De longue date. Demandez-lui, elle vous dira que je ne l'aurais jamais frappée.
– C'était la nuit. Vous avez peut-être cru qu'il s'agissait de Mrs. Goode, ou de Mrs. Maybury.
– Ne dites pas de conneries, mon vieux. Je les connais depuis longtemps elles aussi. Ce sont toutes les trois des amies.
McLoughlin le regarda, médusé.
– Toutes les trois ?
– Oui.
– Vous voulez dire que vous avez couché avec les trois ?
Paddy lui fit de grands signes.
– Ne criez pas comme ça ! Qui vous a parlé de coucher avec quelqu'un ? C'est plutôt isolé, là-bas. Je vais leur tenir compagnie de temps en temps, chacune à leur tour, c'est tout.
McLoughlin éclata de rire, et sa rancœur disparut d'un coup.
– Elles sont au courant ?
Paddy, sentant une trêve dans les hostilités, sourit.
– Je n'en sais rien. Ce n'est pas le genre de chose qu'on demande.
Il se décida soudain.
– Votre conscience ne vous interdit pas de goûter à ma spéciale ? Autant la boire avant que les gabelous l'embarquent. Pendant que nous nous rincerons le gosier, je vous ferai une liste de mes bons clients. Ce sont tous des gens du coin, alors je les connais personnellement. Le salaud que vous cherchez se trouve forcément parmi eux, et j'ai peut-être même une idée. Il n'y a qu'une personne dans ce village qui soit assez stupide et vindicative pour ça.

Il conduisit McLoughlin à travers la cour jusqu'à une pièce derrière le garage où la riche odeur de malt fermenté picotait les narines.

– A vrai dire, j'ai souvent songé à produire à grande échelle et en toute légalité. Peut-être que j'avais besoin qu'on me pousse. La patronne peut s'occuper du pub, pour ça elle est bien meilleure que moi.

Il prit deux bouteilles intactes, retira les bouchons à joints de caoutchouc et, avec des précautions infinies, versa un liquide couleur d'ambre, ourlé de mousse blanche, dans des verres hexagonaux. Il en tendit un à McLoughlin.

– Suivez mon conseil, sergent.

Il avait les yeux pétillants.

– Vous avez tout votre temps, alors abordez-la comme vous abordez vos femmes. Doucement, tendrement, patiemment et avec beaucoup de tact. Sans quoi, après trois gorgées, vous allez vous retrouver sous la table sans même savoir comment.

– C'est votre secret ?

– Oui.

McLoughlin leva son verre.

– A votre santé.

En arrivant le matin, le sergent Robinson trouva la lettre posée sur son bureau. L'écriture sur l'enveloppe aurait pu être celle d'un enfant; le tampon indiquait la poste locale. Il l'ouvrit avec fébrilité et étala devant lui la feuille interlignée. Elle contenait, rédigée de la même main malhabile, le récit décousu et assez peu compréhensible d'un événement bizarre survenu un soir de la mi-mai. Eddie Staines s'était résolu à lui donner un coup de main, anonymement bien sûr.

Vou avé posé des questions sur une fame le jour et tout sa. C'était un dimanche. Je le sait a cose que ma copine elle a de la relijion et qu'elle voulait pas vu qu'elle avait été comunié. Je dirai le 14 car le 12 c'est mon aniversair et c'était comme un petit ariéré. On a fait sa dans le bois du manoir comme toujour. On est parti a midi et on a lonjé le mur de la ferme. On a entendu des cous et des pleurnicheries de l'autre côté. Ma copine voulait se tiré mais j'ai sauté pour jeté un œil. Ben vou avé pas de po. C'était un home pas une fame. Il se tordait et se cognait le citron. Félé qu'il était si vous voulé mon avi. J'ai éclairé avec ma lampe sur lui et je lui ait dit eceque ça va ? Fou le camp qu'il m'a répondu et je me suis taillé. J'ai vu une descrission du macabé. Pour moi ça colle. Sauf qu'il avait des longs cheveux gri. J'avait oublié jusqu'à y a pas longtemps. Même que je le connaissait. Je me souvenait plus du nom, n'empêche j'ai déjà vu sa binette. Mais pas dans le coin. Main tenant je pense que c'était Mayberry. C'est tout.

Le regard enfiévré par la perspective d'un avancement rapide, le sergent décrocha le téléphone pour appeler Walsh. Il eut une brève hésitation en songeant à la promesse qu'il avait faite – il n'y avait plus moyen à présent de taire l'identité d'Eddy –, mais elle fut des plus brèves, en effet. Après tout, Eddy n'avait pas menacé de lui arracher les couilles.

22

McLoughlin poussa les portes vitrées du commissariat, et l'air chaud du dehors s'engouffra derrière lui comme une vague brûlante. La spéciale de Paddy, absorbée avec lenteur, tendresse et beaucoup de tact, lui avait légèrement tourné la tête.

– « C'est le jour et l'heure ! » lança-t-il. « Le ciel de la bataille se couvre. » Où est Monty ? J'ai besoin de renfort.

Le policier, derrière le bureau, eut un grognement amusé. C'est vrai que Walsh avait quelque chose du maréchal Montgomery.

– Il est en manœuvres.

– Mince !

– Quelqu'un a identifié le corps.

– Et alors ?

– Maybury. Walsh a failli en pisser dans son froc.

La nouvelle sembla dégriser McLoughlin. Bon sang, se dit-il, ce n'est pas possible ! Il avait fini par se prendre d'affection pour ces trois femmes. L'amertume se mit à lui grignoter les entrailles comme un rat affamé.

– Où est-il allé ?

L'autre secoua la tête.

– Aucune idée. Interroger le témoin, je suppose. Nick et lui ont filé il y a environ deux heures comme s'il leur avait poussé des ailes.

– Eh bien, il se fourre le doigt dans l'œil, dit

McLoughlin d'une voix dure. Ce n'est pas Maybury. Dis-lui s'il rentre avant moi, veux-tu ?

Et puis quoi encore ! pensa le policier en regardant McLoughlin pousser les portes d'un coup d'épaule rageur et se précipiter dans la rue. Si le sergent avait envie de se suicider, c'était son affaire. Il consulta sa montre et vit avec satisfaction qu'il avait presque terminé son service.

McLoughlin saisit Anne à bras-le-corps, la tira de son fauteuil et se mit à la secouer rageusement.

– Est-ce David Maybury ? hurla-t-il. Est-ce lui ?

Elle ne répondit rien et, avec un grognement, il la repoussa. La veste avait glissé de ses épaules, et elle ne portait plus qu'un pyjama d'homme beaucoup trop grand pour elle. Elle avait un air étrangement pathétique de gamine qui essaie d'imiter les adultes.

– Je n'en sais rien, répondit-elle avec dignité. Le corps était méconnaissable, mais je ne pense pas qu'il s'agissait de David. Il ne serait pas revenu dix ans après, à supposer qu'il ait été en état de le faire.

– Assez joué comme ça ! rugit-il. Vous avez vu le corps avant qu'il soit décomposé. Qui était-ce ?

Elle secoua la tête.

– Quelqu'un l'a identifié. Il prétend que c'est Maybury.

Elle se passa la langue sur les lèvres, mais ne répondit pas.

– Aidez-moi.

– Je ne peux pas.

– Vous ne pouvez pas ou vous ne voulez pas ?

– Qu'est-ce que ça change ?

– Beaucoup de choses. Pour moi. J'ai cru en vous. En vous trois.

Elle fit une grimace.

– Je suis désolée.

Il éclata d'un rire féroce.

– Vous êtes désolée ? Seigneur Dieu !

Il l'empoigna à nouveau et la serra à lui faire mal.

– Vous ne comprenez donc pas, espèce de petite

roulure ? Je vous ai fait confiance. Je me suis mouillé pour vous. Bon sang, ce n'est pas rien !

Il y eut un long silence.

– Très bien, McLoughlin, reprit-elle d'une voix crispée, je paie toujours mes dettes.

Elle tira le cordon de son pyjama et laissa le vêtement glisser sur le sol.

– Allez-y. Baisez-moi. C'est tout ce qui vous intéresse, n'est-ce pas ? Tirer un coup. Comme votre bien-aimé patron il y a dix ans.

McLoughlin fut pris d'un vertige. Il leva les mains vers la gorge de la jeune fille et effleura la peau douce de son cou.

– Vous ne le saviez pas ?

Les yeux brillants, elle pesa sur les poignets de McLoughlin, qui relâcha son étreinte.

– Ce saligaud a proposé un marché à Phoebe : il laissait gentiment tomber l'enquête et, en récompense, il aurait le droit de la niquer toutes les semaines. Oh, il ne l'a pas dit aussi crûment. Il a enrobé la chose. Elle était si seule et si vulnérable, continua Anne en imitant le ton de Walsh. Sa beauté l'avait touché. Elle méritait mieux que les brutalités de son mari.

Elle eut une moue sardonique.

– Phoebe n'a pas mâché ses mots et lui a dit où il pouvait mettre sa protection. Sauf quelle était sacrément naïve, bon Dieu ! s'exclama-t-elle d'une voix pointue assez peu séduisante. Elle n'a pas songé un instant que son sort dépendait de lui.

– C'est faux !

Elle s'approcha du fauteuil et prit une cigarette dans le paquet posé sur l'accoudoir.

– Pourquoi ? lança-t-elle d'un ton glacial en allumant son briquet. Vous vous imaginez être le seul que les criminelles supposées émoustillent ?

Elle avait son air moqueur.

– J'ignore à quoi cela tient, mais nous plaisons beaucoup. L'incertitude, peut-être.

Il secoua la tête.

– Pour quelle raison avez-vous dit qu'elle était naïve et que son sort dépendait de lui ?

– Oh ! de grâce, répliqua-t-elle avec une pointe de mépris. Qui a raconté partout que Phoebe avait tué son mari ? Qui a renseigné la presse, McLoughlin ?

Il semblait accablé.

– Elle aurait pu intenter un procès.

– A qui ?

– Aux journaux.

– Ils ne l'ont jamais calomniée. Ils ne se seraient pas risqués à la traiter d'assassin. Ils s'arrangeaient à un détour de phrase pour la présenter comme une passionnée de jardinage, tout en déclarant un peu plus loin que la police retournaient les plates-bandes. Et tout cela grâce aux indications habilement distillées par votre chef.

– Pourquoi n'a-t-elle pas porté plainte ?

Il vit son expression.

– D'accord, je sais ce que vous allez me répondre. C'était sa parole contre celle d'un commissaire de police.

Il demeura un instant silencieux.

– Et ensuite ?

Elle tira une bouffée de sa cigarette et lui lança un regard irrité.

– Walsh n'a pas pu produire la moindre preuve, pour la bonne raison que David n'avait pas été assassiné, aussi l'enquête s'est-elle arrêtée là. C'est alors qu'ont débuté les réjouissances. Phoebe s'est retrouvée en butte à une insidieuse campagne de dénigrement et il n'y a pas un pécore des environs qui aurait accepté de lui donner l'heure. Lorsque je suis arrivée, elle était sur le point de craquer. Jon, à onze ans, mouillait de nouveau son lit et Jane...

Elle scruta le visage de McLoughlin.

– Et ça va recommencer. Ce salaud va lâcher la meute sur elle pour la seconde fois.

Son teint pâle contrastait avec le foulard écarlate qui lui entourait le crâne.

– Pourquoi ne me l'avez-vous pas dit dès le début ?

– Vous m'auriez crue ?

– Non.

– Et maintenant ?
– Peut-être.
Il l'observa un long moment, tout en se frottant la joue d'un air pensif.
– Vous êtes une bonne journaliste. Pourquoi n'avez-vous pas écrit un article pour essayer de la sortir de là ?
– Dites-moi comment, sans utiliser Jane comme alibi, et je m'y mets tout de suite. Phoebe aurait préféré mourir plutôt que de livrer sa fille en pâture aux amateurs de sensations fortes. Et moi aussi, si les choses devaient en arriver là.
Elle aspira une longue bouffée.
– D'ailleurs, ce n'est même pas un bon alibi. Jane a très bien pu s'endormir.
Il hocha la tête.
– Dans ce cas, pourquoi êtes-vous si sûre qu'il a quitté cette maison en vie ?
Elle se retourna pour écraser sa cigarette.
– Et vous ?
Elle lui jeta un coup d'œil par-dessus son épaule.
– Car vous le croyez, n'est-ce pas ?
– Oui.
– Parce que quelqu'un prétend aujourd'hui avoir reconnu David dans le cadavre de la chambre froide ?
– Non.
– Alors pourquoi ?
Il la dévisagea un instant.
– Parce que vous avez choisi de vous enterrer à Streech Grange. Voilà comment je sais qu'il tenait encore sur ses jambes en partant d'ici.
– J'ignore de quoi vous voulez parler.
– Vous êtes une sacrée menteuse, Cattrell.
– Ne redites jamais ça ! lança-t-elle en tapant du pied. En plus, je suis frigorifiée.
– Alors cessez de vous tortiller le croupion devant moi et habillez-vous, dit-il d'une voix calme en attrapant le pantalon de pyjama et en le lui lançant.
Il la regarda le mettre.
– Il a beau être ravissant, murmura-t-il, je n'étais pas

venu pour ça mais pour connaître la vérité. Et je n'en espérais pas tant.

Il fit un saut en voiture jusqu'à l'Institut médico-légal et trouva le docteur Webster dans son bureau.

– Je passais par là, et je me demandais si vous aviez du nouveau à propos de notre zèbre.

Même s'il trouva cette démarche assez peu orthodoxe, le docteur Webster n'en laissa rien paraître.

– J'ai le rapport au complet, dit-il en indiquant une chemise posée à côté de lui. La secrétaire a fini de le taper ce matin. Vous pouvez en emporter une copie, si vous le souhaitez. Remarquez, je doute que cela plaise beaucoup à George, mais je n'y peux rien. Il voudrait des conclusions tranchées, et je n'en ai pas à lui offrir. Vous avez fait des progrès de votre côté ?

McLoughlin eut un geste vague.

– Pas tellement. Nous avons dû abandonner notre meilleure piste. Ce qui fait que nous sommes à nouveau dans le noir.

– Dans ce cas, ce que j'ai pu réunir ne va pas beaucoup vous aider. Donnez-moi une description, ou mieux une photographie, et je vous dirai oui ou non. Mais ne me demandez pas qui c'est. George me téléphone tous les jours en réclamant des résultats, mais les miracles prennent du temps. Va pour des cadavres frais, mais quand il faut s'escrimer avec de vieilles pelures, il faut être patient.

– Et pour Maybury ?

Le médecin eut un grognement irrité.

– Vous n'avez que ce dada en tête. Bien sûr que ce n'est pas Maybury. Et vous pouvez dire à George que j'ai sollicité l'opinion d'un confrère et qu'elle concorde avec la mienne. Les faits sont les faits, grommela-t-il, et ceux-là ne souffrent pas l'interprétation.

McLoughlin laissa échapper un soupir.

– Comment le savez-vous ?

– Trop âgé. J'ai fait des tas d'examens aux rayons X et

les sutures sont beaucoup plus avancées que je ne pensais. Je suis à présent certain que notre bonhomme avait dans les soixante-cinq à soixante-dix ans. Soixante minimum. Maybury aurait combien ? Cinquante-quatre, cinquante-cinq ?

– Cinquante-quatre.

Webster saisit la chemise et en tira des clichés.

– Dans le rapport, j'ai écarté l'hypothèse d'une mutilation, encore que ce ne soit pas totalement impossible. Certaines éraflures sur le squelette pourraient provenir d'un couteau effilé, mais, à mon avis, ce n'est pas le cas.

Il désigna du doigt un cliché.

– Des crottes de rat, manifestement.

McLoughlin hocha la tête.

– Et quoi d'autre ?

– Je suis partagé sur les causes du décès. Tout dépend s'il portait des vêtements à ce moment-là. Vous avez découvert quelque chose ?

– Non.

– J'ai prélevé pas mal de terre sur le sol autour du cadavre. Nous l'avons analysée, mais, franchement, elle ne contenait qu'une quantité infime de sang.

McLoughlin fronça les sourcils.

– Continuez.

– Eh bien, il m'est très difficile de me prononcer sur la manière dont il est mort. S'il était nu et qu'il ait été poignardé, le sol serait saturé de sang. Par contre, s'il était entièrement vêtu, l'étoffe aurait absorbé presque tout le sang. Vous auriez intérêt à retrouver ses vêtements.

– Attendez, docteur. Vous voulez dire que s'il était nu, il n'a pas pu être poignardé ? Uniquement s'il était vêtu ?

– Oui, c'est à peu près ça. Il y a une petite chance pour que des animaux aient léché le sol, mais vous aurez du mal à en fournir la preuve.

– Vous en avez parlé à Walsh ?

Webster le regarda par-dessus ses lunettes.

– Pourquoi me demandez-vous ça ?

McLoughlin se passa une main dans les cheveux.

– Il n'en a jamais fait mention.

Ou peut-être que si. McLoughlin n'avait qu'un souvenir confus de ce que lui avait dit Walsh le premier soir.

– Bon. Admettons qu'il ait été nu. De quoi serait-il mort ?

Webster pinça les lèvres.

– De l'âge. Du froid. Vu le peu qui en reste, c'est impossible à dire. Je n'ai relevé aucune trace de barbituriques, ni d'asphyxie, mais...

Il haussa les épaules et tapa du doigt sur les clichés.

– De la pelure ! Trouvez ses vêtements. Ils vous en apprendront bien plus que je ne pourrais le faire.

McLoughlin posa les mains à plat sur le bureau et arrondit les épaules.

– Depuis le début de cette enquête, nous avons tablé sur le fait que la victime avait été poignardée. Et c'est maintenant que vous me dites qu'elle aurait pu mourir de mort naturelle. Savez-vous le nombre d'heures que nous avons passé là-dessus cette semaine ?

Webster laissa échapper un ricanement.

– Probablement moins que moi. J'ai fait l'impossible. Allons, mon vieux, ce n'est pas tous les jours que l'on tombe sur un cas de ce genre. La plupart des cadavres sont entiers à quatre-vingt-dix pour cent. Quoi qu'il en soit, tant que vous ne m'aurez pas apporté des vêtements propres et intacts pour me prouver le contraire, l'hypothèse de l'assassinat reste la plus vraisemblable. Je n'ai encore jamais vu de vieillard se balader à poil et aller s'enfermer dans une chambre froide pour y crever de froid.

McLoughlin se redressa.

– Exact. Vous avez encore beaucoup de surprises de ce genre ?

– Juste un détail amusant que j'ai glissé à la fin de mon rapport, ainsi vous ne pourrez pas m'accuser de vous avoir monté la tête.

Il se mit à rire.

– Je suis retourné dans cette chambre froide, hier. Cela fait une semaine qu'elle est sous scellés et la température a considérablement diminué. La porte date de la construction du bâtiment, mais elle ferme encore très bien. Cela m'a frappé. Une excellente méthode, apparemment, pour stocker de la glace. Atmosphère fraîche et stérile. Elle devait pouvoir se conserver des mois.

– Et ?

Le docteur considéra quelques lettres empilées devant lui.

– Je me suis demandé dans quel état serait le cadavre si la porte était restée fermée jusqu'à ce que le jardinier le découvre.

Il griffonna son nom, d'une écriture en pattes de mouche, sur la première lettre de la pile.

– Dans un état de conservation étonnant, j'imagine. J'aurais bien aimé voir ça. D'un point de vue purement scientifique, cela va sans dire.

Lorsqu'il releva la tête, McLoughlin avait disparu et le rapport aussi.

Le sergent Rogers, qui était passé dans l'équipe de l'après-midi après deux jours de repos et se trouvait à présent de service à la réception, leva la tête comme McLoughlin s'engouffrait dans le commissariat.

– Ah, Andy, c'est lui.

Il brandit le signalement de Wally Ferris qu'on avait distribué dans tout le comté.

– Le clodo que tu cherches.

– Merci, je l'ai trouvé. Justement, dès que j'aurais parlé à Walsh, je dois aller le revoir.

– Bien. Alors profites-en pour nous l'amener. Il figure sur la liste des personnes disparues.

McLoughlin ralentit le pas.

– Vous l'avez avec les personnes disparues ? Mais cela fait des années qu'il roule sa bosse.

Rogers fronça les sourcils et tendit la liste à McLoughlin.

– Regarde toi-même. Sa description ressemble comme deux gouttes d'eau à celle que tu as fait circuler.

McLoughlin la parcourut rapidement.

– Est-ce que Walsh l'a vue ?

– Je la lui ai remise le premier soir.

McLoughlin empoigna le téléphone.

– Rends-moi service, Bob. La prochaine fois que je suis trop HS pour vérifier ce que fabrique ce salaud, colle m'en une là, dit-il, un doigt sur le menton.

Il s'affala sur une chaise dans le bureau du commissaire et se mit à observer les lèvres minces et pâles d'où montait de la fumée. De façon presque imperceptible, leur expression avait changé. Là où se lisait une prudente cordialité n'apparaissait plus qu'un mépris mêlé de calcul. McLoughlin distinguait de temps à autre des bribes de phrase : « Maybury, évidemment »... « le jeune homme l'a reconnu »... « dans la chambre froide il y a quinze jours »... « le clochard a bien dû le voir »... « vous vous êtes fourré le doigt dans l'œil »... « rédiger un rapport »... « vos problèmes personnels ne sauraient excuser votre négligence », mais l'ensemble du propos lui échappait. Il observait Walsh bien en face, sans ciller, obnubilé par les rangées de dents derrière la ligne de la bouche.

D'un geste irrité, Walsh toucha le sergent avec le tuyau de sa pipe.

– Robinson est parti ramasser Wally Ferris, et cette fois-ci, bon sang, il n'y aura pas d'erreur.

McLoughlin s'agita.

– Et qu'est-ce que vous allez faire ? Lui montrer la photo de Maybury en lui suggérant qu'il s'agit de notre cadavre. Il reconnaîtra tout ce que vous voudrez pourvu que vous le laissiez sortir d'ici.

– Staines l'a déjà identifié. Si Wally confirme, c'est du solide.

– Quel âge a Staines ?

– Dans les vingt-cinq ans.

– Il en avait donc quinze lorsqu'il a vu Maybury pour la dernière fois. Et il prétend l'avoir reconnu dans l'obscurité. Vous n'espérez pas monter un dossier avec ça ?

– Au contraire, c'est un excellent dossier, répliqua Walsh d'une voix calme. Nous avons le mobile, le moyen, les circonstances et une flopée de preuves indirectes. La mutilation pour rendre l'identification impossible, l'utilisation d'os d'agneau pour attirer les charognards à l'intérieur, la disparition des vêtements pour entraver les recherches, la suppression par Fred des traces et des empreintes. Avec ça et ces deux témoignages, je pense qu'elle avouera.

McLoughlin passa une main sur sa joue piquante et étouffa un bâillement.

– Vous oubliez les analyses du labo. Difficiles à falsifier. Et Webster ne va pas mentir pour vous faire plaisir.

Walsh fronça les sourcils d'un air féroce.

– Que voulez-vous dire ?

– Vous le savez très bien... patron. Ce mort était trop âgé pour être Maybury. Et qu'est-il advenu de tout le sang ?

Walsh le fixa avec un regard haineux.

– Sortez d'ici !

Le visage maussade de McLoughlin se teinta d'humour.

– Croyez-vous pouvoir clouer le bec à son avocat chaque fois qu'il posera une question sensée ?

– Le sang se trouvait sur les vêtements et a sans doute été détruit avec eux, lança Walsh d'un ton sec. Quant à Webster et à ses spéculations à coups de rayons X, ce ne sont que des spéculations et rien d'autre. L'écart entre nos deux points de vue est de six ans. Je dis cinquante-quatre. Lui, soixante. Il se trompe. Maintenant, déguerpissez !

McLoughlin haussa les épaules, se leva, fouilla dans sa poche et en tira un papier plié.

– La liste des personnes disparues, dit-il en la laissant tomber sur le bureau. J'en ai fait une photocopie. Je vous la laisse. Gardez-la en souvenir.

– Je l'ai déjà vue.

McLoughlin considéra le crâne rose sous les cheveux clairsemés. Il avait eu de l'estime pour ce type, mais c'était avant les révélations d'Anne.

– C'est ce que j'avais compris. Bob Rogers vous l'a montrée le soir où l'on a découvert le cadavre. L'affaire, s'il en a jamais existé une, aurait dû être réglée le lendemain matin.

Walsh le dévisagea un instant, prit la feuille et la déplia. Elle comportait les cinq mêmes noms avec les signalements, mais à l'emplacement de Daniel Thompson on avait écrit en travers « Retrouvé depuis. » Les deux jeunes femmes ne présentaient aucun intérêt en raison de leur sexe, ce qui laissait l'Asiatique, Mohammed Mirahmadi, trop jeune, et le demi-sénile Keith Chapel, soixante-huit ans, qui avait quitté son foyer protégé cinq mois auparavant, vêtu d'une veste verte, d'un pull-over bleu et d'un pantalon rose vif. Walsh sentit une main glacée lui serrer la gorge. Il posa la feuille sur le bureau.

– Le clochard n'est entré en scène que le lendemain. Et comment ce pauvre vieux aurait-il pu connaître Streech Grange et l'emplacement de la chambre froide ?

McLoughlin frappa la feuille du doigt.

– Regardez ces initiales. Keith Chapel. K. C. J'ai téléphoné au directeur du foyer. Le vieux bonhomme avait l'habitude de rôder sans arrêt autour d'un garage qui lui avait appartenu et qui marchait bien jusqu'à ce qu'une femme se mette à répandre des rumeurs sur son compte, rumeurs qui l'ont obligé à vendre. Vous saviez tout cela. C'est même vous qui avez incité Mrs. Goode à raconter l'histoire.

– Seulement par ouï-dire. Je n'ai jamais rencontré cet individu. Il était déjà parti à l'époque de la disparition de Maybury. Je pensais qu'il s'appelait Casey. Tout le monde le nommait ainsi. Il figure sous ce nom dans le dossier.

– C'est dans le dossier, vous avez parfaitement raison. Mais pour un simple ouï-dire, vous semblez lui avoir accordé beaucoup d'importance. Une fameuse histoire, hein ? quoiqu'un peu maigre au niveau des faits. Vous croyez que cela en méritait autant ?

– Ce n'est pas ma faute si les gens pensent qu'elle a tué ses parents. Nous nous sommes contentés d'enregistrer leurs déclarations.

– Et comment ! En leur fournissant au préalable un peu de matière. Vous avez même remis ça sur le tapis, l'autre soir, pour mon édification personnelle. Et je l'ai cru.

Il hocha la tête.

– Qu'est-ce qu'elle vous a fait, bonté divine ? Elle vous a ri au nez ? Vous a traité de vieux cochon ? A menacé de le répéter à votre femme ?

Il attendit quelques secondes.

– Ou bien n'a-t-elle pas pu cacher son dégoût ?

– Vous êtes suspendu, jeta-t-il dans un souffle.

Les mains de Walsh tremblaient de manière incontrôlables.

– Pour quel motif ? La découverte de la vérité ?

McLoughlin tapa du poing sur la liste des personnes disparues.

– Espèce de pourri ! Vous avez eu le culot de m'accuser de négligence. Et vous n'avez même pas reconnu ce pantalon. On vous l'a décrit deux fois en une demi-journée. Combien de types se baladent en falzar rose, nom d'un chien ? Vous saviez qu'on avait signalé la disparition d'un homme portant un pantalon rose. Et il n'était pas difficile de retrouver Wally. Si j'avais su ça quand je lui ai parlé...

Il secoua la tête d'un air rageur et attrapa sa serviette.

– Tenez, le rapport final du docteur Webster.

Il le jeta sur le bureau.

– Si Wally a jugé que les vêtements de Keith Chapel pouvaient encore servir, on peut facilement supposer qu'ils n'avaient reçu ni coups de couteau, ni taches de sang. Le malheureux a dû mourir de froid.

– Il a disparu durant cinq mois, murmura le commissaire. Ou a-t-il passé les deux premiers mois ?

– Dans un vieux carton à l'intérieur du métro, je présume, comme tous les pauvres couillons de son espèce dont cette société de merde ne veut plus.

Walsh s'agita nerveusement sur sa chaise.

– Et Maybury, hein ? Vous qui avez réponse à tout. Où se trouve Maybury ?

– Je n'en sais rien. Sans doute quelque part en France. Il avait l'air de s'être fait pas mal de relations avec ses ventes de pinard.

– Elle l'a tué.

McLoughlin plissa les yeux.

– Ce fumier a mis les voiles quand il s'est aperçu qu'il

ne restait plus un sou et a laissé sa femme et ses enfants se débrouiller avec les dettes. Il avait prévu son coup.

Il resta un instant silencieux.

– Je ne vois pas pourquoi il aurait voulu les punir, mais dans le cas contraire, il a dû prier le ciel de leur envoyer une ordure comme vous.

Il se dirigea vers la porte.

– Qu'allez-vous faire ? fit Walsh d'une voix presque inaudible.

McLoughlin ne répondit pas.

Dans le couloir, il tomba sur Nick Robinson et Wally Ferris. Il donna au clochard une tape amicale sur l'épaule.

– Tu aurais au moins pu lui laisser son caleçon, vieux gredin !

Wally s'avança en traînant les pieds et en lorgnant les deux policiers.

– Z'allez pas m'accuser ?

– De quoi ?

– J'ai rien fait de mal, sans blague. J'étais trempé comme une soupe, avec cette flotte qu'arrêtait pas, alors j'me suis glissé dans ce trou comme une p'tite souris. Sans mentir, j'ai pas pigé qu'il était mort, enfin pas tout de suite. J'ai cru que c'était un gars dans mon genre, seulement un peu timbré. Y en a des tas comme ça, à avoir eu trop d'emmerdes et pas assez de whisky. Alors j'lui ai taillé une petite bavette, comme qui dirait.

Il prit un air lugubre.

– L'avait même pas de calecif, fiston, nib, sauf les frusques qu'il avait posées à côté de lui quand il s'était désapé.

Il lança à McLoughlin un regard en coin.

– Je m'suis dit que j'pouvais les prendre, vu qu'il en avait plus besoin et moi si. Il faisait un froid de canard. Je les ai passées par-dessus mes fringues.

Robinson, qui n'avait pas réussi à lui arracher un mot, l'interrompit d'un air mauvais.

– Tu veux dire qu'il était assis là, à poil, mortibus, et que tu as discuté avec lui ?

– Ben, ça m'tenait compagnie, murmura Wally sur la défensive. Même que j'ai mis un moment à m'y repérer tellement il faisait noir là-dedans. On peut dire qu'on en voit de drôles dans ma partie. Surtout des éléphants roses, j'crois bien.

Robinson lança à McLoughlin un regard interrogateur.

– Qu'est-ce que ces vêtements viennent faire dans l'histoire ?

– Tu verras. De quoi est-il mort, à ton avis, Wally ?

– Dieu sait, fiston. De froid, j'dirais. Ça caillait rudement avec la porte fermée, même qu'il avait mis une brique pour qu'on puisse pas l'ouvrir. J'ai été obligé de pousser comme un dingue. Ç'a pas dû être trop terrible. Il avait l'air de se marrer.

Robinson poussa un léger soupir.

– Mais il y avait bien du sang ?

Wally eut l'air outré.

– Bien sûr qu'y avait pas de sang ! Autrement j'serais pas resté. Il avait plutôt bonne mine. Un peu pâlot, mais c'était normal. Il faisait sombre, avec ce qui tombait dehors.

Il fronça le nez.

– Peut-être bien qu'il puait un peu, mais j'pouvais pas lui en vouloir. M'est avis que j'sentais pas la rose non plus.

Une pièce de Beckett, songea McLoughlin. Deux vieux assis dans la pénombre, en grande conversation – l'un nu et mort, l'autre imbibé, et de plus d'une façon. Il ne douta pas un instant que Wally eût passé la nuit avec Keith Chapel, à discuter gaiement de tout et de rien. Qu'avait-il ressenti en s'apercevant au petit matin qu'il avait parlé à un mort ? Pas grand-chose probablement. Wally avait dû en voir bien d'autres.

– T'as refermé la porte en partant ?

Le vieil homme tira pensivement sur sa lèvre inférieure.

– Ben ouais.

Il sembla soupeser le problème.

– C'est-à-dire, la première fois. Oui, je l'ai refermée la première fois. Dans mon idée, s'il l'avait bloquée avec une brique c'est qu'il voulait qu'on lui fiche la paix. Puis le type dans la remise m'a donné ce whisky, j'en ai bu un coup ou deux, et j'ai pensé à l'enterrement et tout le reste. C'était pas très gentil de le laisser comme ça et qu'il ait pas droit à quelques bonnes paroles lui aussi, alors comme ça me fendait le cœur, j'suis retourné là-bas et j'ai ouvert la porte. J'me disais qu'y avait plus de chances qu'on le découvre si elle était pas fermée.

Il aurait été cruel, songea McLoughlin, de lui dire qu'en ouvrant la porte il avait laissé pénétrer la chaleur, les chiens, les rats et la putréfaction. Il espérait que Walsh ne le ferait pas.

– Ben, voilà, finit Wally, c'est tout ce j'sais. J'peux partir ?

– Pas encore, répondit Robinson, le commissaire veut te dire deux mots.

Il saisit fermement le bras de Wally, puis se tourna vers McLoughlin.

– Et si tu me mettais au courant ?

McLoughlin lui adressa un sourire narquois.

– Je crois bien que tu es tombé sur un bec, mon pote !

23

Il s'installa, épuisé, au volant de sa voiture et resta un moment à regarder fixement un point à travers le pare-brise. Des phrases de Francis Bacon ne cessaient de lui tourner dans la tête comme un obsédant exercice de mémoire. « La vengeance est une sorte de justice sauvage, et plus les hommes la pratiquent, plus la loi devrait la proscrire. » Il frotta sa joue rugueuse. Il avait dit à Anne qu'il comprenait la vengeance, et il savait maintenant que c'était faux. La loi du talion ne pouvait engendrer qu'un monde de chaos. Avec un soupir, il démarra et se glissa dans le trafic.

Il habitait un petit pavillon dans un lotissement moderne au nord-ouest de Silverborne, où chaque bicoque avait la même façade morose, et où seule la couleur de la porte d'entrée dénotait la personnalité du propriétaire. Il s'en était satisfait un temps. A l'époque où il n'avait pas encore vu Streech Grange.

– Bonjour, Andy, dit Kelly.

Elle hésita, l'éponge à la main, devant l'évier de la cuisine où elle avait commencé à nettoyer la vaisselle sale à laquelle il n'avait pas touché depuis dix jours. Il avait oublié le charme qui se dégageait d'elle et combien son corps ravissant le séduisait autrefois.

– Bonjour.

– Content de me voir ?

Il haussa les épaules.

– Oui, bien sûr. Écoute, tu n'as pas besoin de t'occuper de ça. J'avais prévu de ranger ce week-end. Je n'ai pas été là de toute la semaine.

Il ouvrit le réfrigérateur et récupéra un morceau de fromage parmi des boîtes ouvertes de tomates pelées et de pêches au sirop. Il le lui tendit.

– Tu en veux ?

Elle secoua la tête. Il engloutit tout le morceau et regarda sa montre.

– J'ai un coup de fil à donner, puis je prendrai rapidement une douche avant de ressortir.

Il désigna la maison d'un geste ample.

– Tu as tout ton temps, et emporte ce que tu voudras.

Il lui sourit sans la moindre hostilité.

– A part mes livres et mes deux peintures de bateaux. Tu ne vas pas chicaner là-dessus ? Tu as toujours dit que c'étaient de vrais nids à poussière.

Aussi s'étaient-ils retrouvés, avec lui, dans la chambre d'ami.

En gagnant l'escalier, il fut pris d'un remords et se retourna.

– Je t'en prie, vraiment, laisse cette vaisselle. Ce n'est pas nécessaire. Je l'aurais faite si j'en avais eu le temps.

Il sourit à nouveau.

– Tu vas abîmer ton vernis à ongles.

Elle le regarda, les lèvres frémissantes.

– Jack et moi, ça ne colle pas.

Elle s'élança et pressa contre lui sa tête au parfum suave.

– Oh ! Andy, tu m'as manqué. J'ai envie de revenir. J'ai tellement envie de revenir.

Il sentit une affreuse torpeur l'envahir, comme celle que doit éprouver un noyé avant de renoncer à se débattre. Il chercha à mi-distance, par-dessus la tête de la jeune femme, un objet auquel se raccrocher. Il n'en trouva pas. Il la tint un instant dans ses bras, puis l'écarta doucement.

– Eh bien, reviens, dit-il. Cette maison est autant la tienne que la mienne.

– Tu es fâché ?

– Pas du tout. Je suis content.

Elle l'observa, ses beaux yeux scintillant comme des étoiles.

– C'est ce que m'avait dit ta mère.

Une planche suffisait-elle à sauver un noyé ? songea-t-il. Seul le désir de vivre maintenait les têtes à flot.

– Je vais prendre ma douche, je partirai ensuite. Je viendrai demain rechercher les livres et les tableaux, et peut-être aussi les disques que j'avais achetés avant notre mariage.

Il contempla, par la porte ouverte de la salle de séjour, la table basse en métal chromé, le tapis beige, les voilages, les étagères en formica blanc, le canapé et les deux fauteuils de ton pastel, et eut l'impression que personne n'avait jamais vécu là. Il secoua la tête.

– Je ne désire rien d'autre.

Elle lui saisit le bras.

– Tu es fâché, n'est-ce pas ?

– Non. Je suis très content. J'avais besoin qu'on me secoue. Je n'aime pas cet endroit. Je ne l'ai jamais aimé. Il a l'air si... – il chercha un terme – vide.

Il la regarda avec compassion.

– Comme notre mariage.

Elle enfonça ses doigts dans la chair de McLoughlin.

– Je savais que tu me le reprocherais un jour. Mais je n'y suis pour rien. Tu n'avais pas plus envie que moi d'avoir des enfants.

Il dégagea son bras.

– Ce n'est pas à cela que je pensais.

– Tu as rencontré quelqu'un, lança-t-elle d'un ton glacial.

Il s'approcha du téléphone, sortit un bout de papier et composa le numéro inscrit dessus.

– McLoughlin, dit-il. On a identifié le corps. Ce sera dans tous les journaux demain matin, et s'il a un peu de bon sens, il va se méfier. Oui, ce soir absolument. Je tiens à l'avoir. Mettons que j'en fasse une affaire personnelle. Alors, vous marchez ?

Il écouta un instant.

– Arrangez-vous pour leur faire comprendre qu'elles ont encore réussi à s'en tirer. Je vous retrouve à dix heures.

Il leva la tête et aperçut Kelly. De grosses gouttelettes s'enflaient derrière ses cils enduits de mascara.

– Où vas-tu aller ?

– Je n'en sais rien. Peut-être à Glasgow.

Comme chaque fois, elle passa instantanément des larmes à la colère et se mit à l'invectiver.

– Tu as enfin plaqué ce sale boulot, n'est-ce pas ? Je t'ai supplié je ne sais combien de fois de le faire, et c'est maintenant que tu te décides, parce qu'une autre te l'a demandé.

– Personne ne me l'a demandé, Kelly, et je n'ai pas quitté mon boulot, du moins pas encore.

– Mais tu le feras ?

– Peut-être.

– Qui est-ce ?

Il eut conscience de son désir de la blesser, comme si tout cela pouvait encore l'émouvoir. Peut-être en serait-il toujours ainsi. Sept années, aussi vides fussent-elles, avaient laissé leur empreinte.

– « Elle est ma rose, ma rouge rose », dit-il.

Et Kelly, qui en avait pourtant soupé de ce satané Robert Burns, fut soudain prise de panique.

Phoebe secoua l'épaule de Diana pour la réveiller.

– Nous avons des visiteurs, souffla-t-elle. J'ai besoin d'aide.

Quelque part derrière elle, dans l'obscurité, les chiens se mirent à gronder.

Diana ouvrit un œil.

– Allume, fit-elle d'une voix engourdie.

– Non, je ne veux pas qu'ils sachent que nous sommes réveillées.

Elle lui jeta son peignoir.

– Allons, ma vieille, grouille-toi.

– Tu as prévenu la police ?

Diana s'assit et enfila son peignoir.

– Inutile. De toute façon, elle n'aurait même pas le temps d'arriver.

Phoebe alluma une lampe de poche et la dirigea vers le sol.

– Viens, dit-elle avec impatience, nous n'avons pas beaucoup de temps.

Diana mit ses pantoufles et la suivit à pas feutrés.

– Qu'est-ce que font les chiens ici ? Pourquoi ne sont-ils pas dehors ? Et où est passé McLoughlin ?

– Il n'est pas venu ce soir.

Elle poussa un soupir.

– Juste le jour où nous avons besoin de lui.

– Qu'est-ce que tu vas faire ?

Phoebe leva le fusil qu'elle avait déposé contre le mur avant d'entrer dans la chambre de Diana.

– Me servir de ça, répondit-elle en descendant l'escalier la première, et je ne tiens pas à tirer par mégarde sur les chiens. Ce sera à eux de jouer si ces salauds réussissent à forcer la porte.

– Mon Dieu, tu n'as pas l'intention de tuer quelqu'un, au moins ?

– Ne sois pas idiote.

Elle traversa le hall sur la pointe des pieds et pénétra dans le salon.

– Je vais leur flanquer une belle frousse. Ils ne m'ont pas eue la dernière fois. Ils ne m'auront pas non plus cette fois-ci.

Elle fit signe à Diana de se poster d'un côté des rideaux, éteignit la lampe, et s'embusqua de l'autre côté.

– Ouvre l'œil. Si tu vois quelqu'un s'approcher de la terrasse, préviens-moi.

– Je sens que ça va mal tourner, gémit Diana en tirant sur le rideau d'un coup sec et en scrutant les ténèbres. Je n'y vois rien. Comment sais-tu qu'ils sont dehors ?

– Benson est passé par le soupirail de la cave et m'a réveillée. Je lui avais appris à le faire après la première équipée de ces sauvages.

Elle tapota la tête du chien.

– Tu es un brave toutou. Voilà des années que je ne t'ai pas emmené patrouiller le domaine et tu t'en es quand même souvenu.

Benson se mit à frétiller, et le bruit de sa queue frottant la moquette emplit la pièce silencieuse. Hedges, qui n'était pas né à l'époque de la disparition de David, attendait aux pieds de sa maîtresse, les muscles tendus. Phoebe balaya du regard l'étendue de la terrasse, guettant un mouvement.

– Il faut le temps que tes yeux s'habituent.

– Il y a quelqu'un ! s'exclama soudain Diana. Près du mur de droite. Tu le vois ?

– Oui. Et il y en a un autre qui vient de tourner l'angle de chez Anne.

Elle empoigna solidement le fusil.

– Peux-tu déverrouiller la fenêtre sans bruit ?

Diana eut une brève hésitation, haussa les épaules et s'efforça de tourner doucement la clé. Phoebe savait sûrement ce qu'elle faisait. Elle avait déjà connu pareille mésaventure et elle ne renoncerait pas facilement. N'empêche qu'elle avait le trac elle aussi. C'était l'instant crucial, se dit Diana, où, acculé par le chasseur, même le lapin doit montrer les dents.

– Ça y est, murmura-t-elle, tandis que la serrure laissait échapper un léger déclic.

Elle reprit sa surveillance à la lisière du rideau.

– Oh ! Seigneur, mais ils sont des dizaines !

Des formes sombres s'accroupirent au bord de la terrasse, semblables à une bande de singes eût-on dit si la comparaison n'avait pas été injuste pour ces animaux. Car ce n'étaient que des hommes, usant de leur intelligence de créatures évoluées pour faire souffrir d'autres hommes. Diana sentit la peur lui dessécher la bouche. Une peur sans nom à l'idée de cette hystérie collective qui, annihilant tout sens des responsabilités, s'empare de l'individu pour en faire un esclave du groupe.

– A peine une dizaine, chuchota Phoebe ; cinq ou six, au maximum. Quand je te dirai « vas-y », ouvre tout grand la fenêtre.

Elle eut un rire féroce.

– Selon la bonne vieille tactique, nous attendrons le dernier moment pour tirer. Je me suis toujours demandée si c'était aussi efficace qu'on le dit.

Il y eut une légère confusion parmi le petit groupe, qui se rassembla près du muret de la terrasse avant de se séparer à nouveau.

– Qu'est-ce qu'ils fabriquent ? demanda Diana.

– Il semblerait qu'ils enlèvent les briques du haut. S'ils se mettent à les lancer, baisse la tête.

L'une des formes accroupies devait être le chef. D'un mouvement du bras, il désigna à chaque moitié de sa troupe un côté de la terrasse.

– Vas-y ! jeta tout bas Phoebe. Je n'ai pas envie qu'ils se dispersent.

Diana tourna la poignée et ouvrit le battant. Phoebe se rua dehors et sa haute silhouette se fondit dans l'ombre. Elle avait épaulé la lourde crosse et s'apprêtait à presser la détente quand une main robuste s'abattit sur sa bouche tandis qu'une autre lui arrachait le fusil.

– A votre place, je m'abstiendrais, Madame, lui souffla Fred à l'oreille.

Il garda la main plaquée sur la bouche de Phoebe et, avec l'avant-bras, lui appuya sur l'épaule pour la forcer à s'agenouiller. Il se courba à son tour, déposa sans bruit le fusil sur le dallage, puis, remettant la jeune femme debout, il la saisit par la taille et l'enleva comme un fétu de paille pour rentrer dans la salle de séjour. Il sentit la présence de Diana plus qu'il ne la vit.

– Chut ! lui commanda-t-il tout bas, fermez la fenêtre, s'il vous plaît.

– Mais, Fred... commença-t-elle.

– Faites ce que je vous dis, Mrs. Goode. Vous ne voulez pas que Madame soit blessée ?

Diana, complètement désorientée, s'exécuta.

Ignorant les morsures de Phoebe, Fred traversa la pièce en emportant son fardeau et se dirigea sans cérémonie vers la hall. Diana se précipita à sa suite.

– Que faites-vous ? demanda-t-elle d'une voix farouche,

tout en lui martelant le dos de ses poings. Posez Phoebe immédiatement !

Benson et Hedges, alarmés par le ton de sa voix, se jetèrent dans les jambes de Fred.

– Cette porte aussi, Mrs. Goode, s'il vous plaît.

Elle agrippa une maigre touffe de cheveux sur le crâne de Fred et se mit à tirer de toutes ses forces.

– Laissez-la !

Avec un gémissement, il se retourna et, portant les deux femmes, ferma la porte d'un coup de pied. Quelques secondes plus tard, les portes-fenêtres éclataient en mille morceaux.

– Voilà, dit-il avec amabilité, en déposant doucement Phoebe sur le sol et en ôtant sa main. A présent, je crois que ça ira. Si cela ne vous dérange pas, Mrs. Goode, vous me faites mal. Merci.

Il tira un mouchoir de sa poche et l'enroula autour de ses doigts ensanglantés.

– Les braves petits, murmura-t-il en caressant les museaux des chiens, ils ne vont pas y couper. Ce n'est pas que ça m'enchante d'avoir encore à changer les vitres, mais cette fois-ci on s'arrangera pour qu'elles soient remboursées.

Il ouvrit la porte.

– Vous m'excusez, Madame ? Pour rien au monde je ne voudrais rater ça.

Interdites, les deux femmes virent l'énorme masse enjamber avec souplesse les morceaux de verre et s'engager sur la terrasse. Sous la clarté de la lune, s'offrait un spectacle digne de Jérôme Bosch. Des corps difformes, grotesquement enchevêtrés, se tordaient en une mêlée hideuse et bruyante. Tandis que Fred, de la terrasse, chargeait avec un rugissement terrifiant, Phoebe, comprenant la situation, sifflait Hedges et lui désignait une silhouette qui avait réussi à se dégager et s'apprêtait à prendre le large.

– Allez, mon vieux !

Hedges, dévalant la pelouse avec des aboiements excités, culbuta le fugitif et se mit à virevolter autour de lui en lançant des hurlements joyeux. Pour ne pas demeurer en reste, Benson passa sur la terrasse en se dandinant, s'assit avec nonchalance et se joignit au concert.

Les cris des chiens et les chocs des corps faisaient un vacarme assourdissant.

– Les flics! s'exclama soudain Diana à l'oreille de Phoebe, et celle-ci, les nerfs encore douloureusement tendus, éclata d'un rire nerveux où se mêlaient des sanglots.

24

La bagarre fut de courte durée. Lorsque Diana éclaira le salon, la demi-douzaine de vandales avait jeté l'éponge et se tenait sur la terrasse au milieu d'un cercle haletant formé par McLoughlin, le jeune agent Gavin Williams, en civil, Jonathan, Fred et Paddy Clarke.

– A l'intérieur, ordonna sèchement McLoughlin. Vous êtes cuits.

La lumière du plafonnier leur avait ôté leur air menaçant, et ce n'étaient plus que des gamins pitoyables, traînant les pieds, le visage boudeur et le regard fuyant. Diana, pour les avoir souvent rencontrés, savaient qu'ils habitaient le village, mais elle n'en connaissait que deux par leur nom : Eddie Staines et Peter Barnes, dix-neuf ans, fils de Dilys et frère d'Emma. Elle les examina avec stupeur.

– Que vous avons-nous fait ? Pour la plupart, j'ignore même qui vous êtes.

Barnes était un jeune homme distingué, grand, à l'allure athlétique, ex-pensionnaire d'une école privée, travaillant aujourd'hui dans l'imprimerie de son père à Silverborne. Il lui adressa un sourire méprisant mais ne répondit pas. Eddie Staines et les quatre autres contemplaient obstinément le plafond.

– Bonne question, dit McLoughlin d'une voix neutre. Qu'est-ce que ces dames vous ont fait ?

Le regard de Barnes se posa sur lui.

– Quelles dames ? demanda-t-il avec insolence. Vous parlez de ces gouines ?

L'élocution impeccable de Barnes retint l'attention de McLoughlin. Les cris qu'il avait entendus sur la pelouse avaient tous des accents de la campagne. D'un signe de tête il intima à Diana l'ordre de ne pas s'en mêler.

– Je parlais de Mrs. Maybury et de ses amies, dit-il sur le même ton. Que vous ont-elles fait ?

Il inspecta la rangée de visages muets.

– Très bien. Pour l'instant, vous aurez seulement à répondre de coups et blessures sur la personne du propriétaire de Streech Grange.

– Nous ne l'avons même pas touchée, se plaignit Eddie Staines.

– Ferme-la ! lui lança Peter Barnes.

– Touchée qui ?

– Ben, elle. Mrs. Maybury.

– Je ne dis pas le contraire.

– Alors, à quoi ça rime ces conneries ?

– La propriété ne lui appartient pas, fit remarquer McLoughlin. Elle appartient à Jonathan Maybury et à sa sœur.

– Ah ! fit Eddie en plissant le front. Je croyais que c'était à la gougnote.

McLoughlin leva un sourcil.

– Tu veux dire à Mrs. Maybury ?

– Vous avez du mou dans la cervelle ou quoi ?

– Je ne te disputerai pas ce privilège, répliqua McLoughlin d'une voix douce. C'est toi, Eddie Staines, hein ?

– Ouais.

– Boucle-la, espèce d'ignare ! grommela Peter Barnes entre ses dents.

Une lueur glacée passa dans le regard de McLoughlin.

– Eh bien, vous aviez raison, Paddy. C'est le petit excité qui tire les ficelles. Qu'est-ce qui ne tourne pas rond chez lui ?

– Sa mère, répondit Paddy d'un ton laconique.

L'adolescent lui jeta un regard meurtrier.

Paddy haussa les épaules avec indifférence.

– Je suis désolé pour toi, mon gars. Si tu avais eu autant de bon sens que ta sœur, tu aurais peut-être pris un autre chemin. Tu aurais laissé cette mijaurée à sa folie des grandeurs, et tu ne serais pas devenu enragé. Essaie au moins de te demander ce qui pousse Emma à venir ici écarter les cuisses.

Il se tourna vers McLoughlin.

– Vous connaissez l'histoire du mendigot qui, après avoir reçu une bonne somme, décide de s'acheter un cheval pour le porter et s'aperçoit qu'il n'arrive pas à tenir dessus. Eh bien, c'est tout Dilys Barnes. Elle s'est fait moucher une première fois en voulant péter plus haut que son cul et a embarqué toute la famille à Streech. Y a pas de mal à ça, bien sûr. On vit dans un pays libre. Mais quand on a un peu de jugeote, on ne traite pas la moitié du village comme de la crotte parce qu'on s'imagine que les gens valent moins que vous, tout en léchant les bottes de l'autre moitié et en leur rebattant les oreilles de votre généalogie à la noix. Il y a pas mieux pour se mettre tout le monde à dos.

Le visage de Peter était déformé par la rage.

– Salaud! cracha-t-il.

Paddy ne releva pas.

– Évidemment, les gens se moquent d'elle. Il y a de quoi. Le fla-fla, c'est un sport qui passionne les foules dans un trou pareil, et Dilys n'a jamais été douée à ce jeu-là.

Il se caressa le menton.

– Cette femme est d'une bêtise absolue. Elle n'a même réussi à piger la première règle, à savoir que la classe existe en proportion inverse de son utilité.

Il jeta un coup d'œil à Peter.

– Je traduis pour toi, mon gars. Plus on a de la classe, moins on en parle.

Peter serra les poings.

– Ça va, Paddy! Espèce de sale merdeux d'Irlandais!

Un court instant, McLoughlin eut l'étrange impression que le gamin était à la fête.

Paddy se mit à rire, d'un rire bas qui roula dans sa gorge.

– J'accepte le compliment, mon gars. Cela faisait longtemps qu'on n'avait pas rendu hommage à mon sang irlandais.

Il arrêta le coup de poing au vol.

– Bonté divine! lâcha-t-il d'un ton maussade. Tu es encore plus stupide que ta mère, en dépit de ta belle éducation et de tous les grands principes qu'elle a essayé de te fourrer dans le crâne.

Il agita un doigt en direction de Phoebe.

– C'est de votre faute aussi. Vous l'avez couverte de ridicule et, croyez-moi, il n'y a rien de pire pour une Dilys Barnes. Chaque vexation, vraie ou imaginaire, lui ronge l'âme comme une tumeur, et la plus dangereuse, la plus maligne, c'est vous qui l'avez provoquée. Du coup, elle a nourri ce chenapan de son venin, et à la louche!

Phoebe le regarda avec étonnement.

– Je la connais à peine. Elle m'a fait une scène, autrefois, près du lac du village, mais je n'étais pas d'humeur à rire.

– Sauf que David était encore là, s'empressa-t-il d'ajouter. C'est lui, le vrai responsable. Il a raconté l'histoire dans le pub, et ça n'a pas mis longtemps pour qu'elle fasse le tour du village.

Phoebe se contenta de hocher la tête.

Il se pencha pour gratter l'oreille du vieux labrador couché à ses pieds.

– Et quand Benson était tout petit, Dilys l'a surpris monté sur sa chienne pékinois.

Ses yeux pétillèrent malicieusement.

– Elle vous a sermonnée au téléphone parce que vous ne le surveilliez pas d'assez près.

– Oh, seigneur! s'exclama Phoebe en se donnant des tapes sur les joues. Non, pas ça! C'était une plaisanterie. Ne me dites pas qu'elle l'a pris pour elle. Je parlais de son pékinois. Cette sale bestiole était en chaleur et elle sentait à plein nez.

Le rire énorme de Paddy emplit la pièce, balayant les derniers restes de tension.

– De toute façon, elle l'avait bien cherché, dit Phoebe

d'une voix vibrante. Elle n'arrêtait pas de traiter Benson de sale cabot.

Inconsciemment, elle se mit à adopter le ton affecté de Dilys Barnes.

– « Votre sale cabot devrait avoir honte de lui, Mrs. Maybury. » Dieu, que c'était drôle ! Elle n'osait pas dire que Benson avait sauté son affreux roquet.

Elle s'essuya les yeux avec sa manche.

– Alors je lui ai dit que j'étais désolée, mais qu'elle devait bien savoir que les sales cabots adoraient les odeurs de faubourg.

Elle leva la tête, vit la mine de Diana et éclata de rire. Un frisson parcourut la pièce.

Eddie Staines qui, sans être un phénix, avait le sens de l'humour assez développé, sourit, d'un sourire fendu jusqu'aux oreilles.

– Elle est bien bonne. Je l'avais jamais entendue. Alors c'est pour ça qu'on surnomme le père Barnes « le sale cabot » ? Sapristi !

Il se courba en recevant dans l'entrejambe la pointe de la botte de Peter Barnes, que celui-ci lui avait expédiée sans prévenir.

– Ah ! bon Dieu !

Il recula en étreignant cette partie de son anatomie.

McLoughlin suivait la scène avec un détachement amusé.

– Et Dilys, j'imagine, est devenue « l'odeur de faubourg » ? dit-il à l'adresse de Paddy.

Le gros homme sourit.

– Pendant peut-être un mois ou deux. Pour autant que je m'en souvienne, Tony a gardé son surnom plus longtemps que Dilys, mais le mal était fait. Elle se prend trop au sérieux, vous comprenez. Quand on est bourré de frustrations, il ne reste plus de place pour l'humour.

Il considéra l'adolescent au visage grincheux.

– Chez elle, déclara-t-il avec une lourde ironie, la respectabilité est une maladie. Chez celui-là aussi. Ils ne supportent pas la plaisanterie.

Paddy n'en savait guère plus. Il avait fait part à

McLoughlin de ses soupçons concernant Peter Barnes, mais sans pouvoir apporter la preuve que le gamin avait agressé Anne, ou que Dilys se trouvait à l'origine des calomnies visant Phoebe.

– Elle est bien trop maligne, lui avait-il confié. C'est une race à part. D'une jalousie morbide. On en rencontre des spécimens un peu partout. Des femmes, en général, toujours mal dans leur peau, et qui ne peuvent pas piffer les autres femmes parce qu'elles les envient. De vraies teignes. Le plus souvent, elles prennent pour cible leur propre fille.

– Dans ce cas, pourquoi a-t-elle choisi Mrs. Maybury ?

– Parce qu'elle était la première dame du village et que des abrutis comme vous l'avaient collée dans le pétrin. Pendant dix ans, Dilys s'est offert le luxe de regarder de haut Mrs. Maybury de Streech Grange. Dieu sait qu'elle n'avait pas l'intention de la regarder autrement, d'ailleurs.

– Et qu'a-t-elle fait ?

– Elle a jeté de l'huile sur le feu, pardi. Quand toute votre clique a quitté le manoir, les gens étaient prêts à croire n'importe quoi. Et le meurtre n'est qu'une bagatelle dans la quantité de bobards que Dilys leur a servis.

– Dans quel bled infect vous vivez, Paddy ! avait fait observer McLoughlin de la même voix tranquille.

La réaction du gros homme l'avait surpris.

– Alors, c'est la faute de Phoebe. C'est elle qui est la source de tout. Quels que soient les torts de chacun, une femme normale aurait vendu et serait allée s'installer ailleurs. Le manoir ne vaut pas le prix qu'elle a dû payer.

Là-dessus du moins, songea McLoughlin, Paddy se trompait. Streech Grange valait bien ce prix-là, et elle ne l'abandonnerait pas de sitôt parce que ce n'était pas trop cher payé. En réalité, ceux qui l'aimaient avaient réglé l'addition pour elle. Il la regarda avec une brusque irritation. Sacrée bonne femme ! Les uns l'aimaient, les autres la détestaient. Dans tous les cas, elle ne laissait personne indifférent.

– Bien, lança-t-il soudain dans le silence. Toi – il désignait Eddie Staines – écoute-moi. Sans être à proprement parler une lumière, tu as tout de même plus de bon sens que cette tête de bois.

Il jeta un coup d'œil maussade à Peter Barnes, puis leva un doigt.

– Un. Mrs. Maybury n'a pas tué ses parents. Le colonel et Mrs. Gallagher sont morts parce que les freins de leur voiture ont lâché, et s'ils ont lâché, c'est parce que Keith Chapel n'a pas fait son boulot. Sinon il aurait vu que le conduit était abîmé. Pigé ?

– Oui, mais qui l'a abîmé ? demanda Eddie d'un air triomphant. C'est ça la question.

– Lis le rapport du coroner, répondit avec lassitude McLoughlin. Le colonel Gallagher a apporté la voiture à Chapel parce qu'il y avait du mou dans les freins. Il a écrit une note à cet effet, et cette note, rédigée de sa main, figure dans le dossier. Chapel ne la connaissait pas.

Il leva un autre doigt.

– Deux. David Maybury a quitté il y a dix ans cette maison, vivant. Il a pris la poudre d'escampette parce qu'il avait englouti l'argent de Mrs. Maybury et qu'il ne se voyait pas trimer pour gagner sa vie.

– Et alors ? J'ai vu de mes propres yeux cet enfoiré il y a trois mois. Sauf qu'il est mort, maintenant.

Eddie lança un regard à Phoebe.

– Il ne risque plus de vous embêter, ma petite dame.

McLoughlin leva un troisième doigt.

– Trois. Ce n'était pas David Maybury.

Eddie le considéra d'un air sceptique.

– Ah ouais ?

– Eh ouais. C'était Keith Chapel. Et il n'y a pas à revenir là-dessus. C'est un fait prouvé.

Il y eut un long silence. Le visage d'Eddie finit par s'éclairer.

– C'est donc ça. Je savais que je le connaissais, mais ce satané commissaire avait l'air tellement sûr que c'était Maybury.

– Il n'y a que les idiots et les politiciens pour être sûrs de quelque chose, lança Paddy. Encore que certains ne font pas la distinction.

Ils pouvaient presque deviner les pensées d'Eddie aux contractions de son visage.

– N'empêche, je vois pas ce que ça change. On est revenu au point de départ. Si elle s'est occupée de Chapel cette fois-ci, alors à plus forte raison de son vieux il y a dix ans. Votre seule preuve comme quoi elle l'avait pas tué, c'est que j'avais reconnu Maybury. Vous me suivez ?

– Très bien, répondit McLoughlin. Mais toute cette histoire pue. Tu n'as jamais songé que si c'était Maybury, vous vous étiez acharnés pendant dix ans sur une innocente ?

– Il y avait ses parents...

Il s'interrompit, conscient d'avoir parlé trop vite.

– D'accord. Alors, comme je disais, on est revenus au point de départ.

– Pas tout à fait. Mrs. Maybury n'a pas tué Keith Chapel. C'est toi.

– Vous êtes dingue !

– Il n'a pas été assassiné. Il est mort de froid, de faim et de découragement. Si tu l'avais secouru, il serait peut-être encore en vie. Il avait besoin d'aide, et tu n'as même pas bougé.

– Écoutez, m'sieur. Vous voulez ma peau ou quoi ? Le commissaire a dit qu'il avait été poignardé.

Entre la peste et le choléra, un Barnes et un Walsh, pensa McLoughlin, comment s'étonner que Phoebe ait préféré s'enfermer dans sa citadelle ? Il expédia allègrement les trente ans de service de Walsh.

– Un incapable qui a obtenu ses galons grâce à des pots de vin. Cela arrive aussi dans la police. Après tout ce cirque, ils vont le mettre à la retraite anticipée pour ne plus entendre parler de lui.

– Ben merde ! s'exclama Eddie, qui ne s'attendait pas à autant de franchise de la part d'un flic.

– Pauvre crétin ! murmura Peter Barnes. Il est en train de t'embobiner.

McLoughlin l'ignora.

– Quatre, poursuivit-il. En venant ici avec ta bande de petites crapules pour casser de la gouine, tu t'es mis le doigt dans l'œil. Il n'y a pas de lesbiennes à Streech Grange. Qui t'a raconté ces sornettes ?

– Tout le monde le sait, répondit avec embarras Eddie. Les trois gouines. « Les trois sorcières », qu'on les appelle.

Il jeta un bref coup d'œil à Peter Barnes.

– Moi, j'ai jamais voulu casser de la gouine.

– Je vois.

McLoughlin se tourna vers Barnes.

– Alors comme ça, c'est toi qui n'aimes pas les inverties.

Il bâilla soudain et se frotta les yeux.

– Pourquoi ? Tu as eu des expériences au collège ?

McLoughlin vit les narines du gamin se pincer et sa bouche se tordre en un rictus.

– Ne me dis pas que tu as aimé ça et que tu essaies maintenant de prouver le contraire.

– De sales perverses ! lâcha l'adolescent. Elles me débectent !

Il cracha en direction de Phoebe.

– Ouais, de sales perverses ! On devrait les enfermer !

Une vague de dégoût sembla le submerger.

– Je les déteste !

Une lueur malveillante s'alluma au fond des yeux de McLoughlin. Il avança d'un pas et plaqua sa main sur la bouche de Barnes, pressant la chair tendre des joues et forçant le gamin à se dresser sur la pointe des pieds.

– Je te trouve bien agressif, dit-il posément. Tu n'es qu'un jeune crétin psychopathe et, à mon avis, ce ne sont pas les chevaliers de la jaquette qui mériteraient d'être enfermés mais les types comme toi. Le seul service que tu pourrais rendre à cette société serait d'éviter de la contaminer en repassant aux générations futures tes préjugés et ton misérable petit QI.

McLoughlin le tira quelques centimètres plus haut.

– En outre, je n'aime pas beaucoup que tu traites ces dames de perverses. D'accord ?

Barnes essaya de parler, mais les mots restèrent coincés dans sa gorge. McLoughlin resserra son étreinte et Barnes hocha la tête.

– Bien.

Il desserra les doigts et écarta le gamin d'une poussée. Puis se tournant vers Eddie Staines, il le gratifia d'un sourire cordial.

– J'espère que tu as compris la leçon, Eddie. Pour cette fois, je veux bien t'accorder le bénéfice du doute. Tu as peut-être cru sincèrement qu'elles avaient fait quelque chose de mal.

– Écoutez, m'sieur, je suis juste venu pour que justice soit faite. Rien d'autre.

Il désigna ses camarades.

– Eux aussi. On a entendu dire qu'elles allaient encore s'en tirer. Le coup des gouines, c'est Peter.

Il lança un regard timide à Phoebe et à Diana.

– Merde alors, c'est dingue ! Si vous n'en êtes pas, pourquoi que vous n'avez rien dit ?

Diana roula les yeux en direction du plafond.

– Franchement, je me le suis souvent demandé.

Elle se tourna vers Phoebe.

– Tu le sais, toi, pourquoi nous n'avons rien dit ?

Phoebe partit d'un rire sonore.

– Ne sois donc pas stupide. Nous n'avions pas le choix. Pratiquement personne ne nous adresse la parole. Et ceux qui le font nous connaissent bien. Les autres croient ce qu'ils veulent. Ils ont voulu que nous soyons lesbiennes.

Le rire persistait dans ses yeux.

– A part nous accoupler, à poil, avec une bande de mâles sur la place du village, je ne vois pas comment nous aurions pu démontrer le contraire. Et même si vous aviez su que nous préférions les hommes, est-ce que vous nous auriez mieux considérées pour autant ?

– Moi, sûrement, répliqua Eddie avec un clin d'œil malicieux. N'empêche, continua-t-il d'une voix songeuse, ça n'explique pas ce qui est arrivé à votre vieux. S'il a seulement décanillé parce qu'il avait bouffé le pognon, pourquoi qu'il a pas essayé de vous tirer d'affaire quand il a su ce qui vous arrivait ? Il lui aurait suffi de téléphoner à la police.

Il y eut un silence gêné.

– Tu parles comme si le type avait la conscience tranquille, finit par déclarer McLoughlin.

Du coin de l'œil, il vit Jonathan pâlir. Bon Dieu! s'exclama-t-il en lui-même, on avait beau faire, on se retrouvait toujours entre le marteau et l'enclume.

– L'instruction est en cours, Eddie, c'est pourquoi nous n'avons pas voulu en parler. Mais dès qu'il aura refait surface, il sera poursuivi.

Il eut un haussement d'épaules.

– Crois-moi, ça l'arrangeait drôlement de passer pour mort. C'était un scélérat. On le retrouvera bien un jour ou l'autre.

Même Paddy semblait impressionné.

– Merde alors! répéta Eddie. Mer...de!

Des morceaux de verre craquèrent sous ses pieds.

– Écoutez, m'dame, à propos de ces fenêtres – il désigna les adolescents derrière lui –, on nettoiera et on vous en mettra des neuves. C'est bien normal.

– Tu peux faire encore mieux que ça, Eddie, intervint McLoughlin d'un ton engageant. Ce que nous voudrions, ce sont des noms. Par exemple, celui de l'agresseur d'Anne Cattrell.

Eddie secoua la tête avec une expression de sincère regret.

– J'ai peut-être bien une idée, et vous aussi, mais s'il vous faut des preuves, désolé. Comme je vous ai dit, les gouines, c'est pas mon truc.

Il désigna un de ses camarades.

– Bob et moi, on a emmené deux gonzesses au ciné. Pour les autres, je suis pas au courant.

Des protestations fusèrent de toutes parts.

– C'est pas moi! Je regardais la télé avec mes vieux.

– Voyons, Eddie, j'étais avec ta sœur. Tu le sais bien!

– Bon Dieu, je l'ai appris que le lendemain, tout comme toi!

McLoughlin croisa le regard de Paddy par-dessus les têtes et y lut une déception semblable à la sienne. Tout cela avait un air de vérité qui ne trompe pas.

– Et toi? demanda-t-il à Peter Barnes, tout en sachant que le petit salaud trouverait le moyen de se défiler. Où étais-tu?

Barnes sourit.

– Je suis resté avec ma mère jusqu'à minuit et demi. Puis je suis allé me coucher. Elle vous signera même une déclaration si vous le lui demandez poliment.

Il leva le majeur et l'agita devant Paddy.

– Ça, c'est pour vous et votre baratin à la con!

Il eut un ricanement et posa son autre poing dans son bras replié, le doigt toujours dressé.

– Et ça, c'est pour votre combine foireuse. Quelle blague! Même un aveugle s'en serait aperçu. Vous ne pensiez pas que je me glisserais en rampant et que je verrais le flicaillon chargé de les surveiller?

Il se remit à ricaner.

McLoughlin crut entendre un signal d'alarme retentir en lui. Quelle espèce de malade était ce gamin? Un cinglé à la Charles Manson? Mer-de! Manson aussi avait raconté qu'il s'était « glissé en rampant » dans la maison de Sharon Tate avant de la tuer.

– Qu'est-ce que tu venais faire là? demanda-t-il en tirant des menottes de sa poche de veste. Ça te plaît, hein, d'être arrêté?

– Sûr que c'était jouissif de blouser des crétins comme vous. Ça vaut bien une bonne engueulade et une amende. Putain, quel pied! Papa paiera les dégâts.

Il y eut un moment de silence, puis la voix calme de Jonathan leur parvint de la fenêtre brisée.

– Ça me paraît raisonnable. En échange, je paierai les dégâts que je vais te faire.

La surprise les cloua sur place. Comme dans une séquence au ralenti, ils le virent traverser la pièce, ôter le cran de sûreté du fusil de sa mère, fourrer le canon entre les jambes de Barnes et presser la détente. L'explosion fit un bruit assourdissant. A travers un épais nuage de poussière, ils aperçurent, plutôt qu'ils entendirent, les hurlements qui s'échappaient de la bouche tordue de l'adolescent. Et la flaque qui se formait à ses pieds.

McLoughlin, stupéfait, allait s'interposer quand deux bras vigoureux lui entourèrent la poitrine, lui interdisant de bouger.

– Jon! cria-t-il d'une voix étouffée par les échos de la détonation. Bon Dieu! Il n'en vaut pas la peine!

– Laissez-le, m'sieur.

C'était Fred.

– Ça fait trop longtemps qu'il attend ça.

Comme dans un cauchemar, McLoughlin vit Jonathan Maybury pousser Peter Barnes contre le mur et enfoncer l'extrémité du fusil dans la bouche hurlante de l'adolescent.

25

Avec ses portes-fenêtres telles des mâchoires édentées et ses vénérables lambris légèrement criblés de plomb, la vieille demeure, qui avait connu bien d'autres drames au cours de ses quatre siècles d'histoire, s'assoupit de nouveau. Dans la demi-heure qui avait suivi, trois voitures de patrouille étaient arrivées pour embarquer les coupables au commissariat, sous la conduite énergique mais quelque peu embarrassée de l'agent Gavin Williams.

– Je vous en prie, sergent. C'est à vous de les emmener.

– Non, non. Je vous les laisse. J'ai encore du travail ici.

– Qu'est-ce que je fais de Maybury ?

McLoughlin se croisa les bras sans rien dire.

– Barnes va forcément en parler.

– Laissez-le.

– On ne l'inculpe pas ?

– Pour quoi ? Avoir tiré accidentellement avec une arme autorisée ?

– Ça ne passera jamais. Eddie, de son côté, sait très bien que ce n'était pas un accident.

McLoughlin le regarda d'un air amusé.

– Je pense qu'il ne se fait plus guère d'illusions sur son petit camarade. Le reste mis à part, il n'a guère apprécié que Barnes l'ait utilisé comme bouc émissaire pour organiser ses coups tordus. Il m'a dit que ses copains et lui regardaient ailleurs au moment de l'accident.

Williams avait l'air inquiet.

– Qu'est-ce que je vais dire ?

– Ce que vous voudrez, Gavin. Je ne peux malheureusement pas vous aider. Quand le coup est parti, j'étais occupé à noter les noms et adresses des vandales. Après cela, il y avait de la poussière partout.

– Mais enfin, sergent !

– Je crois me souvenir que, de votre côté, vous releviez les noms et adresses des témoins du saccage. C'est la procédure habituelle dans ce genre de cas, non ?

L'agent eut une grimace.

– Alors comment expliquez-vous les aveux de Barnes ? Je veux dire que si cela avait été un simple accident, pourquoi se serait-il dénoncé ? Bon Dieu, sergent, il avait une telle pétoche qu'il en a pissé dans son froc.

McLoughlin lui donna une tape amicale sur l'épaule.

– Vraiment, Gavin ? J'avais tellement de poussière dans les yeux que je n'ai rien vu. Quant à vous dire ce qui lui a délié la langue, j'en serais bien incapable, peut-être aussi à cause du choc de la détonation. Les explosions agissent de diverses façons sur les gens. Pour ma part, je suis resté un moment aveugle, et pourtant j'entendais très bien. Un effet de compensation, probablement. Je n'y voyais goutte, mais je percevais chaque mot que prononçait ce petit fumier.

Williams secoua la tête.

– J'ai eu une peur bleue. J'ai bien cru que le toubib lui avait pulvérisé les couilles.

Moi aussi, songea McLoughlin. Oui. Et aussi Peter Barnes. Surpris par la violence de l'attaque et paralysé par le coup de fusil tiré entre ses jambes et qui était allé se perdre dans le mur du salon, Barnes avait éclaté en sanglots tandis que Jonathan collait le canon contre ses dents et menaçait d'appuyer une seconde fois sur la détente.

– Je ne l'ai pas fait exprès ! réussit à crier Barnes. Je m'étais glissé dans la maison. Je ne l'ai pas fait exprès. Cette salope est revenue. J'ai été obligé de la frapper.

Le doigt de Jonathan sur la gachette avait blanchi.

– Et il y a neuf ans, hein ?

– Oh, bon Dieu, à l'aide ! Au secours !

Le devant de son pantalon était trempé d'urine.

– Dis-le! rugit Jonathan.

Il avait les traits décolorés et déformés par la rage.

– Quelqu'un a dévasté cette maison. Qui?

– Mon père, lâcha-t-il avec des sanglots convulsifs. Il s'était soûlé avec des copains.

Il ouvrit de grands yeux terrorisés en voyant Jonathan faire mine de presser la détente.

– Je n'y suis pour rien. Ce n'est pas moi. C'est papa. Même que maman en rigole encore.

Il roula des yeux blancs et s'effondra sur le sol.

Jonathan baissa le fusil et se tourna vers McLoughlin.

– On n'a jamais su qui avait fait le coup. Maman, Jane et moi avons attendu dans la cave qu'ils soient partis. Je n'ai jamais eu aussi peur de ma vie. On les entendait gueuler et casser les meubles. J'ai cru qu'ils allaient nous tuer.

Il hocha la tête et regarda l'adolescent qui s'agitait par terre.

– Je m'étais juré qu'ils le paieraient si jamais j'arrivais à leur mettre la main dessus. Ils se sont soulagés dans toute la maison et ont écrit au Ketchup sur les murs: « Sale meurtrière ». J'avais onze ans. J'ai pris ça pour du sang.

Il serra les dents.

McLoughlin écarta les bras de Fred et se mit à s'épousseter.

– Il s'en est fallu de peu, Jon. Que s'est-il passé? Tu as trébuché sur des morceaux de verre?

– Exact, sergent, dit Fred, impassible. Je l'ai vu. Sans sa présence d'esprit, ç'aurait pas été beau à voir.

– Oui, eh bien, occupez-vous de cette pétoire avant qu'elle remette ça.

Il regarda Fred prendre le fusil, l'ouvrir et ôter la seconde cartouche.

– Allez, Barnes, debout et arrête cette comédie. Tu as eu de la veine. Si le docteur Maybury n'avait pas eu la bonne idée de diriger le canon vers le bas...

Il le remit sur pied et lui passa les menottes.

– Tu es en état d'arrestation. Williams va te lire tes droits.

L'adolescent continuait à sangloter.

– Il a essayé de me tuer.

– Tu lui dois une fière chandelle, lança Paddy en secouant ses cheveux pour en faire tomber le plâtre. Jon a failli se tirer dans le pied pour protéger ce vaurien, et il ne trouve rien de mieux que de l'accuser.

Il regarda Jonathan, vit l'ombre d'une menace passer sur son visage et fit un signe du doigt à Fred.

Calmement, celui-ci prit le garçon par le bras et l'entraîna vers la porte.

– Je pense que nous devrions aller jeter un coup d'œil dans le reste de la maison. Je n'aime pas savoir Miss Cattrell seule là-haut.

Il referma avec soin la porte derrière eux.

McLoughlin avait attendu. Une demi-heure, qui aurait pu être un an. Il frotta la barbe naissante de ses joues et observa pensivement le jeune policier.

– Je regrette, Gavin. Vous êtes un bon flic, et ce n'est pas à moi de vous dire ce que vous devez faire. Prenez vos responsabilités.

Le jeune homme jeta un coup d'œil par la porte du salon où Fred aidait Phoebe à remettre de l'ordre.

– Si j'ai accepté d'effectuer cette surveillance avec vous, c'est à cause de lui et de sa femme, en fait. Ce sont de braves gens. Je ne voulais pas les abandonner à ces voyous.

– Oui, fit sèchement McLoughlin.

Williams plissa le front.

– Si vous voulez mon avis, dans cette affaire-là, l'attitude du commissaire mériterait quelques explications. Vous devriez entendre Molly raconter son arrivée ici avec Fred. La maison avait été complètement saccagée. Mrs. Maybury vivait avec les deux gosses dans une seule chambre que Miss Cattrell et Jonathan avaient à peu près arrangée. Selon Molly, Mrs. Maybury et sa fille avaient été tellement traumatisées que tout le monde se demandait s'ils allaient rester. Molly prétend que, trois mois après, cela sentait encore la pisse et que le ketchup avait commencé à moisir sur les murs. Il leur a fallu des semaines pour nettoyer la maison. Qu'est-ce que le commissaire a contre elles, sergent ? Pourquoi n'a-t-il pas voulu les croire ?

Parce qu'il ne pouvait pas, pensa McLoughlin. C'était Walsh lui-même qui, durant toutes ces années, avait terrorisé cette femme et ses deux enfants en entretenant autour d'eux un climat de haine. A ses yeux, Dieu sait pourquoi, Phoebe avait toujours été coupable, et l'obstination qu'il avait mise à la pourchasser avait inévitablement abouti, lorsqu'il s'était révélé incapable d'en fournir la preuve, à ce que d'autres se transforment en justiciers.

– C'est un tocard, Gavin, se contenta de répondre McLoughlin.

– Eh bien, moi ça m'écœure et je ne me gênerai pas pour le dire. Ce n'est pas pour ça que j'ai choisi ce boulot. J'ai demandé à Molly pourquoi ils n'avaient pas averti la police et vous savez ce qu'elle m'a répondu ? « Parce que Madame n'était pas assez bête pour demander de l'aide à l'ennemi. »

Il esquissa un pas d'un air timide.

– J'ai prévu d'emmener Molly et Fred en balade, pas pour faire des chichis, non, juste pour leur montrer que nous ne sommes pas tous des ennemis.

McLoughlin regarda en souriant la tête penchée de son collègue. Si Williams tenait à dissimuler son affection sous les apparences du maintien de l'ordre, pourquoi pas.

– On m'a dit qu'elle faisait d'excellentes quiches.

– Du tonnerre !

Le jeune homme avait les yeux pétillants.

– Vous devriez y goûter.

– Oui.

McLoughlin le poussa vers la porte d'entrée et les voitures qui attendaient.

– Cela ne fera pas de mal à Eddie et à ses copains de passer une nuit au poste, alors prenez leurs noms et bouclez-les. Si Mrs. Maybury veut porter plainte demain matin, on n'aura plus qu'à remplir les papiers. Mais je ne crois pas qu'elle en ait l'intention. Elle m'a plutôt l'air d'avoir tourné la page.

– Et Barnes ?

– Gardez-le-moi au frais. Je m'en occuperai demain en arrivant. Je prendrai moi-même sa déposition. Gavin ?

– Oui ?

– Il aurait parlé de toute façon. Il n'aurait pas pu s'en empêcher. Trop crâneur pour tenir sa langue bien longtemps. Vous verrez. Demain, nous n'aurons même pas besoin de le pousser pour qu'il nous raconte ses petites histoires.

Le policier sembla soulagé.

– Oui. Qu'est-ce que je dois faire d'autre ?

– Téléphonez dans une heure ou deux à ses parents, mettons à trois heures, et prévenez-les que nous retenons leur fils. Qu'ils viennent au commissariat. Mais arrangez-vous pour qu'ils ne puissent pas lui parler. Faites-les lanterner jusqu'à ce que j'arrive. Dites-leur seulement qu'il a avoué l'agression d'il y a dix ans. Je tiens à ce qu'ils filent doux.

Williams le regarda d'un air sceptique.

– Vous ne pouvez pas les poursuivre pour un truc vieux de dix ans ?

– Non, répondit McLoughlin avec un sourire. Mais ils le croiront bien pendant quelques heures.

A son tour, Paddy se dirigea à regret vers la porte.

– Maintenant, vous serez bien forcées de sortir de votre retraite, dit-il à Phoebe et à Diana. De toute façon, votre porte a été démolie. Allons, ça vaut mieux ainsi. Il est temps que vous fassiez un effort. Venez demain au pub, ce n'est pas un mauvais endroit pour commencer.

Il serra la main de McLoughlin.

– Laissez tomber ce boulot, Andy, et démarrons ensemble cette brasserie. Il me faudra une poigne solide pour tenir la barre.

– Je n'y connais strictement rien.

– Je ne parle pas de vos connaissances. Ça, c'est mon rayon. Vous pourriez organiser l'affaire, trouver des clients, faire tourner la machine. Vous seriez excellent. J'ai besoin de quelqu'un de confiance.

McLoughlin lui adressa une grand sourire.

– Vous voulez dire quelqu'un en qui les gabelous aient

confiance? Vous êtes trop anarchique pour moi, Paddy. Dans trois mois je ne saurais même plus ce que je devrais leur cacher et je serais bon pour la dépression nerveuse.

Paddy éclata de rire et lui donna une grande tape sur l'épaule.

– Réfléchissez, fiston. Ça me plairait de bosser avec vous.

Jonathan s'était assis dans un fauteuil, l'air gêné, et ne disait rien, évitant de croiser le regard des autres. Sa colère était retombée depuis un bon moment, et il s'efforçait désespérément de comprendre sa réaction à l'égard de Peter Barnes. Il ne trouvait aucune excuse à sa propre violence.

Fred toussa poliment.

– Si je peux faire autre chose, Madame. Je remonte au pavillon. Ma femme et la petite Jane doivent se poser des questions.

Jane avait passé les nuits précédentes au pavillon avec Molly, tandis que Fred effectuait des rondes en compagnie de McLoughlin et de Williams.

– Oh, Fred, dit Phoebe avec un sincère repentir, je suis désolée. Vraiment désolée. Je n'ai jamais pensé que vous étiez avec eux. C'est l'émotion. Vous me croyez, n'est-ce pas? Je vous conduirai demain chez le médecin. Pour le tétanos.

Fred jeta un coup d'œil à sa main, lavée, désinfectée, baignée de larmes et pansée par Phoebe et Diana au milieu d'un torrent d'excuses.

– M'est avis, Madame, que si j'en entends parler encore une fois, je me verrai dans l'obligation de vous donner mon congé. Je ne peux pas supporter les chichis. Est-ce bien clair? Parfait. Maintenant, si vous voulez bien m'excuser.

– Je vais vous accompagner, s'empressa de dire Phoebe.

– Je préférerais que ce soit le jeune docteur, si cela ne vous fait rien. J'aurais besoin de son avis pour autre chose.

La porte se referma derrière eux.

Phoebe se détourna pour cacher ses yeux humides.

– Ils sont uniques en leur genre, dit Phoebe d'un ton

bourru. Dieu sait qu'ils ne méritaient pas ça, et pourtant ils sont restés avec nous contre vents et marées. Di, j'ai pris ma décision, lança-t-elle d'un ton énergique. J'irai demain dans cet affreux boui-boui. Si quelqu'un doit faire le premier pas, autant que ce soit moi. Cela fait des années que Fred y va et, à part Paddy, personne ne veut lui parler. Il faut que je trouve une solution.

Diana considéra l'expression indignée de son amie.

– Ah, oui. Laquelle ? Les menacer de ton fusil jusqu'à ce qu'ils consentent à desserrer les dents ?

Phoebe se mit à rire.

– Non. En tirant un trait sur le passé.

– Dans ce cas, j'irai avec toi.

Elle se tourna vers McLoughlin.

– Nous pouvons y aller ? C'est terminé, n'est-ce pas ? Le commissaire a été très sec au téléphone, mais il semble nous avoir acquittées.

McLoughlin hocha la tête.

– Oui, vous êtes acquittées.

– C'était un suicide ? demanda Phoebe.

– J'en doute. Le pauvre vieux n'avait plus toute sa tête mais il se souvenait encore de Streech alors qu'il avait oublié tout le reste. Il est revenu là, à la recherche d'un endroit où mourir.

– Comment pouvait-il savoir où se trouvait la chambre froide ?

– Par les dépliants qu'avait fait imprimer votre mari. Si vous voulez accrocher les touristes, un garage est encore le meilleur endroit pour ça. Sur le papier du moins, Keith Chapel connaissait probablement le domaine mieux que vous.

– Après tant d'années.

– La mémoire est ainsi faite, dit Diana. Les vieillards se souviennent de chaque détail de leur enfance, mais pas de ce qu'ils ont mangé au petit déjeuner.

Elle secoua la tête.

– Je ne l'ai jamais rencontré, mais je lui en ai toujours voulu de ce qui était arrivé aux parents de Phoebe, et des mensonges qu'il avait racontés par la suite. Tout de même, poursuivit-elle avec un haussement d'épaules, mourir comme ça, seul et sans rien. Quelle tristesse ! Cela a peut-être l'air idiot, mais j'espère qu'il n'avait pas enlevé ses vêtements. Ce serait encore pire. Comme s'il tenait à souligner la futilité de la vie. Que nous sommes venus au monde nus et que nous le quitterons de même. J'ai l'impression que pour lui, ce qui s'est passé entre les deux ne valait guère la peine.

McLoughlin s'étira.

– A votre place, je ne m'attendrirais pas trop, Mrs. Goode. Nous n'avons que le témoignage de Wally, pour affirmer que le corps était nu. Je pense qu'il a un peu honte de lui. Il y a une grande différence entre récupérer de vieux habits inutiles et dépouiller un cadavre.

Il regarda sa montre.

– Bien.

– Nous voudrions vous remercier, dit Phoebe.

– De quoi ?

– De tout ce que vous avez fait. Pour Jane, Jonathan, Anne, nous.

Il hocha la tête et fit quelques pas en direction de la porte. Les deux femmes se regardèrent.

– Vous reviendrez, n'est-ce pas ? lança impulsivement Diana.

Il esquissa un sourire.

– Si c'est nécessaire.

– Que voulez-vous dire ?

Phoebe eut un petit rire.

– Qu'il n'a pas l'intention de nous lâcher. Sinon il n'aurait pas de raison de revenir.

Le coup de feu et les cris avaient tiré Anne du profond sommeil dans lequel l'avaient plongée les somnifères, pour la projeter dans un sommeil plus léger où se jouaient de splendides scènes en technicolor. Ce n'étaient pas des cauchemars, seulement une interminable procession de lieux et de visages, certains à moitié flous, qui surgissaient sur l'écran de son cerveau assoupi en un assemblage surréaliste. Et, quelque part, de façon irritante, McLoughlin frappait aux fenêtres à double vitrage d'une gigantesque citadelle en lui disant qu'il fallait être deux pour renverser les murailles afin de ne pas finir enterrés vivants.

Elle se dressa brusquement et l'aperçut. Sa lampe de chevet était allumée.

– J'ai rêvé que Jon et Lizzie allaient se marier, dit-elle, soustrayant cette vision à la nuée d'images sur le point de s'enfuir.

Il tira le fauteuil en osier et s'assit.

– Avec un peu de temps et d'espace pour respirer, ils le feront peut-être.

Elle réfléchit un instant.

– Vous n'en ratez pas une, hein ?

– Ça dépend. Nous avons attrapé votre agresseur.

Il étendit ses longues jambes et lui donna tous les détails.

– Paddy veut m'embaucher dans sa brasserie.

Elle sourit.

– Vous l'aimez bien ?

– C'est un forban.

– Et à part ça ?

Il hocha la tête.

– Il est son propre maître. Oui, je l'aime beaucoup.

– Vous allez vous associer avec lui ?

– Je ne pense pas. Je risquerais de prendre goût à sa spéciale.

Il l'observa à travers ses paupières mi-closes.

– Jon retourne demain à Londres. Il m'a demandé si vous vouliez récupérer vos lettres d'amour. Il pourrait essayer de vous les rendre avant son départ.

Elle examina ses mains.

– Vous savez où il les a mises ?

– Dans une fente du vieux chêne, derrière la chambre froide, je crois. Il n'avait pas l'air très sûr d'arriver à les extraire de là. Il m'a demandé de lui donner un coup de main.

Il la regarda avec attention.

– Alors ?

– Non. Qu'elles y restent.

Elle leva la tête vers lui.

Dès que je serai assez en forme pour jouer les acrobates, j'irai boucher avec du ciment toutes les fissures de cet arbre afin qu'on ne retrouve jamais cette maudite enveloppe. J'avais demandé à Jon de les cacher, parce qu'il était le seul présent quand Walsh m'a embarquée, mais c'est bien la dernière personne à qui je voudrais les montrer. Si cela n'avait été que des lettres d'amour...

Elle se tut.

– Qu'est-ce que c'est ?

– Des photographies.

– De David Maybury ?

Elle acquiesça.

– Après que Phoebe l'ait tué ?

Elle acquiesça de nouveau.

– Vos fameuses garanties, je suppose.

Elle poussa un soupir.

– Je n'ai jamais cru que nous passerions à travers les mailles du filet. J'ai pris ces photos pour le cas où le cadavre serait découvert et où Phoebe aurait besoin de se défendre.

Son visage s'assombrit.

– Je les ai développées moi-même. Des images affreuses, vraiment affreuses. Représentant David deux semaines après sa mort. Phoebe, dans un tel état que vous ne l'auriez même pas reconnue. La maison après le passage de ces vandales. Et la tombe que j'ai creusée dans la cave. Je ne veux plus revoir ces horreurs!

– Racontez-moi, Anne.

Elle prit sa respiration.

– David est réapparu le lendemain du jour où la maison a été saccagée...

Elle secoua la tête.

– Il ne le savait pas, évidemment. Sinon, il n'aurait pas rappliqué. Comme on avait barricadé les portes avec des meubles, il est passé par le soupirail de la cave. Phoebe se trouvait dans la cuisine et elle a entendu quelqu'un marcher en bas dans le noir.

Elle chercha le regard de McLoughlin.

– Elle était complètement affolée, vous comprenez ? Elle a cru que cette bande d'ivrognes était revenue pour la tuer elle et ses enfants.

– Je comprends.

– Elle a saisi la première arme qu'elle a trouvée, le hachoir près du réfrigérateur, et quand il a émergé par la porte de la cave, elle lui a fendu le crâne.

– Est-ce qu'elle l'a reconnu ?

– Vous voulez dire, est-ce qu'elle savait que c'était David quand elle l'a tué ? Je ne crois pas. Tout s'est passé si vite. Après coup, certainement.

Il y eut un long silence.

– Vous auriez pu appeler la police, finit-il par dire. Avec ce qui s'était passé la nuit précédente, elle aurait facilement pu invoquer la légitime défense. Elle s'en serait tirée sans problème.

Elle regarda ses mains.

– Je l'aurais fait si j'avais été au courant. Mais Jon est resté quinze jours sans téléphoner.

Elle se toucha les yeux comme pour en chasser des images d'épouvante.

– Phoebe n'avait gardé aucun souvenir de ces quinze jours. Son dernier acte sensé, avant de perdre complètement la tête, avait été de repousser le corps de David dans la cave et de verrouiller la porte. Les enfants n'en ont jamais rien su. Jon m'a enfin appelée au bout de quinze jours. Elle les avaient enfermés tous les deux dans sa chambre, et ils se nourrissaient de boîtes de conserve qu'elle avait dénichées dans le cellier. Jon a pris la clé pendant qu'elle dormait, s'est glissé hors de la chambre et a laissé sonner chez moi jusqu'à ce que je réponde.

Des larmes mouillèrent ses paupières chargées de fatigue.

– Il avait tout juste onze ans, l'âge d'un gamin, et il m'a dit qu'il avait fait de son mieux mais que Jane et sa maman avaient besoin de quelqu'un pour s'occuper d'elles.

Elle essuya ses yeux.

– Je suis désolée, c'est plus fort que moi. Chaque fois

que j'y repense, j'ai envie de pleurer. Il devait avoir tellement peur. Je suis venue tout de suite.

Elle eut soudain l'air épuisée.

– Je ne pouvais pas aller trouver la police, McLoughlin. Phoebe n'était pas dans son état normal et les enfants n'auraient pas dit grand-chose. Je pensais que Phoebe avait elle-même saccagé la maison après avoir tué David. Rien n'indiquait dans quel ordre s'étaient déroulés les événements. Et si c'était mon impression, alors quelle serait celle de Walsh ? C'était un vrai cauchemar. Je n'avais qu'une idée, protéger les enfants, parce que le père de Phoebe m'en avait confié la charge en rédigeant son testament. Et cela signifiait, selon moi, que Phoebe ne devait pas se retrouver dans un hôpital de prison.

Elle poussa un soupir.

– Durant plusieurs jours, je suis allée acheter des blocs de ciment, par petites quantités, dans les magasins de bricolage de la région. Je devais les transporter dans la voiture de Phoebe. Je n'osais pas les faire livrer. Puis je me suis enfermée dans la cave, j'ai monté un mur et j'ai derrière fourré cette chose puante qui avait jadis été David.

Elle eut un rire nerveux.

– Il y est toujours. Le mur n'a pas bougé. Diana est allée vérifier quand elle a appris ce que Fred avait découvert dans la chambre froide. Nous avions peur qu'il ait réussi à sortir de là, on ne sait comment.

– Fred est au courant ?

– Non. Personne, à part Diana, Phoebe et moi.

– Et Phoebe se souvient de ses faits et gestes ?

– Oui. Cela a pris un certain temps, mais la mémoire a fini par lui revenir. Elle a failli aller tout avouer il y a quatre ans, mais nous l'avons dissuadée de le faire. A quinze ans, Jane ne pesait plus que trente kilos. Diana et moi avons dit à Phoebe que la tranquillité d'esprit de sa fille passait avant la sienne.

Elle prit à nouveau sa respiration.

– Bien sûr, cela signifiait que nous ne pourrions jamais vendre le manoir. A tous les coups, le nouveau propriétaire se serait mis en tête de démolir le mur de la cave pour installer un jacuzzi.

Elle eut un léger sourire.
– A l'époque c'était insupportable. Mais quand je les vois aujourd'hui toutes les trois, je me dis que cela en valait la peine.
De ses yeux humides, elle lui adressa une interrogation qu'elle n'exprimerait jamais par des mots.
Il lui prit la main.
– Que vous dire, jeune fille? Si je me risquais à vous vous faire la morale vous m'enverriez sur les roses.
Il se mit à lui tripoter les doigts.
– Avec les photographies de la maison, je pourrais briser Walsh et Barnes pour ce qu'ils ont fait à Phoebe.
– Non, dit-elle aussitôt. Personne ne sait qu'elles existent, sauf vous et moi. Phoebe et Diana l'ignorent. Laissons ces photos où elles sont. J'ai déjà bien assez de mes rêves de mort. D'ailleurs, Phoebe s'y opposerait. Walsh avait raison. Elle a bel et bien tué David.
Il acquiesça et regarda ailleurs. Il s'écoula un moment avant qu'il reprenne la parole.
– Ma femme est revenue ce soir.
Elle se força à sourire.
– Cela vous fait plaisir?
– En fait, oui.
Elle tenta de retirer sa main de la sienne mais il l'en empêcha.
– Alors je suis contente pour vous. Est-ce que cela va marcher, cette fois-ci?
– Oh, oui. Je songe à quitter la police. Qu'en pensez-vous?
– Cela faciliterait la vie quotidienne. Le taux de divorce dans la police est phénoménal.
– Oublions les questions pratiques. Conseillez-moi. Dans mon intérêt.
– Je ne peux pas. C'est à vous de décider. Quelle que soit votre décision, assurez-vous seulement qu'elle ne vous pèsera pas sur la conscience.
Elle lui lança un regard timide.
– J'ai commis une erreur, vous savez. Vous aviez probablement raison de vous engager dans la police, et elle y perdra sans doute quand vous partirez.

Il hocha la tête.

– Et vous ? Qu'allez-vous faire maintenant ?

Elle sourit, d'un sourire épanoui.

– Oh, comme d'habitude. Renverser quelques citadelles, séduire un sculpteur ou deux.

Il lui sourit à son tour.

– Eh bien, avant, que diriez-vous de me donner un coup de main, un soir, dans la cave ? Il est temps que ce mur tombe et que David Maybury quitte définitivement cette maison. Ne vous inquiétez pas. Ce ne sera pas trop désagréable. Après neuf ans, il ne doit pas en rester grand-chose, et vous en serez débarrassée une bonne fois pour toutes.

– Il ne vaudrait pas mieux le laisser gentiment où il est ?

– Non.

– Pourquoi ?

– Pour la bonne raison, Cattrell, que si Phoebe ne se débarrasse pas de ce type, Diana et vous serez toujours prisonnières de ces murs.

Le regard d'Anne fixa un point dans les ténèbres derrière lui. Il avait si peu compris. Désormais, elles seraient toujours prisonnières. Cela durait depuis trop longtemps. Elles n'avaient plus assez confiance pour prendre un nouveau départ.

Il pressa une dernière fois les doigts minces et se leva.

– Je ferais bien d'aller me coucher.

Elle hocha la tête, les yeux brillants.

– Au revoir, McLoughlin. Je vous souhaite bonne chance, sincèrement.

Il se gratta la joue.

– Vous auriez peut-être un oreiller à me prêter ? Et une brosse à dents ?

– Pour quoi faire ?

– Je n'ai pas d'endroit où dormir, jeune fille. Je viens de vous dire que ma femme était revenue. Je n'ai aucune envie de passer encore sept ans avec quelqu'un dont la couleur préférée est le beige.

Il la vit sourire.

– Je crois que je vais aller crécher chez un ami cette fois-ci.

– Quel genre d'ami ?

– Oh, je ne sais pas. Le genre intellectuel snob, égoïste et cynique, qui ne supporte pas la dépendance, se moque des conventions et met les gens mal à l'aise.

Elle rit doucement.

– C'est la pure vérité.

– Bien sûr. Nous avons beaucoup de choses en commun. Cela me ressemble pas mal aussi.

– Vous détesteriez cet endroit.

– Probablement autant que vous. Que diriez-vous de Glasgow ?

– Et ensuite ?

– L'aventure, Cattrell, l'aventure.

Une lueur dansa dans les yeux de la jeune fille.

– Je peux dire non ?

– Non.

– Alors qu'est-ce que vous attendez ?

Imprimé en France par

CPI
BRODARD & TAUPIN

à La Flèche (Sarthe)
en mars 2011

POCKET – 12, avenue d'Italie - 75627 Paris cedex 13

N° d'impression : 63137
Dépôt légal : août 1994
Suite du premier tirage : mars 2011
S21885/61